新知文库

出版说明

在今天三联书店的前身——生活书店、读书出版社和新知书店的出版史上，介绍新知识和新观念的图书曾占有很大比重。熟悉三联的读者也都会记得，20世纪80年代后期，我们曾以"新知文库"的名义，出版过一批译介西方现代人文社会科学知识的图书。今年是生活·读书·新知三联书店恢复独立建制20周年，我们再次推出"新知文库"，正是为了接续这一传统。

近半个世纪以来，无论在自然科学方面，还是在人文社会科学方面，知识都在以前所未有的速度更新。涉及自然环境、社会文化等领域的新发现、新探索和新成果层出不穷，并以同样前所未有的深度和广度影响人类的社会和生活。了解这种知识成果的内容，思考其与我们生活的关系，固然是明了社会变迁趋势的必需，但更为重要的，乃是通过知识演进的背景和过程，领悟和体会隐藏其中的理性精神和科学规律。

"新知文库"拟选编一些介绍人文社会科学和自然科学新知识及其如何被发现和传播的图书，陆续出版。希望读者能在愉悦的阅读中获取新知，开阔视野，启迪思维，激发好奇心和想象力。

生活·讀書·新知三联书店
2006年3月

新知 文库

71

XINZHI

The Human Age:
The World Shaped by Us

THE HUMAN AGE
Copyright © 2014 by Diane Ackerman
Published by arrangement with Norton through
Andrew Nurnberg Associates International Limited.

人类时代
被我们改变的世界

[美] 黛安娜·阿克曼 著
伍秋玉 澄影 王丹 译

生活·讀書·新知 三联书店

Simplified Chinese Copyright © 2017 by SDX Joint Publishing Company.
All Rights Reserved.
本作品简体中文版权由生活·读书·新知三联书店所有。
未经许可，不得翻印。

图书在版编目（CIP）数据

人类时代：被我们改变的世界／（美）黛安娜·阿克曼著；伍秋玉，澄影，王丹译．—北京：生活·读书·新知三联书店，2017.1（2018.6重印）
（新知文库）
ISBN 978-7-108-05699-3

Ⅰ．①人…　Ⅱ．①迪…②伍…③澄…④王……　Ⅲ．①社会人类学－普及读物　Ⅳ．① C912.4-49

中国版本图书馆 CIP 数据核字（2016）第 112644 号

责任编辑　黄新萍
装帧设计　陆智昌　刘　洋
责任印制　卢　岳
出版发行　生活·讀書·新知 三联书店
　　　　　（北京市东城区美术馆东街 22 号 100010）
网　　址　www.sdxjpc.com
经　　销　新华书店
图　　字　01-2016-8956
印　　刷　北京新华印刷有限公司
版　　次　2017 年 1 月北京第 1 版
　　　　　2018 年 6 月北京第 2 次印刷
开　　本　635 毫米×965 毫米　1/16　印张 20.5
字　　数　200 千字
印　　数　08,001－18,000 册
定　　价　38.00 元
（印装查询：01064002715；邮购查询：01084010542）

目 录

第一章 欢迎来到"人类世"

3 灵长类动物应用程序
8 悸动的心,人类世思维
15 黑色大理石
20 人造风景
29 石头的方言
36 天气恶作剧
45 盖亚发怒
52 从赤道到冰川:创新,无处不在
58 蓝色革命

第二章 石与光之屋

73 柏油丛林
81 绿荫里的"绿人"
88 室内作物?过时的观念?
96 抓住机会,巧获热能

第三章 自然还是原本的自然吗?

113 自然还是原本的自然吗?

129　行动缓慢的入侵者

141　"它们别无选择"

149　泛舟基因池

156　为了蜗牛之爱

第四章　变味的自然

169　意识的（非）自然未来

177　用纳米衡量的世界

185　变味的自然

197　物种间互联网

200　你的西番莲正在向你发送色情短信

203　当机器人辛勤劳作，谁将抚慰它们？

219　约会的机器人

225　在火星上绘制摇木马

第五章　我们的身体，我们的自然

235　他递给我一只3D打印耳朵

247　半机械人和嵌合体

264　DNA的秘密守门人

282　遇见造物主——疯狂的分子

303　结论：悸动的心，人类世思维（再论）

308　致谢

310　延伸阅读

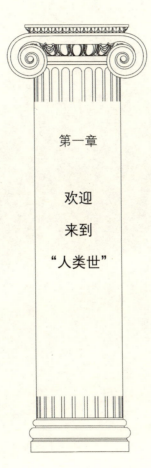

第一章

欢迎来到"人类世"

灵长类动物应用程序

天空湛蓝的某日,在多伦多动物园里,成群结队的孩子们在老师和家长的陪同下,在各展区兴奋地交流。一些孩子拿出手机,发送短信或抓拍照片,享受着网络带来的与朋友互动的轻松、便利。孩子们叽叽喳喳地围着一个有穹顶的大型栖息地,这个栖息地的设计看起来像一个层层叠叠的印度尼西亚森林,有三个树窠和蜿蜒的小溪。孩子们看着两只红毛猩猩妈妈和小猩猩非常顺畅地穿过迷宫。迷宫看上去像是用结实、扁平的葡萄藤搭成的,实际上用的是消防软管。在灵长类动物中,红毛猩猩是扭动臀部行动的高空杂技演员。它们的前臂长及脚踝、便于行走,拇指对生,脚趾粗大,膝盖弯曲,脚踝呈弓状屈曲。因此,它们几乎可以弯成任何角度或做出任何姿势。我惊讶地看到一只年轻的雌性红毛猩猩在葡萄藤之间平稳地穿梭,它张开手脚抓住两根藤,水平移动臀部,旋转手腕,然后一动不动地挂在藤上,就像一只被树窠绊住的橙色风筝。

即使它们用关节行走的姿势落后于我们,我们有时候仍会萌生一种冲动:当我们在游乐场的攀吊架上用双手交替攀行时,我们也希望能像猩猩那样用手臂吊荡着树枝前行。然而,相比之下,我们的关节僵硬无力。虽然人类与红毛猩猩的基因相似度达到了97%,可它们仍然是红毛飘飘的树林舞者,我们则进化成了絮絮叨叨的陆上居民。在野外,红毛猩猩的大部分时间是在高处度过的,与生俱来的优势使它们能够悠游自在地悬挂在树上。除了抚养孩子外,它们主要过着独居生活。母猩猩每

6~8年抚养一只小猩猩，它们疼爱子女，向子女传授森林里的生活技能。森林里可以吃的水果有很多，但必须进行可靠性判断。一些水果不易剥开或敲开，因为其外壳坚固、有刺，如同中世纪的武器一般。

一只红毛猩猩妈妈像坐着一个隐形的滑梯一般猛地落到地面上，它捡起一根棍子，在树干里四处掏寻，直到网罗到可食用之物，它对这些食物爱不释手并吃掉它们。一度喧闹的学生们突然安静下来，他们惊讶地看着这只猩猩妈妈熟练地使用工具，尤其是它吃掉棍尖上的食物，就像是从刀尖上吃掉豌豆一样。

在这个森林外远离人群的地方，我发现一只毛发很长的7岁大的雄性红毛猩猩正在专心致志地盯着一台iPad，它用一只手指轻轻敲击着屏幕，于是，这个掌上仪器就发出狮子的咆哮声，接着发出火烈鸟的鸣叫声。它蓬松、稀疏的赤褐色毛发下的那双大大的褐色杏眼看了我一眼。

在炎热的天气下，我那一头浓密的黑色卷发实在是很滑稽，可它并没有笑。在注视了我片刻后，它继续玩它的iPad（它好像对iPad更感兴趣），它两手紧握iPad，然后手脚并用（它的脚是光着的）。我必须说，这双脚干净得出奇，而这双手是我见过的7岁孩子中最大的一双。它的手掌可以将我的整个手掌包起来。

不过，对于苏门答腊的红毛猩猩来说，这并不稀奇。它的名字叫布迪（Budi，在印度尼西亚语中指"智者"）。它长得很快，已经出现青春期的迹象：毛茸茸的面部长出了髭须；当它长成为一只200磅[①]重的成年猩猩时，它的下腭骨有一天会鼓起来，长成宽大的双下巴；它会发出低沉的、像唱歌似的"长嚎"。可是，在它的眼睛和耳朵之间，目前还没有出现造就它未来脸型的脸颊垫——脸颊垫可充当扩音器，使它在茂密的树冠上发出波及范围可达半英里[②]的长嚎。

布迪的同伴马特·贝里奇（Matt Berridge）高而瘦，约莫40来岁，

[①] 1磅＝0.45公斤。——编注
[②] 1英里＝1609.3米。——编注

黑头发，在栏杆旁握着iPad，那样布迪可以自在地玩，而不会拖动、拆卸iPad。马特是动物园的红毛猩猩管理员，是两只年幼的雄性红毛猩猩的抚育者，这两只猩猩都爱玩iPad。毕竟，天性难改。

"灵长类动物应用程序"是由红毛猩猩外展组织（Orangutan Outreach）发起的。该国际组织旨在帮助数量日益减少的野生红毛猩猩，以及为红毛猩猩提供更有利于开发大脑的栖息地，从而改善世界各地人工圈养的红毛猩猩的生活状况。开发大脑是这个应用程序的首要目标，因为这些类人猿的智商相当于人类三四岁幼童的水平，同样充满了好奇心。它们会非常聪明地使用工具，可以将棍子用于多种目的，从击打下水果到寻找蚂蚁和白蚁。在吃带刺的水果和攀爬多刺的藤蔓时，它们会制作树叶手套来保护双手。白天，它们会在日落前，用叶子折一个新鲜的垫子放在树冠上；会在头顶举一把树叶遮阳伞，以躲避强烈的日晒；也会将树叶折成防雨帽和防雨屋顶。喝水时，如果有必要，它们会把树叶嚼碎并揉成一团，弄成海绵的样子，然后伸进被雨水浸润的植物中。在穿过小溪之前，它们会用树枝测量水深。对于树上可以食用的食物，它们会在头脑中对这些枝繁叶茂的树冠勾勒出一幅动态地图。

和人类一样，红毛猩猩也喜欢玩iPad，但它们并不沉溺于其中，它们不像人类那样痴迷于技术。

"我有一个7岁的儿子，"马特告诉我，"和布迪不一样，他无时无刻不在玩iPad。"

布迪喜欢发光的屏幕，但它不会连续几个小时坐在一处、直直地盯着屏幕。

"我们怎么会如此沉迷这样一件人造的东西，这件东西让你抛开了一切？"马特问道。"从某种意义上来说，我有时希望自己的孩子偶尔玩一下，但是，当我看到红毛猩猩永远不会沉迷其中，它们了解自己的智慧，这让我想道：我们花这么长的时间盯着这件东西，我们又能聪明到哪儿去？你看，就连我都不再相信自己的记忆力了。我就这样滴滴答滴滴……"他做出轻敲屏幕的样子，"我几乎完全依赖这些机器了。

我的大脑功能会不会退化?"

"草莓。"在布迪轻敲着屏幕上的草莓时,传来一个女人的声音。"草莓。"当布迪找到一个匹配的图案时,这个声音再次响起来。马特奖给布迪一些新鲜的草莓、苹果和梨。苏门答腊郁郁葱葱的热带雨林提供了丰富多样的热带水果,这是红毛猩猩最喜欢吃的食物。

另一个叫"积水成池"的应用程序也让布迪很是着迷。屏幕上的东西看起来像水,波光粼粼的,轻点一下,它就会溅起来,发出汩汩的声音,但不会有湿润的感觉。布迪把手指放到鼻子那里,但闻不到水的味道。从感官角度来说,这让布迪感到很奇妙,而通过Skype①与人类以及其他红毛猩猩互动会让它感到更加不可思议。

布迪第一次见到红毛猩猩外展组织的创会理事理查德·齐默尔曼(Richard Zimmerman)是通过屏幕,理查德向布迪打招呼。布迪轻敲了一下屏幕,仿佛在思考他是不是在和自己说话。接着,布迪有些疑惑,它伸出手,摸到的却是马特的脸。屏幕上,一个知道它的名字、正在说话的男人在看着它,对它微笑,非常友好地和它打招呼。布迪很疑惑,为什么理查德的脸是平面的,而马特的脸是立体的呢?布迪看了很多次电视,它最喜欢的是与红毛猩猩有关的自然生态电影。马特有时候给它看YouTube②视频,看成年雄性红毛猩猩如何发出迈入成年的"长嚎",布迪总是被这一场景深深地吸引。可是,屏幕从来都没有和它交谈过。与人类交谈、与其他红毛猩猩挨肩擦背、与友好的陌生人会面、玩iPad,这一切都成了布迪日常生活中必不可少的内容。而这些全新的社交活动,尽管布迪还没有意识到,正把它更深地带入了人类时代。

今天的父母都担心屏幕时间③会对孩子的大脑造成伤害。美国医学会也建议孩子在两岁之前绝对不要碰这些东西。但是,热衷于科技的父

---

① Skype:一款即时通信软件,其具备即时通信所需的功能,比如视频聊天、多人语音会议、多人聊天、传送文件、文字聊天等功能。——译注
② YouTube:世界最大的视频网站。——译注
③ 屏幕时间:指的是使用电脑、看电视、玩电子游戏的时间。——译注

母可以给孩子买一个"iPad 座椅",一种设有一个 iPad 支架的婴孩学坐座椅,可在 iPad 的应用程序商店(App store)里找到这种婴孩学坐座椅和互动读本。对于布迪玩 iPad,马特并不担心,因为和他自己的小孩不同,布迪只是偶尔玩玩,而且还没有人就屏幕时间对红毛猩猩大脑造成的影响进行过研究。会和对人类的影响一样吗?无论如何,由于布迪在动物园的生活氛围中长大,人类的技术和文化将在诸多方面对布迪的大脑产生影响,就像对儿童的大脑造成影响一样。无论好与坏,我们正在利用丰富的想象力改变着我们和其他生物赖以生存的世界,消除一些被我们视为"害虫"的生物,邀请其他生物共享我们发明的稀奇古怪的东西(医药、复杂的工具、食物、特殊的术语、数码玩具),使它们和我们一样弄不清自然和人造世界的界限。

如果你愿意,请想象一下,布迪正握着一台 iPad,里面的应用程序和游戏是本书各章节将讲述的内容。它触摸屏幕,点开一个章节,然后再点开一个,听着人类娓娓动听地讲故事,或专心地看着五颜六色的面孔和风景。它甚至可以在 iPad 上看到自己的脸。它手握 iPad,要么扮演着一个玩着游戏的幼年灵长类动物,要么扮演着数量正在减少的该物种的形象大使。这两种角色都是它在现实生活中注定要承担的命运[①]。

布迪抬起一只毛茸茸的橙色手指放在屏幕上,犹豫了一会儿,点开了第一章。此时,屏幕上出现的是暴风雪,大学生们在建筑物间飞奔,大衣里裹着书本……

[①] 在过去的 75 年,人类砍伐了如此众多的森林,使得红毛猩猩的数量骤减了 80%。国际自然保护联合会(International Union for Conservation of Nature)将婆罗洲的红毛猩猩列为濒危物种,将苏门答腊的红毛猩猩列为极度濒危物种,大概 10 年内整个物种将会灭绝。在苏哈托(1921—2008 年)统治时期,有 1 亿英亩(约合 40 万平方千米)印度尼西亚热带雨林消失,此后,当地的林业巨头为获取桃花心木、黑檀木、柚木和其他木材,一直在以更快的速度掠夺森林资源。此外还有棕榈油,其被用于制作人造纤维和许多其他产品(此类产品的成分中含有"棕榈仁油""棕榈油酸""棕榈酸盐"等)。只要你睁大眼睛看看,你就会发现有很多食品、洗发水、牙膏、肥皂、化妆品和其他产品都使用了棕榈油。红毛猩猩外展组织鼓励人们抵制所有的棕榈油制品,为保护雨林,数十家跨国公司对此(如麦当劳、百事可乐等)已达成共识。

悸动的心，人类世思维

1978年，呼啸肆虐的暴风雪侵袭了卡尤加湖，积雪足有齐膝深，街道看起来就像一条雪橇冰道。那时，我是纽约的一名学生。尽管天气恶劣，但见面寒暄的学生和品德高尚的科学家都在谈论着核冬天①以及核战争的余波可能给地球气候带来的变化：如破棉絮般的浓厚烟雾遮蔽了太阳，暗无天日；厚厚的尘埃云笼罩在地球的上空；植物不再呈现出绿意盎然、生机勃勃的景象；夏季气温降到了零下20℃；四季不再分明，生物灭绝。这一场景似乎很可能发生，因为在华盛顿和莫斯科，虚张声势地玩着政治把戏的政客们互相蔑视、互相指责。这是我第一次听长辈们说，我们的所作所为会对笼罩地球的整个大气层造成破坏，对此，我既惊讶不已，又忧心忡忡。就在稍早前的地质年代②，我们人类还是草原上无法用言语交流的一群人，玩着觅食和狩猎

---

① 核冬天理论认为：核爆炸所产生的烟尘微粒有大部分直径小于1微米，由于它们的平均直径小于红外波长（约10微米），它们对从太阳来的可见光辐射有较强的吸收力，而对地面向外的红外线辐射的吸收力较弱，导致高层大气升温，地表温度下降，使地表呈现出如寒冷冬天般的景观，称为核冬天。核冬天是基于数据化模型的假设，对于该假设的准确性并没有决定性的论证。——译注

② 地球的历史按等级划分为：宙、代、纪、世、期、时六个地质年代单位。地质年代共分三个宙：太古宙、元古宙、显生宙。其中太古宙分为始太古代、古太古代、中太古代、新太古代；元古宙分为古元古代、中元古代、新元古代；显生宙分为古生代、中生代、新生代。古生代共分六个纪：寒武纪、奥陶纪、志留纪、泥盆纪、石炭纪、二叠纪。中生代分为三个纪：三叠纪（包括早三叠世、中三叠世和晚三叠世）、（转下页）

的小游戏。然而，我们是如何变成地球的威胁的？随着课程的结束和暴风雪的消退，学生们行走在白茫茫的冰天雪地中，就像一个个闪烁的小点。

在四分之一个世纪后，诺贝尔化学奖得主保罗·克鲁岑（Paul Crutzen，发现了臭氧层空洞，并首次提出了核冬天理论）再次走上了世界舞台。他认为，人类已成为地球环境变化最重要的影响因素，因而需要重新命名我们生活的地质年代。多国的精英科学家纷纷表示赞同，来自伦敦地质学会（Geological Society of London）的一个受人尊敬的工作小组（监管地质年代表的权威机构）开始考量各方面的证据，并竭力将我们所处的地质年代由根据岩石划分的全新世（Holocene）更名为人类世①——人类时代，首次承认了人类对整个地球具有空前的支配力。

在获得国际认可后，地质学家根据岩石层、海洋层和生物层序律，将地球的环境史划分为几个阶段，这与我们使用"伊丽莎白"和其他王朝来划分人类历史如出一辙。从深入南极大陆冰盖底部采样获取的冰岩芯中，我们获知了古代的大气状况；化石残骸向我们揭示了古代的海洋和生命形式；泥沙和石头向我们传递了更多的信息。之前的地质年代（如以恐龙为标志的侏罗纪）持续了上百万年，我们有时将其划分为更小的地质年代单位，于是"世"和"期"便进入了人们的视野。这些细分的单位犹如丝线，虽然细小，却为地质年代这幅织锦增色不少。然而，我们人类又将在化石记录中留下怎样的印迹呢？

（接上页）侏罗纪（包括早侏罗世、中侏罗世和晚侏罗世）和白垩纪（包括早白垩世和晚白垩世）。新生代分为三个纪，分别是古近纪（古新世、始新世和渐新世）、新近纪（中新世和上新世）和第四纪（更新世和全新世）。宙、代、纪、世、期、时是根据岩石划分的时间表述单位，其对应的根据地层划分的地层表述单位为宇、界、系、统、阶、带。——译注

① "人类世"（Anthropocene）一词由数位学者和机构提出，包括：水域生态学家、密歇根大学名誉退休教授尤金·斯托莫（Eugene Stoermer），他在一次会议上使用了该术语；目前在德国美因茨市普朗克研究所（Max Planck Institute）的大气化学部门工作的保罗·克鲁岑；圣地亚哥市加利福尼亚大学的斯克里普斯海洋研究所（Scripps Institution of Oceanography）以及韩国的首尔国立大学。

进化成人后，人类已经在地球上生存了约 20 万年。我们不断适应变化无常的环境，最终得以生存下来。我们畏惧恶劣的天气和严酷的环境，惧怕比我们更凶猛的动物，屈服于大自然，因为，大自然的魔力远在我们之上，它的神奇使我们谦卑，我们在大自然的怀抱中急切地开拓生活。斗转星移，时光飞逝，历经的岁月太长，我们无法全盘描述；经历的生活太多，我们无法一一道来。渐渐地，我们开始反抗自然的力量。我们变得身手敏捷、足智多谋、灵活多变、聪明伶俐、懂得合作。我们学会了钻木取火、打造工具、制造长矛、使用针线、创造语言，并在所到之处使用语言。之后，我们以惊人的速度成倍繁衍。

　　公元前 1000 年，全世界的人口仅有 100 万人。然而，到了公元 1000 年，这个数字增长到了 3 亿。公元 1500 年，全球人口达到了 5 亿。从那时起，我们开始大量繁衍，数量成倍增长。自 1870 年至今，全球人口已增加了 3 倍。根据 BBC 新闻网站的数据显示[①]，1948 年 10 月 7 日，我出生时，我是地球上第 2,490,398,416 位居民，是自人类开篇以来的第 75,528,527,432 位居民。在中世纪，我们还能采用百万来计算人口数量；时至今日，地球人口已达到了 70 亿。正如生物学家 E. O. 威尔逊（E. O. Wilson）所言："与灵长类动物相比，20 世纪，人口增长就像细菌一样急速扩增。"威尔逊计算得出，单位面积上的人口数量已经百倍于在地球上行走的任何其他大型动物物种。城市人口已达 32 亿，人类摩肩接踵，城市拥挤不堪；城市规划者预计，截至 2050 年，全球将有近三分之二的人口成为城市居民，也就是说，还将有 10 亿人涌入城市。

　　10 年后，地球这颗行星的历史将被改写，教科书将过时、作废，教师们需要将一个新的现实公之于众，这个现实大胆唐突、激动人心，甚至可能会让人感到不安。在逗留于地球的短暂期间，人类发明了振奋人心的技术，学会了使用化石燃料，大力发展农业，人口不断膨胀——人类已经成为改变地球的唯一主导力量。对于有着 45 亿年历史

---

① 来源：BBC 新闻网站：http://www.bbc.co.uk/news/world-15391515。

的地球而言，一个物种从根本上改变整个自然界，这几乎是前所未有、闻所未闻的。

这种现象也只是在几十亿年前曾经发生过，就在诸如金肩长尾小鹦鹉或海鬣蜥等生物出现以前，那时的大气中含有毒素，如果人类穿越时光回到那个时代，是需要戴防毒面具的。那时，只有形成群落的单细胞蓝绿藻类覆盖着浅滩，它们吸收着水和阳光，将因"肠胃气胀"而释放出来的氧气一波波地排放到大气中。渐渐地，空气和海洋里充满了氧气，天空变得柔和、干净，地球上出现了有肺生物。这是一次震撼的经历，一种生命形态的"粪便"成为另一种生命形态的"补品"。近50亿年来，生命就在无数次大胆的试验中激荡演变、不断进化，藻类重塑了地球，使得地球上出现了其他生命物种：从长叶子的生物到有舌头的物种，从生物诞生到逐渐形成部落，从维纳斯捕蝇草（Venus flytraps）到人类。人类的起源就是这样难以置信。在最后的二三百年里，人类成为第二个给自然界带来剧烈变化的物种，这种变化上到天空，下至地面。

一直以来，人类都处在兴奋雀跃、焦躁不安和忙碌奔波之中。在过去的 1.17 万年（较之于在最后一个冰河时代结束时冰川退去而言，这只是眨眼的瞬间），我们发明了农业、文字和科学等珍宝。我们四处远游，漂洋过海，走过白雪皑皑的大地，攀登危险重重的裂谷和峡谷，长途跋涉到偏远的岛屿和地球两极，潜入发光鱼类和金眼水母出没的海洋深处。在仰望星空、崇拜星斗之时，我们在无边的黑暗世界中学会了钻木取火、制作灯笼。我们建造了像监狱一样的城市；离开地球家园，到太空旅行，并登陆月球。我们白手起家创造出无数个惊心动魄的工业和医学奇迹。也许我们并没有改变地球几大洲的位置，但是，我们建造了城市，发展了农业，造成了气候变化，从而擦除、重绘了这几大洲的轮廓。我们切断河流，让河流改道，并填海造地。我们将森林夷为平地，铲平土壤，铺平道路。除了少数荒野弹丸之地外，我们已经开拓了地球 75% 的地表面积，并成片成片地建造厂房和住宅，通过农田耕种使地球上三分之一的不冻土均质化。为进行矿业开采，我们削平山峰、挖掘坑洞、建造矿场。就好比外星人挥舞着巨大的木槌和激光凿子,对各大洲进行着重新塑造,以使各大洲更加适应它们的需求。我们把地球上的景观改造成了另一种形式的建筑;我们将地球变成了自己的游乐场。

若谈到地球上的生命形态,我们的参与程度自不消说。在地球上的所有哺乳动物中,我们以及我们所豢养的家畜如今已经占到了90%;在公元1000年,这个比例还仅为2%。至于野生物种,我们在世界各地重新配置植物和动物,让它们发展新习性,改造它们的形态,或者使它们惨遭灭绝,而它们也已经走向了这三种结果。在这个过程中,我们决定着哪些生物将最终和我们一起生活在这个星球上。

甚至连云朵也在展示着我们的杰作。一些云朵是环球航行的飞机划过天空而留下的航迹云,一阵风便可吹散;一些则是工厂排放到天空中的团团浓云和黑烟。我们捕捉乌鸦,让树木杂交,在悬崖上搭建桁架,填塞河流。要是可以的话,估计我们也会监视、操控太阳的一举一动。我们已经利用太阳光来发电,将奇思妙想变成现实,这是远古神话里的神仙都无法企及、羡慕不已的壮举。

如今,我们已经和至高无上的神灵一样无处不在、无所不能。从海洋沉积物到外大气层,我们已经开拓了这个星球上的每一寸土地,并留下了手印。外大气层是地球大气的最外层,在这里,分子逃逸到外太空,太空垃圾环绕地球做圆周运动,卫星在轨道上运行。在过去的两个世纪,尤其是最近的几十年,人类现代生活中出现的几乎全部的奇迹,就像一块巨石,以山崩地裂般的气势滚滚向前,以惊人的步调加速了人类的大冒险。

每一天,我们都越来越多地掌握着大局,从外太空航行到对人体和大脑的内在构造进行探索。与生活在草原上使用着切削工具、捧着如宝石般珍贵的余烬、如穿珍贵的贝壳一样拼出一些单词的类人猿相比,我们已经大不一样了。我们的想象力更加无边无际、源源不断。我们以如此之快的速度、以无法消除的方式重新改变着地球及其生命形态,使得我们人类的诞生地——自然界——已经与我们祖先所熟识的那个自然界相去甚远。在那个自然界，先有原子，之后出现单细胞生物，而后出现哺乳动物，再到占主导地位的人类。今天，我们要做的已经不再是适应所生活的自然界，因为我们已经创造出一个嵌入自然世界之中的人类环境。

我们与自然①的关系已经发生了不可逆转的根本性变化，但并非所有的变化都朝着坏的方向发展。如今，我们与大地、海洋、动物息息相关，制造业、医学和技术取得的诸多进步以各种意想不到的方式对人体产生了重大影响。过去很多无法开启的大自然的神秘之门（例如人类基因组、干细胞和其他类地行星），现在也逐一被打开，拓宽了我们的视野。一路走来，我们与自然的关系在不断地发展、变化，这种变化非常迅猛，而有时又微妙到我们甚至感觉不到变化的气息，无论这种变化是实质性的，还是象征性的。当我们对周围世界、内在世界进行重新定义的时候，其实我们是在对脑海中的基本观点进行着修正，这个观点就是：这个世界对于人类而言究竟意味着什么，以及我们怎样看待自然。从各种层面来说，从野生动物到人体内的微生物，从不断发展的住房和城市到虚拟动物园和网络摄像头，人类与大自然的独特关系均呈现出一个新的趋势。

我之所以开始写这本书，是一些问题让我疑惑不解，例如：为什么我们脚下的世界就像一场竞赛？为什么今年加拿大黑雁第一次没有从众多的新英格兰小镇迁徙而来？为什么很多白鹤停止迁徙到欧洲？这个世界正在遭受着破纪录的热浪、干旱和洪水的冲击——我们对气候造成的破坏能否修复？对地球这颗行星而言，今日的儿童在未来会成为怎样的保护者？我们只需花费很少的成本或精力便可在电脑上遨游世界，这将意味着什么？关于对人体进行的医学改造（包括用碳纤维制造的腿；仿

---

① E. O. 威尔逊在《创造》（*The Creation*）（纽约：诺顿出版社，2006年版）一书中将"自然"定义为包括"地球上不需要人类而可以独立生存的所有一切"（第15页）。

生手指；硅视网膜；戴在一只眼睛上的电脑屏幕，以便通过眨眼的方式阅读文章；可以提起巨大重量的仿生服装；奇幻促智药，具有提高注意力、增强记忆力或改善情绪的功效），青少年是否会问"我是谁"或者"我是什么"？未来五十年，城市、野生动物和生物学又会发生怎样的变化？

在不经意间，我们在这颗行星上制造了一些混乱，这些混乱对我们自身的福祉造成了威胁。我们迫切需要遏制气候变化，以及研究出更安全的方法以培育、推动和管理我们的文明，对此，我仍然满怀希望。我们所处的这个新时代，所有的罪孽都与发明有关。我们已经将人类寿命延长了两倍，降低了儿童死亡率，并且以惊人的速度极大地改善了大多数人的生活质量——无论是健康状况还是日常生活的舒适程度。我们的确犯了很多错误，但我们的智慧也是不可估量的。

如果回到铁器时代，我敢说，要是不带上一些生活必需品（如火柴、抗生素、矫正视力的眼镜、指南针、刀具、鞋子、维生素、铅笔和纸、牙刷、鱼钩、金属锅、带太阳能电池的手电筒）以及让生活更加安全的其他发明，估计没几个人愿意回去。不过，那样一来，我们也就无法轻装出行了。

黑色大理石

随着宇宙飞船进入新太阳系的大转盘，我们开始满怀希望地在这里建造另一块如水晶般脆弱的栖息地，但随之而来的失望困扰着我们的太空之旅。人类是天生的游牧民族，有着一颗不安分的心，而且这个新太阳系和我们这颗迈入了中年的恒星没什么两样。和我们的太阳系一样，也有众多星球沿着不规则的轨道围绕着太阳转；在一些星球上，四季变幻，多彩多姿；而另一些星球单调枯燥，位置偏远，无人问津。这些星球好比一个由形态不一、样貌各异的兄弟姐妹组成的奇怪大家庭，还跟着许多零零落落的小随从。我们曾在夜空中看到过千奇百怪的星星，它们变化多端，很是吸引我们。一些拖着巨大的尾巴，后面跟着一大群谄媚讨好的随从；另一些则像是飘浮在一个白色的茧状物之中。我们驾驶着宇宙飞船经过了冷酷的岩石星球，路经拖曳着参差不齐的各类卫星的行星，闪避流星产生的四处飞散的碎石，绕开散发着幽光的强酸毒雾地带。

当我们慢慢滑动鼠标滚轮以便放慢飞行的速度时，我们欣赏到了斑驳的色彩、背脊尖削的铁锈色巨大峡谷、喷发冰火的休眠火山、高50英里的喷泉、碳氢湖、猩红色的痕迹和地球伤痕、冒着冰冻甲烷气泡的海洋、发光的方尖塔、流动的岩浆、硫化雨，以及其他气候和地质奇景。从中看不出有活生生的生命形态存在的迹象。人类是如此孤独的物种。也许，这个太阳系就是一个港口，在那里，我们会发现和我们一样有着未知的热情和精力、充满好奇、不断探索的生命体。为了生存，它们要适应它们的星球，至于怎样适应，这并不重要。

在我们对一个星球调查、探索完毕后，就会接着寻找下一个停靠港。

在一颗云朵簇拥的有水的小行星上，处处亮光闪闪。我们急速地朝它驶去，屈服于它的牵引力。当夜幕降临、黑暗笼罩之时，我们沿着轨道绕着这个星球飞行，金黄色和银白色的灯光交织的光影图景让我们瞠目结舌——从一簇簇、一条条的光到随意形成的圆圈和方格图案。巧夺天工的光体并非自然极光或闪电，而是灯具，它们设计精美，数量众多，独特罕见，让人目不暇接，不忍忽视。

2003年，唐·佩蒂特①进入了空间站，当看到夜晚地球上的城市景观时，他感到自己的心就像快速转动的风车一样飞速跳动。他暗自思忖着："如果每个人都能以这样的方式观看地球，那他们就会惊叹于我们已经取得了怎样的长足进步，就会了解我们想分享什么、想传达什么了。"作为一个天生的多面能手，唐·佩蒂特利用他在太空站找到的备用配件，为这个旋转着的行星拍下了原始、清晰的照片，仿佛这颗行星是静止不动的一般。回到家后，他将照片编辑成一段名为"夜间的地球：轨道上的城市之旅"的视频，并发布在YouTube上。现在，让我们跟随着他一起开始太空之旅。当我们每进到一个如蛛网般的灯火世界时，便会传来他的画外音，就如同我们也像他那样坐在空间站里，凝望着窗外的宇宙一般。"这是苏黎世（瑞士）、米兰（意大利）、马德里（西班牙）。夜晚的城市就像置身于一个由文化、地理和技术构成的三角形之中。"他用带着敬畏的语调缓缓说道："欧洲城市的主要特征，就是建有向四面八方辐射的公路交通网……在伦敦，我们沿着英吉利海岸漫游到布里斯托。在埃及开罗，尼罗河就像一个黑色的暗影贯穿南北，吉萨金字塔在夜间也灯火通明……左边的是特拉维夫市，而右边的则是耶路撒冷……"

---

① 唐·佩蒂特（Don Pettit）：美国国家航空航天局的宇航员。——译注

中东城市闪耀着金色、绿色和黄色的光芒，看起来尤其璀璨耀眼。他指出，印度的特征是乡村里点缀着柔和的灯光，好似透过面纱温柔地摇曳着、闪烁着。接着，我们飞到了马尼拉上空，在那里，几何形状的灯盏照亮了海滨。而后看到的是中国香港的灯光，像龙一样舞动着。位于东南端的就是韩国，在漆黑的朝鲜海峡，可以看到一堆耀眼的白色颗粒，那是点着高强度氙气灯的渔船，他们将这种灯用作诱饵。

"现在我们来到了东京、布里斯班、旧金山湾、休斯敦。"唐·佩蒂特解说道。

我们都不知道，原来从太空上看，我们的城市是如此美丽。这些灯光就像人类在地球上留下的电指纹，就像流经城市血脉的明黄色能量。我们在地球上创建了自己的星座，并采用我们取得的胜利、建立的公司、流传的神话和领导人的名字来给它们命名，例如：哥本哈根（意为"商人的港口"）、阿姆斯特丹（意为"位于阿姆斯特河上的大坝"）、渥太华（意为"商人"）、波哥大（意为"种植着作物的田野"）、科托努（意为"死亡之河的入口"）、堪培拉（意为"聚会胜地"）、佛莱森堡（意为"勤勉之堡"）、瓦加杜古（意为"人们赢得荣耀和尊重之地"）、雅典（意为"希腊智慧女神雅典娜之城"）。然而，太空的穹顶是那么无边无际，繁星闪耀，这让城市的灯光相形见绌。我们在辉煌的灯火中尽享一生。灯光向太空旅行者讲述了一个明确无误的故事：某个英勇大胆的生命形式在地球上建造了纵横交错的繁华都市，他们偏爱于沿着海边或者在河流旁安居乐业，修建了灯火辉煌的如迷宫般的公路来连接各个城市，因此，即便没有地图，你仍能描绘出几个大洲的轮廓，仍可以认出蜿蜒曲折的河流。

这一景象向我们传达了奇特、美妙的无声信息。人类通过自己的所作所为给地球绣上了种种花纹。人类的手工作品随处可见。2012年12月7日，美国宇航局捕捉到了夜晚地球生动美丽的图像，灯光璀璨、异彩纷呈，酷似"黑色大理石"。与40年前闻名遐迩、被称为"蓝色大理石"的地球全景图片相比，这幅全新的地球自画像更加强烈地震撼着我们的心灵，唤醒了我们内在的感情。

1972年12月7日，阿波罗17号的机组成员在履行最后一次载人登月的使命时，拍摄下了地球全景图片：一颗蓝色的球体悬挂在如黑天鹅绒般的宇宙天幕之中，因此这幅图片被称为"蓝色大理石"。尽管非洲和欧洲在旋涡状的白云下夺人眼球，但照片的主色调是蓝色。这是阿波罗计划拍摄的一张照片。这幅照片极大地拓展了我们的思维疆域，它向我们展示了：在浩瀚无垠的太空中，地球是多么渺小，这一栖息地于人类而言是多么难解难分、亲切自然。尽管地球上硝烟四起、冲突不断，但从太空上看，地球并没有国界、军事区和隔离墙。人们可以清楚地看到，在亚马逊河的上空盘旋着的风暴，是如何对远在半个地球以外的中国的粮食产量造成影响；盘绕在照片顶部的印度洋的飓风，两天前还在呼啸，并带来肆虐的洪水，重击了印度。由于照片的拍摄时间接近冬至，可以瞧见冰天雪地的南极洲闪烁着耀眼的白光。地球的整个大气层——我们呼吸的空气、飞越的天空，甚至是臭氧层——即使是细微之处都清晰可见。

　　在环境问题日益凸显的时刻，这张人类历史上最广为流传的照片也成了一种全球意识的象征。它让我们看到了自己的星球在宇宙中的样子，使我们的眼中饱含热泪。由于地球过于巨大、广阔，我们难以像锁定某个复杂的生物体（无论是已知的还是未知的）那样定格地球，而如今它却让我们能够拥抱地球。现在，我们可以用凝视心爱的人的目光尽情地欣赏地球。我们可以把这张照片粘贴在"智人"①的家庭影集之中。这里有每一个朋友、每一个心爱的人和熟人的身影，有人类行走过的每一条道路。无怪乎上大学的莘莘学子用这张照片来装饰宿舍。作为最终的全景描绘图，这张照片警示着我们：我们和地球同呼吸、共命运。

　　美国宇航局新拍摄的城市灯光图再现了地球大陆的全景，这幅图景装饰着跳动闪烁的灯塔，又一次深深地震撼了我们。地球是太阳系唯

---

① 智人（Homo sapiens）：现代人的学名。人类进化史分为南方古猿与人属阶段，而人属又包括智人、能人等物种，但最终只有智人幸存，现在的人类属于晚期智人。——译注

——一个在夜间闪耀着灯光的星球。地球距今已有45亿年的历史，数亿年间，地球的夜间曾是漆黑一片。在不过两百年的时间里，人类在地球上接通了电源，点亮了灯火，如同我们使用发光的油墨在地球上尽情挥洒一般。下一个四十年，人类的涂鸦将会呈现出不同的景象。我们中的许多人都觉得城市生活富有吸引力，我们的城市规模开始呈指数增长。每年，数以百万计的人口收拾行李，背井离乡，移居城市，加入到占地球人口近三分之二的大队伍之中。未来，将会出现越来越多的住宅群，这些住宅群建有更宽敞的门窗、装饰有更华丽的灯塔，很多显现出我们稀奇古怪的品位和习性。在照片中，我们看到一条连接莫斯科和符拉迪沃斯托克并直通中国的独特的线路，那是西伯利亚大铁路；一条金色的光带穿过幽深的黑暗，那是位于阿斯旺大坝和地中海之间的尼罗河；一个棋盘式的网格框架连接着众多的闪亮光点，那是美国州际高速公路系统。整个南极大陆在夜间依然清晰可辨。蒙古、非洲、阿拉伯、澳大利亚和美国的广袤无边的沙漠，看起来几乎漆黑一片。非洲和南美洲郁郁葱葱的热带雨林、喜马拉雅巍峨高耸的弧形山峰、加拿大和俄罗斯茂密的北部森林，也是黑灯瞎火。而购物中心和港口都市的灯光嘶嘶嘶地热情闪烁着。整个星球上最亮的地方不是耶路撒冷或吉萨金字塔（虽然它们的确灯火璀璨），而是长久地闪耀着霓虹灯的拉斯维加斯大道。

在美国西部新建造的居住地大多是方方正正，街道南北或者东西贯通，当夜幕在城镇周边缓缓降临之前，灯光便会亮起来。在像东京这样的大城市，在线条曲折、蜿蜒的最古老街区，汞蒸气街灯发出墨绿色的灯光；在旧街周围环绕着的新式街道上，现代化的钠蒸气灯闪烁着橙光。

地球上灯光璀璨的城市仿佛在向所有生物（包括人类）诉说：地球居民是有勇有谋的思想家、身强力壮的建造者、才华横溢的布局者，他们喜欢扎堆，出于一些原因（例如夜间视力不良、原始的恐惧感、纯粹的虚荣心、为吓跑食肉动物，或者作为聚会时的一种装饰品），他们使用各式各样的灯。

人造风景

现在，让我们拉近距离，渐渐放大画面。

此时的地球与你在三千英尺①高空寻找人类迹象时所看到的截然不同。当你飞跃在三千英尺高空时，你很容易失去方向感。你看不到能让你感到安心的日常生活的所有脉络：野生草莓酱带来的极致感官享受，你体会不到；有着黄色鸡冠状突起的鸢尾花热情盛放的景象，你欣赏不到；从厨房门外散发出来的阵阵野葱的扑鼻香味，你嗅闻不到。但是，对于查看地面上人类活动的痕迹来说，三千英尺高空是一个有利的位置——种种痕迹随处可见，就像乌鸦的爪子在雪中留下的三叉式"Y"形图案或者白尾鹿刻下的半裂心形图案那样一目了然。

如今地球的面貌已经与我们祖先所看到的大相径庭，尽管我们仍采用16世纪的荷兰语单词"风景"（lantscap）来描述人类世界中的自然风光。当我们从飞机的窗户向外凝视时，我们很清楚我们是如何重新定义这个质朴的概念的。这个概念不再仅仅适用于那些未经改造的荒野，如阿尔卑斯山的峭壁、延伸的海岸线或长满了桀骜不驯的野花的旷野。我们也开辟了新的风景，而且经常将它们与自然栖息地混淆。例如，亚利桑那州巨大的向日葵原野或普罗旺斯成片的薰衣草，宛如一幅幅绚丽多姿的自然织锦，但其实它们都是由人类"手工缝制"而成。

---

① 1英尺=0.3048米。——编注

从空中俯瞰大地，你可以看到山脉像沉睡的鳄鱼一样懒洋洋地闲躺着，道路沿着山脉穿行，或曲折盘旋，或横穿山脉。森林覆盖着大地，褐色的秃山岩如同一条条修剪过的缎带；一座座像挑夫一样的电塔在山里架起。

我们不仅让夜晚灯光璀璨，也让白天如织锦般炫目。在夏季，条状庄稼地交错纵横，宛若一幅用绿色丝绒和棕色灯芯绒制成的拼贴画，昭示着农业的兴旺发达。一个个深色的环状物绵延数英里，那是巨大的旋转地下喷灌系统正在开采位于地下深处的水资源，我们将此类水资源用于灌溉成片的玉米、小麦、苜蓿和大豆。浅色的环状物则是已经收割过的庄稼茬，留下一片苍白的景象。一簇簇、一团团粉色或白色的小点按相等间隔排列着，那是苹果园和樱桃园里的果树在尽显生机。在房屋周围，在农场间，有一小片树木繁茂的土地仍未开发：或许是因为这块土地太湿润、岩石太多、地势起伏不平而无法建造房屋，又或许是因为当地人为了保护土地或用于修建公园而有意留出这块地。无论出于何种原因，都宣告了人类的活动无所不在，就像运河和修整过的高尔夫球场所宣告的那样。

巨砾、岩石和各种大小的石头七零八落地从逐渐消融的冰川上滚落下来，在庄稼地的边缘形成了一道篱墙。在耕种田地之前，农民首先需要移除石头和巨砾，将它们堆放在田地四周。灌木和乔木从石缝中顽强地生长出来，它们的枝叶挡住了飘飞落下的雪花。在初春暖和的日子里，波纹状棕色田地里的所有积雪均已消融，而在布满岩石的篱墙上，积雪仍未融化。

山上的一道道黑色纹脉是煤矿工人创造的，他们砍伐森林，用炸药爆破多座山峰，铲起碎石，倒入山谷，然后开始采煤。采石场的石块和碎屑飞溅而出，铜矿里开采出来的铜以阶梯状的形式堆放成塔形结构，高耸在幽幽的碧潭之上。

莫哈韦沙漠（Mojave Desert）犹如一块略带焦糖口味的馅儿饼，成千上万道光线照射在一个巨大的太阳热能发电厂的各个电池板上，再折射到地平线上，便出现了海市蜃楼。在世界各地的其他沙漠，在各大洲

(包括南极洲),都出现了无数个太阳能收集器。炼油厂的道路绵延数英里,在坚硬的沙漠地上架起一个个油矿泵,看上去如同金属啄木鸟和蝗虫一般。

我们的尖头船星罗棋布地散布在港口和湖岸上;在蓝色的河面上,拖船和商用驳船争抢风头。新砍伐的木材看起来仿佛一个个朝着锯木厂漂移的软木塞状的木筏。沼泽地吸引了成群的候鸟,人们也许也发现了蔓越莓沼泽地呈现出来的鲜红色涡纹图案,那是身穿黄色衣衫的机械种植者在搅动着蔓越莓,他们去除蔓越莓的枝蔓,长长的可曲机臂上集结着流动的果浆。那个红色的大写"T"是蒸发池的气孔,海水在蒸发池中蒸发浓缩、析出盐分,这个过程将藻类和其他微生物变成了具有迷幻色彩的、有生气的旋涡。人们可以看到水坝和被治理的河流以及像拉链一样的长长的铁路线,甚至偶尔能看到铁路机车。在我们密密麻麻地生活着的各个城市中,我们建造了天蓝色的游泳池和像棋盘一样布局的街道;我们在城市中心修建了高低错落的建筑物。核电站的冷却塔如同翻白眼的雕像一样仰面凝望天空。钢铁厂、工厂和发电站的烟囱顶部涌出一团团在低空徘徊的人造云。

人类的痕迹无处不在。当然,我们的污物垃圾也是随处可见。所有城镇的边缘都散布着废品场和回收中心,堆满了金属压缩块和黑色的废旧轮胎,发出尖厉叫声的鸥鸟在废品场上空盘旋。

我们创造了大量的新风景,甚至在这些事物的后面添上后缀"风景"(scape),以此对其进行界定。我就曾无意中碰到过"城市风景"(cityscape)、"城镇风景"(townscape)、"道路风景"(roadscape)、"战争风景"(battlescape)、"草坪风景"(lawnscape)、"监狱风景"(prisonscape)、"商场风景"(mallscape)、"声音风景"(soundscape)、"网络风景"(cyberscape)、"水生风景"(waterscape)、"窗户风景"(windowscape)、"园艺风景"(xeriscape)等单词。当然,在众多的人造风景中,我们也不要忘了所有的"工业园区"。

在日本,游客们已经厌倦了火山和庭园,城市观光者成了"工厂萌"①，趋之若鹜地涌向专注于工业景观和公共工程的游览项目。特别受欢迎的是夜间游轮观光项目，如庞然大物般的化工厂喷吐出浓浓的烟雾，在月亮和繁星、人们熟悉的星座的映衬下尤为壮观、令人震撼。这已成为年轻浪漫的情侣们偏爱的约会方式。

"大多数人都惊讶地发现，原来工厂是如此美丽的地方，"川崎市（Kawasaki）旅游局一位名叫正腾小泽的官员说道，"我们希望让游客们能有这样的感官体验，包括体验和感受工厂独特的气味。"

"如果你去东京，不必大费周折地去东京的购物区——原宿，"大山显②在其著作《工厂萌》（*Kojo Moe*）中说，"去川崎吧。"那里是工业中心，有大量被污染的锈水，还有受到污染的空气。因而那里的工业景观更生动、更鲜活。一些日本立法委员希望让那些还在运行中的工厂也能申请世界遗产项目，以吸引更多的游客。

在过去的25年里，加拿大摄影师爱德华·伯汀斯基（Edward Burtynsky）一直在记录全球各地的"人造风景"。他那些最震撼人心的照片很多都是在工厂内拍摄的。在那些工厂里，一座座厂房铺展开来，工人们在人造光源下彼此做伴，围绕着机器、产品度过了几乎一整个白天。同样地，在新加坡的一栋高大的办公大楼里，每一层都被分成了几十个像蜂窝一样的密密麻麻的隔间。

我在多伦多的繁华街道上找到了伯汀斯基的工作室。在几个小型办公室的侧面摆放着一张大大的木桌子，透过一排高大的窗户可以洞悉一天的天气情况。一个又高又瘦、头发灰白、胡子修剪得整整齐齐的男人迎接我的到来，我们在他那堆满书籍的办公室里进行了访谈。他身穿一件蓝色长袖T恤，上面印有一只嚎叫的狼的图案。他说话的声音很轻，

---

① 工厂萌：指痴迷于工厂建筑的"工业发烧友"。日本国内近来出现了鉴赏工业领域活动的流行趋势，不少旅行公司瞄准商机，开发了各种围绕工业园地的旅游路线，使不少工业区成为风景名胜。——译注

② 大山显（Ken Ohyama）：日本摄影师、作家、出版商和电视演员。他出版的摄影书籍大多与建筑物和城市景观有关。——译注

如同耳语一般;在他那近乎泰然自若的仪表中流露出沉着、镇静;他的眼睛好似豹子一般敏锐。

"您被称为'潜意识活动家'……"

伯汀斯基笑了笑。看来这个绰号很适合他。

"作为一个加拿大人,部分优势就是,"他解释说,"出生在这个地广人稀的国度,我可以在荒野里好几天碰不到一个人,体验一个成千上万年都不会发生变化的空间。对于如何通过摄影来表达人类给风景所带来的变化而言,这种体验是必不可少的。我的作品确实成了一种叹息。我也希望我的作品能够诗意地描绘出改观的风景和工业补给线的景象。然而,如果不创造一片片类似这样的废墟,我们将无法建设城市、无法拥有汽车、无法造出喷气式飞机。因为每一个创造性的行为都是一种破坏性行为。就拿摩天大楼来说,在自然界存在着一种与之相对应的凹陷:采石场和矿场。"

采石场是一种反向的高层建筑①。它们就像被掏空的几何形状、立体派的长椅、锯齿状的坠子。如果不能在自然界创造相对的凹陷,你就没法获得大理石或花岗岩,也就无法建造一栋摩天大楼。我之前没有想到过,我们的建筑物会永久笼罩在这种相对应的凹陷缺失的阴影下。

"那些'破坏行为'竟带来了如此惊人的美丽。"我说。

"从我们能够用双脚站立的那一刻起,我们便开始对土地进行不断的挖掘。当我们看着这些废弃地,我们说,'那些地方是不是很令人讨厌。'……但是,我们也可以用另一个视角来看待它们。这些场所并不是死气沉沉的,尽管我们对它们置之不理、任由其自生自灭。生命仍然在继续,我们应该重新进入那些地方。它们非常真实,在我们的生活中占有非常重要的部分。"

我的思绪在他的两张照片中飘荡:一张是西班牙西北部露天钨矿的阶式墙壁以及堆积成金字塔状的灯泡细丝、电子产品、火箭发动机喷管、

---

① 对采石场进行开采后,留下的是巨大的凹陷,这种凹陷像一种向下延伸的高层建筑,与我们向上高耸的大厦相对应,因而说是"反向的高层建筑"。——译注

X射线管，另一张反映的是承载了人类文明的微粒物质。它们与20世纪上半叶拍摄的照片有很大的不同。在20世纪上半叶，艾略特·波特[①]、安塞尔·亚当斯[②]和爱德华·韦斯顿[③]在其拍摄的未被践踏的原始自然风光片中，对自然满怀敬畏和尊重，并视之为崇高的化身。而伯汀斯基的照片捕捉的却是人类陶醉于工业——这块被践踏了的光荣领地——的图景。很久以来，我们一直都认为自然界是唯一被某种力量包围的地方，这种力量远在我们的力量之上。然而现在，我们的城市、建筑物和技术也扮演起了这个角色。

伯汀斯基解释说，从自然存在于我们周围、存在于我们之间的那个时刻起，即使称呼某些事物为"自然"，也是一个巨大的转变。之后，我们给这些事物命名，从而将我们与它们区分开来，如同《圣经》上所说的那样，亚当[④]给动物取名，从而将人与动物区分开来。一旦我们给它们命名，它们似乎会成为我们所期待的那样。然而，人类与自然的距离从来都不像我们所认为的那样遥远。如果说我们在人类世学到了什么东西的话，那就是人类与自然并没有真正地彼此脱离。对于风景，对于我们所构建的环境而言，它其实也是一种自然的体现，也许或多或少是可持续的。能否持续，选择权在我们手上。

此时此刻，红毛猩猩幼崽——布迪暂时停止了玩iPad。随后，马特举起一只手，食指指尖朝下地打着转，如同搅拌着一杯肉眼看不见的饮料。就在这个时候，布迪转过身，背靠着栅栏，以便马特能为它挠痒痒。马特答应布迪的请求，而布迪高兴地耸了耸肩，随后换另一只肩

[①] 艾略特·波特（Eliot Porter）：美国摄影师，以拍摄彩色自然照片而闻名。——译注

[②] 安塞尔·亚当斯（Ansel Adams）：美国摄影师，曾为《时代》杂志（*TIME*）做过封面人物，还出任主角演了五集的电视剧集——《摄影——锐不可当的艺术》，是美国生态环境保护的一个象征性人物。——译注

[③] 爱德华·韦斯顿（Edward Weston）：是一位富有独特艺术成就、传奇生活色彩以及对后世影响深远的美国摄影家。——译注

[④] 亚当：按照希伯来《圣经》的记载，是耶和华创造的第一个人类。是神按照自己的形象用尘土创造的活人。神又用他的肋骨造了夏娃，成为他的妻子。——译注

膀、手臂，如此来回了好几次。

"几个月前它长出了恒牙，"马特说，"今年年初，它的乳牙脱落……它脱去了那些巨大的牙齿。"马特将一些水果粒放进布迪的嘴里。

"它好像特别小心你的手指。"

"在它还非常年幼的时候，它会咬我的手指——嘿，快放手。"马特一边说，一边将布迪的手指从它试图撬开的 iPad 套的边缘拿开，"但后来，它长了小牙齿。它会开玩笑地咬住我的手指，要是我大声尖叫，它就会松口，就好像它正是等着看这一幕一样。它现在又稍微长大了一点，即使它并不想伤害我，但它仍有可能会伤害到我。"

红毛猩猩的体重可能和人类相近，但它们健壮强大，力气大概是人类的七倍，也许它们没有意识到，开玩笑似的猛然一拉或拍一巴掌都有可能伤害到人类。它们也具备共情能力，足以识别其他形式的疼痛（无论是对哪一类物种造成的），也会为造成这种疼痛而感到难过。

"如果它知道如何与人类相处，那么它的生活将会变得更加美好——随着年龄的增长，它已经可以做一些事情，比如使用刚才的身体语言，以便人们可以很好地照顾它。但我们无法保证它会永远待在这个动物园里，因此，应该很乐观地说，*这是布迪的语言。为了与布迪交流，这也是你所需要知道的东西*。"

布迪的妈妈普佩（Puppe）慢悠悠地走过来看我们正在做什么。按照红毛猩猩的标准来说，普佩 36 岁，已经步入老年，它是动物园里最年长的红毛猩猩，有着成熟的灰色皮肤（和布迪一样，它在幼年时的皮肤也是灰白色的）和凸起的大佛肚，鼻子和嘴巴周围布满了皱纹。它的脸跟布迪一样，看起来与人类非常相近。这两只红毛猩猩用眼睛和我们凝望的目光对视了一会儿，它们对我们的面孔和表情非常熟悉，已经在脑海中逐渐形成了一种印象。在印度尼西亚语中，它们的名字（Orang）意味着"橙色的森林使者"，它们的确是。

布迪爬上位于它妈妈上方的横木，倒挂着晃到妈妈的头上，然后倒着滑下妈妈的肩膀，半扭着身子从妈妈背部的一侧滑落下来。但是，妈妈没有表现出丝毫的厌烦。在养育了五只小猩猩后，它已经习惯了这样搞怪的胡闹行为，并且无论在何种情况下它总是性格平和。布迪遗传了它的这一特征，因而表现出相对安静的性格。当然，动物园里的嘈杂声并非仅来自这两只红毛猩猩。雄性猩猩会发出长嚎，告诉发情期的雌性猩猩它才是帅哥猛男，其他雄性猩猩不要靠近、勾搭这些雌性猩猩；不过，雌性猩猩总是和年幼的猩猩紧密地待在一起，它们发出的只是轻微的尖叫声和咕哝声。红毛猩猩也是"视觉动物"，擅长察言观色。大多数红毛猩猩彼此清楚身体符号所传达出来的信息，肢体语言和手势是红毛猩猩进行交流时所使用的"词汇"。因此，马特和红毛猩猩打交道，时常需要了解它们的手势和语言。这是一个技巧，在人类父母和蹒跚学步的幼儿之间很常见——父母教幼儿学会基本的手语，以便幼儿在会说话前让父母明白他们的意思。

"让我看你的肚子。"马特说，他将注意力转向布迪的母亲，并用双手轻轻地打手势，示意"过来"。

"让我看看你的肚子，普佩。"他指着普佩毛茸茸的橙色腹部说道。他跟普佩说话的语气很温和，很有礼貌。

普佩挺着大肚子靠近马特，马特温柔地抚摸了一会儿它的腹部。当他给普佩一些水果的时候，普佩把几个水果放在手上，一个接一个地灵巧娴熟地吃了起来。

当布迪跑向一个角落时，马特喊道："你要去哪儿，小子？"

布迪抓起一块皱巴巴的蓝色防水布把自己裹起来，仿佛一个披着斗篷的骑士；接着，它又回到iPad游戏当中，并触碰了发出大猩猩和犀牛的鸣叫声的按键。之后，布迪走近控制杆，控制杆的按钮在笼子外面，马特把远程遥控器拿到它身边，让它按下按钮；此时，墙上的一扇门被提起来，这扇门将布迪的围栏和另一个围栏分隔开来。布迪把防水布举到头上，将一个大球踢到门里，然后跟着球跑，把球捡回来，按下按钮关上门。开门，关门，开门，关门。布迪就像迷上了玩开关抽屉和开关门的小孩。

马特认为应给予红毛猩猩尽可能多的决断力以及很多的心理和感官刺激（如果它们需要，也应给予它们隐私权）。

"我们为它们作出了几乎所有的选择，但聪明的动物应有机会自己作出更多的选择，"马特说，"从自己一天想吃的食物类型到自己想做的活动，应该都由它们自己选择。"

"可它们并不想选择成为不幸物种的大使。"我边想边说，我想知道未来的地质学家们是否会发现是我们让红毛猩猩在我们这个时代灭绝的，也想知道我们是否能在最后一刻拯救它们。

"是的。"马特的脸上蒙上了一层阴云。

"根据我所收集的信息，野外红毛猩猩的生存情况非常糟糕。"

"最近我听到的消息是，"他悲伤地说，"人类对红毛猩猩的种群进行了划分，从长远来看，现在苏门答腊的红毛猩猩种群无法持续发展下去，除非我们能够创建红毛猩猩保护通道来保护这些地区。红毛猩猩通道有很多好处——可以抵御暴雨，防止腐蚀，产生氧气，并为红毛猩猩提供居住的地方。园主们不希望红毛猩猩出现在他们的棕榈种植园附近，但是，如果建立了功能性通道，那么动物与人之间的冲突将会减少。"

因此，多伦多动物园推出了一个"红毛猩猩关注项目"（Orangutan Awareness program），旨在为全球的红毛猩猩项目提供教育、宣传资金。迄今已有 12 家动物园签署了灵长类动物关爱项目，这提醒着人们：我们跟其他类人猿有很多共同之处。当我们看见一只在玩 iPad 的红毛猩猩时，我们会非常自然地产生这样的念头：它可能是我的儿子、我的兄弟或者我自己。

布迪点击了 iPad 上的一个游戏，屏幕上出现了一群舞动的生物，它们生机勃勃，有鱼鳍，冒着泡，打着转，生活在布迪从未见过的史前水下世界。当然，我们也没有见过那样的世界，因为我们也只是从杳无人迹的史前时代所遗留下来的遗骨、遗骸中对它们有一个静态的了解：那个史前时代和我们所处的时代一样激动人心。

石头的方言

此刻,我的脖子上正挂着一个三叶虫化石吊坠。吊坠是黑色的,镶有银边,三叶虫的肋骨清晰可见,看起来就像一只木虱。我在想,它能否翻转身子,就像草履虫那样翻个筋斗。我很想知道,长久以来,它那双复眼看到了什么。我的三叶虫化石只有一英寸长,但是,我在邻居的私人收藏中见过一个将近两英尺宽的三叶虫化石,它的肋骨宛如一把能弹奏出动听乐曲的木琴,给人留下了深刻印象。三叶虫化石就是一个不可思议的有生命的乐器。

就在出现了脊椎动物的上新世(Pliocene)之前的几百万年里,食草类四足动物还在四处游荡,银桦树的叶子像小鲑鱼一样摇曳闪烁,还出现了最早开始舞动的䴙䴘①,数万亿三叶虫在海洋底部四处觅食,用细菌黏液将泥堆弄成凝胶。在这场进化军备竞赛中,它们长出了硬甲、分节的附肢、硬壳一样的嘴——这是它们用于御敌的工具。在死去时,它们嵌入腐烂泥泞的沼泽地。今天,人类翻弄着、注视着它们在白垩纪时期形成的遗骸和精美的腓骨状外壳。为试图了解它们的习性,人类有时候会谈起它们的表亲,比如蟹、蜘蛛和千足虫,并声称:"它们起源于同一始祖,为适应不同的生态条件而发生分化,并产生新的生物类群。"这是对它们体内为什么会有薄如纸样的器官、它们经历的所有生存危机

---

① 䴙䴘:一种水鸟,外形似鸭,但嘴直而尖。——译注

的很好的解释。

如今，这种盛极一时的水生动物成为经防腐处理后的化石。但3亿年来，三叶虫不断地演化、迅速发展，直至繁衍出大约两万个不同的种类，它们自由穿梭于或深或浅的海洋，雄霸着这个星球上有水的地方。一些三叶虫扮演着海洋食肉动物和食腐动物的角色，一些成为以浮游生物为生的食草动物，而另一些则成为嗜硫细菌（一种巨型细菌）的同伙。一些三叶虫进化出凸出的茸角和尖长的棘刺。它们用史上最古老的眼睛扫视着海底王国里的一切，它们凸出的眼睛并非有机结构，而是用透明的方解石来组成其每只眼睛的透镜，透镜呈六边形，每只眼睛内可有多个透镜。这种与众不同的眼睛虽无法呈现清晰的画面，却能提供范围宽广的视野和很好的眼球运动能力。当2.6亿年前的大灭绝终结了三叶虫时，这种远古生物便让位于拥有多面体眼睛的昆虫。然而，在其全盛时期，三叶虫统治着这个星球上有水的地方，死后，它们的钙质尸体落入海底，透明的眼睛和全身被一层层的沉积物掩埋，它们的骨头被珊瑚和其他钙质生物粘住、压实。随着时间的推移，泥沙在它们的遗体上堆积，水分被排出，只剩下嵌有骨骼残骸的石灰石。今天，我们将石灰石生料用于筑路，研磨后制成颜料和牙膏——这意味着，我们在使用远古时期的三叶虫、珊瑚和其他化石来擦洗我们的嘴。

人类化石也是这样形成的——数量虽不及三叶虫化石，但人类是有史以来最成功的陆生动物。或许这也没什么不好，但我不知道使用远古亲缘或凶猛动物的遗骸制成的牙膏来刷牙，会是一种怎样的感受。

我驾车行驶在卡尤加湖沿岸的公路上，在巨大的冰层岩之间，我经过一块块历经风雨侵蚀、形状怪异的岩石，它们仿佛出自伟大雕塑家之手的作品。一个个地质时代的印迹如同柏柏尔人[①]编织的地毯一样一层一层地重叠着，三叶虫和其他化石构成了生命进化的证据；此外，还有

---

① 柏柏尔人：是西北非洲的一个说闪含语系柏柏尔语族的民族。——译注

大量的溪流和瀑布水雾飞腾着流入几千英尺以下的灰蓝色深湖。我经过的这片由暗灰色和黑色页岩勾勒出的"宽丝带",其实是由低氧泥形成的。该地区曾是一片热带浅海,由于水分的不断蒸发,留下的不仅仅是充满了海洋生物骸骨、已经石化成石灰石的泥土,也有含盐沉积物,一些还是世界上最深的沉积物。2.5亿年前发生的大地之崩猛烈地冲击着岩石,以致形成裂缝,地表隆起抬升,海平面此起彼落。当你眺望着绵延起伏的群山时,你常常会忘记你所看到的曾是海底,而非山顶。

2.4亿年前,恐龙出现,彼时海水消退,留下干枯的土地,恐龙便在这块土地上留下了重重的脚印。当冰河时代到来时,也就是在大约200万年以前,大量的冰川反复前移后拖,在不断凿深手指湖群①的过程中,河流切断了纽约的峡谷。人们不时在这一时期的地层中发现大型动物(如乳齿象——大象的近亲,体型庞大,鼻子特别长)的化石,几年前,当地农民就在田地里惊讶地发现了乳齿象化石。

曾在这个星球上存在过的大多数生命形态已经消失,甚至没有留下任何痕迹。它们的遗骸被自然元素抛光打磨,被冰川的缓慢崩塌覆盖。但是地质学家们(如康奈尔大学的特里·乔丹[Terry Jordan])能读懂岩层的故事、地球石头的方言,也能读懂大海如"V"字形般翻滚起伏时也许暗示着像"桑迪"或"海燕"一样的飓风即将到来。

从在特里·乔丹的办公室里见到她的第一刻起,我就喜欢上了她。她的办公室位于一条蜿蜒骤降的峡谷旁边,此类峡谷是这个湖区的典型标志,这是一个富含化石、让地质学家们充满好奇的地方。她的蓝色菱形花纹袜(交错格状设计),与人们有时在岩石上看到的被比较频繁的地壳运动勾勒出的褶皱交相呼应。

特里·乔丹专门研究沉积物,也就是留存了很长时间的土地残骸,

---

① 手指湖群(Finger Lakes):美国纽约州西北部的一个多湖泊地区,由多达14个大大小小的湖泊组合而成,南北纵向疏散排布,形同手指,故名手指湖。其中最长的一个大湖为卡尤加湖,全长61公里。——译注

这类残骸足以石化成石林或变成台地①。她将毕生的大部分精力都奉献给了地质学教学事业。在我看来，这是一段很漫长的时间，而于她，却是弹指之间。

"在当今世界都在强调速度的情况下，你是否觉得这些漫长的时间单位有些奇怪？"我问道。

她摇了摇头，笑着说："没有。要是有人不那样想，我反倒会觉得有些吃惊。他们又怎会了解这个呢？"

"这个"指我们在岩骨②历史中所处的位置。我一边欣赏着特里·乔丹放在窗户桌边的一块石头，一边将它放在手上，凝视着表面隆起的化石部分，羊角形的鹦鹉螺化石仿佛要冲破石头逃脱一般。

"这是这块化石中非常美妙的地方，"我说，"你觉得我们人类的化石也会在化石记录中以这样的方式显示出来吗，噢，我是说，距今一千万年以后？"

"只有在我们被沉积物掩埋的时候！"她说道，露出一个有些顽皮的笑容。之后，她严肃地说："也许生活在新奥尔良、东京、荷兰或岛国等沿海地区的人们才有可能形成化石，因为当海平面上升时，这些地区将下沉、消失在泥土中。"

在我们谈论恐龙时代或三叶虫时代时，我们会从它们的化石中找到蛛丝马迹。然而，在人类时代却不尽然。让未来的地质学家们陷入沉思的不一定是我们的骨头，也有可能会出现完全不同的化石证据，即我们遗留下来的昭示着人类世开始的痕迹，它们将成为划分这个地质时代的"金钉子"（golden spike）③——科学家在一个特定的岩层序列

---

① 台地：指四周有陡崖的、直立于邻近低地、顶面基本平坦似台状的地貌。——译注
② 岩骨：指山石、岩石。——译注
③ 金钉子：源于美国的铁路修建史。1869年5月10日，美国首条横穿美洲大陆的铁路钉下了最后一颗钉子，这颗钉子是用18K金制成，它宣告了全长1776英里的铁路胜利竣工。地质学上的"金钉子"实际上是全球年代地层单位界线层型剖面和点位（GSSP）的俗称。"金钉子"是全世界科学家公认的、全球范围内某一特定地质时代划分对比的标准。——译注

中，选定一个特定的点作为国际公认的地质时期开始的标记。大多数金钉子都建在欧洲被广泛研究的条纹裸岩中，美国有7枚，剩下的几十枚分布于全球各地。

让我们再次假设自己是宇航员，这一次我们造访地球是在人类离开地球、去开拓其他星球的几百万年后，以便让地球好好休息一段时间、恢复生机。此时地球上几乎没有什么迹象表明人类存在过——只有郁郁葱葱、杂草丛生的地表，就这些。裸岩和冰芯仿佛在讲述着与我们有关的故事，一位未来的地质学家——我们暂且称她为奥利文（Olivine）——正在寻找"时代地层"，即能够显示出我们所创造的新时代的磁性、化学、气候或古生物标志的岩层。

她在曾经的巴塔哥尼亚地区[①]搭建帐篷，从这里开始，她在地球上游走着，不停地挖掘、测量、测试，发现了一个又一个的线索（如陶瓷碎片）。在海岸附近的沉积岩中，她注视着城市的化石残骸：那个地势低洼、像迷宫一样的地方曾被称作迈阿密或加尔各答。她从核废料垃圾场中检测到放射性脉冲。她发现了一处地层，从该地层可以看出农业花粉突然间取代了林地花粉；此外，她还发现了另一处地层，该地层昭示着农场让位于城市。混凝土和金属的接缝比比皆是。此外，她也对海洋进行了勘探，以便探明在人类时代，我们是如何通过水底拖网作业对海底进行耕犁，我们是如何拖着又大又重的网穿过大洋底部，并且一路铲起海洋生物。*他们是第一代人类*，奥利文这样思索着，*他们发明了仪器和卫星，能够在他们的有生之年测量地质发生了怎样的变化。那一定是一个激动人心的时代。*

奥利文每到一处，都会发现大量远离其原栖息地的物种的化石，把这些化石聚集在一起，就以独特的形态呈现出地球的整个地质历史。在地球出现缓缓移动的生命形态很久以前，当大陆在缓慢移动的过程中发生相撞时，物种便侵入新大陆。但是，在我们的地质时代，我们加速了

[①] 巴塔哥尼亚地区（Patagonia）：位于阿根廷境内，小部分属于智利。——译注

这一进程，我们对物种的分布重新进行了安排，这迅速超越了板块构造所造成的新物种入侵。

当奥利文在巴塔哥尼亚地区、在距离帐篷不远的一块岩石样本上发现玫瑰和金雀花花粉时，她笑了。巴塔哥尼亚地区曾是一个荒凉、正当风口的边境，在那里，犰狳在游荡，海滩上的鹅卵石呈现出墨绿色。*巴塔哥尼亚的玫瑰*，她想着，*那些古老的人类还真是玫瑰瘾君子。还有金雀花*——也有可能是由移民者移植过来的。舞动着长簇黄花的金雀花长势猛烈，如野草一般，它们被种植在此处的数百英亩土地上，恢复了此处土壤的化学功能。

此时，奥利文的艰苦考察有了特别的回报，那就是发现了少量的人骨。DNA 显示我们人类是如何像跳蚤一样开始在陆地上蹦蹦跳跳，其中一些人骨的 DNA 表明某个宗族占这个地区人口的多数；但是，从大多数的人骨中可以得知，这个地方的人口相互融合，呈现出均质化特征。

奥利文和她的同事对人类世的确切开端争论不休——从农业时代开始？工业时代？还是核弹时代？——但是，他们都一致认为，1800 年左右，人类的世界发生了巨大变化。那时，工业革命开始了，大量使用化石燃料导致空气中的二氧化碳含量上升。但我们往往忘记了最初发明蒸汽机是为了从煤矿里抽水，随后才用于轮船、汽车和火车。那时，耕地开垦加快，生态系统也由野生形式转变为以人为中心。工业和矿业成为机械化的支柱产业，人们将更多的化肥排入河流和海洋，将更多的污染物排放到空气中。新建的纺织厂和工厂吸引着大量劳动者，他们从乡村涌入快速蓬勃发展的现代城市。那是人类第一次大规模地让这个星球来适应他们的活动——他们改变了气候，改变了海洋，改变了动植物的进化进程。

在这个过程中，人类的印记无处不在。在地质记录中，人类已经造成了深远、重大的影响。在 20 世纪 60 年代，因原子弹爆炸试验所释放出来的放射性元素,让岩石发出怪异的嗡嗡声。奥利文所研究的地层中的化石花粉揭示出:在人类时代,在大草原上和森林里繁荣茂盛了几个世纪的野生物种,是如何突然让位于整块的单一作物(玉米、小麦、大豆)农田以及成群的羊、猪和鸡。

由于塑料制品需花费很长的时间进行降解,它们也会出现在化石记录中。类晶体(有序但形式不重复的晶体)、透明原始铝和新发明的其他物质形式也将出现在化石中。

仅仅这些就让人惊诧不已。虽然广阔的自然界有众多化学物质、药剂、植物、动物、岩石、晶体和金属,但对人类来说是不够的,他们还将新元素添加到了所有创造物中。

人们也在创造全新的物质形态,创造地球从未见过的金属——如能像光剑一样切片的光子集群、称为极性分子的超冷量子气体、从众多其他人工合成元素(如镍、第112号化学元素到第118号化学元素)中产生的轻软带电的合成放射性元素。人类无须为彰显其具有神明般的力量而留下太大的纪念物,甚至无须肉眼可见。重新部署自然界七零八碎的东西以便用于制造抗生素或原子弹,这是一回事儿;但是,构造出奇特物质、并将它们作为新的品种添加到宇宙这个大炖锅中,又是另一回事儿。一想到诸如奥利文这样的未来地质学家,在对着像太妃糖一样的奇怪石块苦苦思索、试图弄明白到底是怎样的化学运动造就了这些石块,我就感到有趣极了。

所有这些元素最终将作为人类曾在这个星球上存在过的无法辩驳的痕迹而出现。人类正在地层中留下痕迹,这是在地球的40多亿年发展长河中从未有过的痕迹。你今天给化石记录中增加了哪些内容?是六盒装塑料制品还是塑料水瓶?是一堆的糖果包装纸、塑料袋还是橙汁罐头?你开车吗?如果开,那么你就在一点一滴地改变着气候,而这也将被最终记录到岩石图案中,这是人类参与从深海到外太空的种种活动所留下的"遗产"。

天气恶作剧

人类改变了整个膨胀的大气层，使得二氧化碳攀升到了历史最高水平，比两百年前高出了三分之一，这是多么不可思议啊！人类使用合成肥料来使作物增粒壮籽，这些合成肥料所排放出来的氮，比所有植物和微生物自然而然产生的都要多。像奥利文这样的未来地质学家们将从北极湖泊提取沉积物岩心样本进行分析，便会了解人类是如何破坏海洋和大气的。

人类只不过是地球上一个自命不凡、挣扎求生的物种，但是，人类已经变得足够强大，以至于能够破坏全球气候、酸蚀所有海洋。人类活动就是以这样的速度和广度对地球造成了巨大影响。在陆地上，人类对地质的作用力可以与侵蚀活动及火山爆发的巨大、无情的威力相提并论；在海洋中，人类的影响力堪比小行星对地球产生的威慑力。人类已经造成了大量珊瑚礁死亡，这在化石记录中将有迹可寻。相比之下，上一次的珊瑚礁死亡发生在6500万年以前，那时一颗小行星撞击地球，造成恐龙灭绝、大批其他生命形式消亡。

一旦你瞧见了珊瑚礁的死亡，你就会想到月球表面那种荒凉空洞、了无生机的景象。一直以来，我都很喜欢斯库巴潜水①，喜欢在水下被海洋生物轻挠的感觉。很久以前，我曾在牙买加的近海游过一个按钮集

---

① 斯库巴潜水：即水肺潜水，指潜水员自行携带呼吸系统所进行的潜水活动。——译注

鱼器，里面有各种各样鲜活生动、色彩亮丽的鱼，我被深深吸引住了，一只手无意识地放在胸口，眼里因激动而噙满热泪。隔着玻璃鱼缸，透过氧气面罩，向导向我投来询问的目光。我设法向他说明我没有受伤，也没有受到惊吓，而是太兴奋、太激动了，只是高兴得想要流泪。可是在潜水的时候，我该如何向他传递这些信息呢？

你遇到麻烦了吗？他比画着问道。

不，不，我断然地比画着回答，*我很好……我的心受到强烈震撼，非常激动*——我张开手掌，放在胸口，然后在水里做出一个表示激动的手势；*我的眼睛*……我把手放在一只眼睛旁比画着下雨的动作。

面罩出了问题吗？他比画着，眉头紧锁，像是给我投来一个大大的问号。

不是！我生硬地打着手势。*我没事。等等。等等*。我思考片刻，之后，我采用了法国厨师在广告中做的一个手势，那个全球通用的手势传达的意思是："这道菜太完美了。"我并拢手指，在手指轻触嘴巴后张开手。然后，我摊开一只手。

尽管他的嘴里含着调节器，尽管面罩背后的那双眼睛看起来有些变形，他向我投来一个夸张的笑容，咧开含着咬嘴的嘴，他是在微笑。他点了点头，夸张地比画着"*是*"。他再次浮出水面，使用罗盘瞄准船的位置来确定方向；而后他用一只手比画着"*好*"，随即带我往更深处游去。

游了十分钟后，我们突然来到一个如迷宫般错综复杂的海底峡谷，那里遍布着巨大的海绵动物、珊瑚和海扇，一群群色彩斑驳的鱼呈"之"字形游来游去。圆滚滚的像羽毛一样的紫色海鳃，仿佛立在一个满是沙子的墨水池中。形似圣诞树、鸡毛掸子、五朔节[①]花柱上的飘带或遮阳伞的管状蠕虫，从珊瑚丛中伸展出来。我将手掌放在一条红白条纹相间、遮阳伞状的蠕虫上，它瞬间收起伞并拖回到珊瑚丛中。像我这样爱嬉戏、

---

① 五朔节：是欧洲传统民间节日。用以祭祀树神、谷物神，庆祝农业收获及春天的来临。五朔节历史悠久，最早起源于古代东方，后传至欧洲。每年5月1日举行。——译注

爱开玩笑的潜水员特别喜欢逗弄这些管状蠕虫。可是，如今这些小戏法派不上用场了，这些管状蠕虫都随着珊瑚礁的死亡而消失了。

就在我们面前的一个珊瑚丘上，一束深色的柳珊瑚从峡谷壁中伸了出来，它那一头像水母一样的头发散落在海洋中。我笑了起来。*柳珊瑚的头发就和我的头发一样*，我思忖着。于是，我感慨道：*我们的身体里大多为咸水，我们的身体里就有一个海洋*。这是一个简单的、让人瞠目结舌的事实——作为女人，我也是一个微小的海洋，黑暗子宫里的卵子像鱼卵一样编号排列着，漂浮在悉心滋养我们的"大海"里。我摘下面罩，用海水洗了一把脸，戴好面罩，然后用鼻子喷气以便把鼻腔里的水清理掉。从那以后，我就像上了瘾，常常回到海里，体验这种与大海的有形联结。

我是幸运的。可是，当我20年后再次回到曾经的潜水地时，我发现，那里只剩下一个光秃秃的废弃暗礁的骨架，就像月球表面一样荒凉。

没有必要为了弄清楚气候变化造成的后果而前往加勒比海——因为我在纽约的后花园里就能感受到。如果你肯花时间密切关注、仔细查探，也许你也能感受到。密切关注是必不可少的。虽然暴风雨比平时更猛烈，干旱比往常更严重，但对于大多数人来说，一切看起来可能仍然正常，因为四季以我们熟悉的方式交替着、变迁着。对于我们中的许多人来说，这种变化太微妙了，以至于我们在日常生活中难以察觉。

然而，气候变化的蛛丝马迹比比皆是，不仅在我家的后花园。全球变暖改变了花园恒温器，迫使国家植树日基金会（National Arbor Day Foundation）重绘了美国的耐寒区地图，以告诉园丁们该种植什么，何时进行种植。（自绘制该地图起的）30年来，伊萨卡[①]一直位于地图中受霜害的、无浅紫色玫瑰的地区（5）[②]。而如今，纽约州的大部分地区都处在更靠南部的温暖种植区域（6）。因此，种植什么以及何时进行种植

---

① 伊萨卡（Ithaca）：现为纽约州汤普金斯县首府，毗邻卡尤加湖畔。——译注
② 这是美国农业部进行的耐寒区划分，数字越小，表明该地区越冷，(1)区为最寒冷区域。——译注

已经以不可预见的方式发生了变化。

一排观赏性卷心菜（一年生植物）已经开始越冬，并且第一次开出了浓密的黄花。本应在盛夏绽放的紫罗兰在初冬仍然热情地盛开着，它们在鹅毛大雪中、在霜裂之时、在冰雪快速消融之刻继续盛放，露出一张张忧郁、深邃的脸。日本丽金龟（Japanese beetles）又是怎样的情况呢？这些颜色各异的享乐主义者过去常常在树桩上交配，在玫瑰花的顶端享用美食。而现在，我已经有三年没有见到过日本丽金龟了。可是，莱姆蜱虫（Lyme）和其他昆虫的数量却猛增。几十年前，在我刚搬到纽约时，草丛中没有莱姆蜱虫穿行，天气极其寒冷。去年夏天，由于发出嘶嘶声的蝉虫长期出没，使得作为老鼠主食的橡子作物减产，这又造成作为蝉虫理想宿主的老鼠数量减少，因此，极端讨厌的寄生蜱虫便开始越来越多地跳窜到了人类的身上。至少事情看起来确实如此，当人们冒险穿过草地时，都会不可避免地带回一只莱姆蜱虫。

请想象一下，如果你某天下班回到家，发现你的宠物狗变成了一只狼，那会是一番怎样的情形？你知道，狼经过驯化和杂交后便进化成了狗……可你肯定不希望看见一只狼在啃咬沙发腿。我的花园里就发生过类似的情形。有一株我非常喜爱的黄色加拿大玫瑰，它已经很好地适应了寒冷的气候，多年来一直恪尽职守、热情地盛开着。和许多其他园艺玫瑰一样，它是由家养玫瑰和野生玫瑰的植株嫁接培育而成的。但是，去年夏天，这株玫瑰突然揭开其潜伏的身份。从它的野生花心里长出长笛一般的荆蔓，并开出了许多小小的白色玫瑰，这让我惊诧不已。野生玫瑰的枝条和家养的茶黄色玫瑰枝条原在同一根枝干上，而现在，野生玫瑰的枝条却突然冒了出来。这就好似连体婴，其中一个是尼安德特人[①]，另一个却是智人。

只有老天知道今年夏天它将怎样"大显身手"。野生玫瑰更坚韧，

---

① 尼安德特人：常作为人类进化史中间阶段的代表性人种的通称。尼安德特人是现代欧洲人祖先的近亲，从12万年前开始，他们统治着整个欧洲、亚洲西部以及非洲北部，但在2.4万年前，这些古人类消失了。——译注

能更好地适应变化多端的气候。气候变化是对野生玫瑰有利，还是对家养玫瑰有利？所有的家养玫瑰都会演变成野生玫瑰吗？花园里总是充满了惊奇。我已经在这里生活了几十年。去年夏天，我的院子第一次异常喧闹，充斥着两栖动物的鸣叫声，数百只呱呱叫的青蛙（尤其是鼓耳牛蛙，它们的鸣叫声就像打鼾的牛；还有体型较小的绿蛙，它们的鸣叫声就像在拉班卓琴）像害相思病似的哀鸣着，淹没了人类的谈话声。今年，我预料会有更加意想不到的事情发生。

加拿大科学家曾警告称，在未来，由于冬季的严寒日数减少，只有少量的后花园会形成溜冰场，只有少数的池塘会结冰，在一些地区甚至根本不会结冰。受此启发，位于安大略省滑铁卢市的韦尔福瑞德·劳瑞大学（Wilfrid Laurier University）的地理学家们建立了一个网站，用于跟踪气候变暖对加拿大数千个过去常常结冰的平坦操场所造成的影响。

"我们希望北美和全球各地的户外溜冰爱好者们向我们汇报溜冰场的情况。"他们在 RinkWatch.org 网站①上呼吁："我们希望你在地图上标出你所在溜冰场的位置，然后每个冬季记录下那里每天能够滑冰的情况。我们将收集所有后花园、溜冰场的信息，将其用于跟踪气候变化。"

加拿大的多位传奇冰球运动员就是在这样的小型溜冰场上学会了滑冰，加拿大人也很珍视这些溜冰场。要是在臭氧层中插入一根无形的刺，加拿大人是不会发现的；但是，如果后花园的冰球赛季推迟，加拿大人将会注意到这种变化。

不过，不是每一个人都在经历气候变暖。位于阿拉斯加的吉姆河（Jim River）是灰熊的后花园，也是头发斑白的徒步旅行者的天堂，这里的历史最低气温达到零下26℃。住在那儿的居民说，那里寒风刺骨，难以呼吸；他们可以感觉到寒风刺激着鼻子里的每一个细胞。暴露的皮肤

---

① RinkWatch.org：该网站于2012年1月8日推出，有超过600名滑冰者在欧洲大陆的溜冰场进行了报告。

和眼睛会被冻伤。痰还没有吐到地上就已经冻结了。冻疮给人们带来了很大的伤害。当人们在户外待了一小会儿后再回到室内，他们的眼镜会蒙上一层雾并结冰。

从科罗拉多州到不列颠哥伦比亚省，由于20年来气候异常温暖，寄居在云杉和松树上的树皮甲虫已经啃噬了400万英亩①的树木。这对于树皮甲虫来说是一个壮举，但对所有抗旱能力较差的树木来说就是一个坏消息②。野火吹过干燥的残余物，火焰焚毁着大片的植被，新墨西哥有史以来最惨烈的一场山火烧毁了逾17万英亩的树木，科罗拉多州的山林也发生过破纪录的火灾。

由于森林是地球的肺，它吸入二氧化碳，释放出氧气，因此，无论是对木材收割者和爱护林木之人来说，还是对靠富氧空气生存的任何人来说，这些大规模的火灾都糟糕透顶。我们吸入了山火中的易燃废物，这不亚于在我们的细胞内燃起一把火；而森林吸入了我们呼出的气体。在一呼一吸之间，山火、人类和树木彼此无缝连接。这些灰烬像雪花一样悄然无息地落下，慢慢沉积下来，其踪迹和人类的踪迹会随着火灾残迹一同被书写进地质记录。也许其在地质记录中留下的只是一条细线，但和维苏威火山③的灰烬一样都是无法擦除的。

冻疮和森林烧毁可能是极端情况，但2012年和2013年是美国历史上富有传奇色彩的酷热之年。在城镇的中心地带，人们围聚在教堂晚餐，蝉像唱歌一样放声鸣叫着，在安静的夜晚，青少年坐在城镇中间一个白漆脱落的音乐台上。然而，酷热高温注定使庄稼歉收，并打破了29,300个气温日的最高纪录。秋季干旱使美国80%的农作物枯

---

① 1英亩=0.004平方千米。——编注
② 树木被树皮甲虫咬死后易造成森林大患，在温热、干旱的气候条件下，山火一触即发。——译注
③ 维苏威火山（Vesuvius）是一座活火山，位于意大利南部那不勒斯湾东海岸，是世界最著名的火山之一，被誉为"欧洲最危险的火山"，在公元79年的一次猛烈喷发，摧毁了当时拥有2万多人的庞贝城。——译注

死。戴着宽边帽、慢吞吞、有气无力的得克萨斯人经历了自1895年有记录以来最干旱的一年,土壤的干燥程度甚至比风沙侵蚀区龟裂的土地还要严重。仅孤星之州①就为此损失了50亿美元。当然,损失的不仅仅是农作物。由于气候如此干燥,农场采取了灌溉措施,造成公用水源供不应求。土地如此干燥,如同布满老茧的脚后跟一样,在这个过程中,给水管道(仅沃思堡市就有40根)被拧开,桥梁和道路的人行道被水淹没。

在过去的1年,全球经历了破纪录的降雪、干旱、暴雨、洪水、高温、飓风、山火、龙卷风,甚至是蝗灾。②这一系列的恶作剧(包括通常在我们意料之中的气候恶作剧)就像《圣经》里预言的那样,而庆幸的是并非所有的预言都成真,也没有在各地都上演,亦没有发展到如此极端的地步。总的来说,这是一个失去了平衡的气候系统,它让人们静下心来思考,使家长对孩子们的未来日益担忧。联合国气候变化委员会大概每六十年出具一份报告。2013年9月,该委员会来自39个国家的209名领头作者和600名特邀作者仔细研读了9200部科

---

① 得克萨斯州的别名。——译注
② 极端天气和气候变化:关于极端天气和气候变化的证据已经掌握了很多,且数量还在继续增加。当哥本哈根气候科学家自1923年起对潮汐和飓风历史进行考察时,他们发现海洋的温度与飓风的数量及猛烈程度之间存在着骇人的联系。海洋变暖引发更高的潮汐,并掀起更加猛烈的旋风。90年来,气候变暖引发更多的飓风横扫我们的海岸线,并形成旋转的狂风。美国宇航局戈达德太空研究所的詹姆斯·汉森(James Hansen)透露,从1951年到1980年,地球上仅有1%的地方遭受了极端天气(异常炎热、降雨或干旱),然而,在1980年到2012年,这一数字飙升至10%。按照这个速度,他解释说,在未来十年,极端天气将袭击全球大约17%的地方。重要的是,我们实际上已经目睹了气候变化在我们的周围发生,并亲身感受到了其怎样触及我们的生活。活跃的在线保护网站350.org主办了一个名为"全球行动日"的活动,在这一天,世界各地的人们将展示当地气候变化的证据。在马绍尔群岛(Marshall Islands)的黎明时分,人们举行了一起抗议珊瑚礁逐渐消失的游行活动。在塞内加尔的达喀尔市,人们标出风暴潮的边沿。在澳大利亚,人们举办了一场"干溪谷赛船会",以展示毁灭性的干旱是怎样的一番情形。在法国夏蒙尼,登山者给阿尔卑斯山冰川融化的地方做上了标记。这个网站的主题是"连起点点滴滴"。如果你想参与环境保护主义的活动,请登录网站:350.org。

学出版物，得出了具有里程碑意义的结论：全球变暖已是"*不争的事实*"，海平面在升高，大片浮冰在消融，如果人类继续按照这个节奏进行下去，那么，人类"*将造成气候的进一步变暖，并将改变所有气候要素*"。但是，该委员会补充说，如果人类立即开始行动，则可以减缓这一进程。

故事会有怎样的结局，那些颜色不一、大小各异、沉默不语、永恒存在的岩石将会告诉我们。它们将回忆起当地球上云集着聪明的灵长类动物的时代，这些灵长类动物将气候改变成它们非常不希望看到的样子。

是的，人类拙劣的修补技术使地球发起了低烧，在温度上升前，人类需要快速降温。当然，全球变暖并非对所有地方、所有物种都意味着悲剧——只有在地球上的生物、地形、地质、水和气候均匀分布的前提下，全球变暖才会产生一致的效果，而实际情况并非如此。地球就是一个由多个不同的栖息地组成的大杂烩，气候变化将以不可思议的方式造访它们：使高温带变冷、使低温带变热、使干旱带涨水、使温带干旱。得益于气候变化，欧洲的生长季节一直在延长，使得温季作物能在更北的地方茁壮成长，这让农民无比开心（而在中欧和南欧，农作物因酷热和干旱遭受重创）。在格陵兰岛，第一次见到肥沃土壤的当地农民劲头十足地开始种植。温和的冬季需要的暖气更少，这节约了能源；在一个变暖的世界，到北方旅游、安家落户变得更加容易。在人类发展的历史长河中，也就是在不久之前，人类经历了一个众所周知的暂缓期。在950年到1250年的中世纪暖期，维京人①发现在没有海上浮冰的情况下非常适宜旅行，他们由此得以在今日的纽芬兰②建立了一个殖民地。

全球变暖不会对每一个人都那么危言耸听，它不会只是一个悲剧，

---

① 维京人：泛指生活于800—1066年之间所有的斯堪的纳维亚人。——译注
② 纽芬兰，英文名为Newfoundland，字面意思即为"新寻找到的土地"。——编注

它一定会激发出新技术,创造出更大的惊喜。变化已成为世界各地人尽皆知的话题。如果说人类有什么地方没有发生变化的话,那就是人类本质上讨厌变化,大概是因为人类觉得无法掌控变化吧。得益于技术和环境的不断变化,人类才成长壮大,但是,人类希望自然永远保持不变并具有可预见性。人类渴望着持续不变,然而人类生活在一个疯狂变化的世界中。人类真挚地热爱生命,然而人类是一个终有一死的物种。这些都是无法调和的矛盾。

人类可能不会留意到其在化石记录中留下的所有痕迹,但是从加拿大溜冰场的融化和萨摩亚群岛珊瑚礁的死亡到澳大利亚干涸的小溪和法国夏蒙尼的冰川消融,人类注意到了气候发生的猛烈变化。最直接的就是,人类首先看到了人类对气候进行的拙劣修补是怎样从上到下对地球造成影响的。就拿位于纽约的广阔的后花园来说,最近,气候新常态以"桑迪"的面孔悄然而至。

盖亚①发怒

布迪点开一个天气应用程序，它吓了一大跳，这是它的那些野生红毛猩猩亲属们亲眼看见了很多次的场景：暴雨倾盆、狂风肆虐、树木折断——这种树木红毛猩猩们很熟悉，它们在脑海中早已对此构建了一幅关于觅食和活动的地图，而人类使用这种树木来建造房屋、修建街道和商店。然而，由于最近受气候变化的影响，类似这样的飓风，其狂暴程度越来越无法预见，也越来越难以想象。

一场由冬季风暴和热带飓风共同形成的罕见超级风暴"桑迪"，从非洲西海岸出发，横扫加勒比海，袭击了美国东部沿海地区，造成房屋倒塌，迫使船舶离港并将其吞没，船桅和帆缆被刮进前门和车库，造成重创后，风暴呼啸着扬长而去。

就在万圣节的前一天，场面尤为恐怖，如同夏加尔②的绘画突然变成了现实，旋风以每小时90英里的速度嗖嗖掠过树木、动物和物体。行人非常不幸，未能逃脱，他们被旋风刮倒在街上。旋风仿佛一只怪兽，将电线摔在地上，用爪子挖掘道路，把社区变成了大沙坑。剧烈的旋风裹挟着大量的海水重重地撞击着防波堤和海滨木板路，使它们变得

---

① 盖亚：希腊神话中的大地之神，是众神之母，所有神灵中德高望重的显赫之神。——译注
② 夏加尔（Chagall）：生于俄国的超现实主义画家，其画风是将真实与梦幻融合在一起。——译注

像硬纸板一样皱巴巴的。

这是美国人口最稠密的居住区，容易受到飓风和东北风暴的侵袭，在这里，常常采用英寸来记录潮汐的高度。作为头号惹事佬，"桑迪"甚至打破了这种记录方式——迫使人们用英尺来记录由其造成的潮汐的高度。在皇后区的海滨社区，潮水涌浪打破了当地记录的 3 英尺高度，20 英尺的大浪将整个观测站卷进了大海。在其他城镇，暴风撞毁了熔炉和天然气管道，引发了火灾，使一家接着一家燃起大火，被暴风震惊的居民们发现屋子的一楼被洪水淹没，屋顶被掀翻。房屋如同美国独立日燃放的烟火一样燃烧起来。在位于皇后区一个名叫布里齐·波恩特（Breezy Point）的海滨小镇，一场大火吞噬了一个社区的 110 户家庭。为到达该地，消防人员需奋力跨过水流湍急的街道。三个地方的机场关闭，两万趟航班取消；美国铁路公司停止为整个东北走廊①提供服务。4300 万加仑的水滔滔不绝地涌入布鲁克林·巴特里隧道（Brooklyn Battery Tunnel）。大海的波浪灌进隧道和地铁，淹没了曼哈顿下城，一辆辆汽车就像一只只五颜六色的甲虫漂浮在水面上。

我永远都不习惯用"黛比""瓦莱丽""海莲娜"②等亲昵的名字来称呼这些造成土地被淹、海浪高涌、房屋毁坏、飓风肆虐的始作俑者。"桑迪"这一名字听起来应该属于一位率直质朴、喜欢阳光照耀的冲浪运动员。我不明白为什么我们选择用这种方式来形容灾难性的暴力。这太容易让人联想到"二战"的飞行员在战机上喷上他们女朋友的名字。一位叫兰德尔·贾雷尔（Randall Jarrell）的飞行员、诗人曾在一首深深打动人心、充满悖论的抒情诗中写道："轰隆隆的轰炸机上，喷着我心爱女孩儿的名字；驾着它，我们炸毁了城市，那个我们曾经上过学的城市。"

在狂暴的飓风结束之前，"桑迪"在美国夺去了 50 条生命，在加勒

---

① 东北走廊：华盛顿至波士顿之间长约 735 公里的铁路线路。——译注
② 分别指 Debby, Valerie, Helene，指代不同的飓风。——编注

比海造成69人丧生，将家园夷为平地，使得上百万户居民断粮、断水、断电。此外，"桑迪"还导致西弗吉尼亚州和卡罗来纳州遭遇3英尺的湿雪，田纳西州则经历了有史以来最大的一次降雪。有时这看起来好像是盖亚发怒了，它终于决定抹掉自己的所有手工杰作，要让整个地球陋室分崩离析，要把蓝色大理石推入超新星爆发[①]的隘口，也正是因为超新星的爆炸，才产生了地球上的金属元素[②]。

"桑迪"一直在我的思绪中萦绕，因为它最近攻占了我所在的州。2012年，我们目睹澳大利亚、巴西和卢旺达发生了巨大的洪水；智利发生了57次大型山火爆发；萨赫勒（Sahel）地区[③]遭遇了严重的干旱；欧洲经历了创纪录的寒冷、雨雪天气；台风摧毁了中国的六万所房屋。我的脑海中仍然盘旋着2011年发生在日本东北部（Tohoku）的地震和海啸。又有谁忘得了2005年路易斯安那州备受飓风"卡特里娜"折磨的情形？可是，所有这些与有史以来的最强台风"海燕"相比，都相形见绌了。2013年，"海燕"横扫菲律宾，致5000多人死亡。

在"桑迪"或声势浩大或悄无声息地改头换面、重新出现之前，在它毁坏海水入口和海湾、创造新的沼泽和沙洲、改写地图之前，纽约和新泽西还是让人感觉相对安全的地方。在我的童年记忆里，当气候变化出现时，其所带来的是重重一击。我一遍又一遍地看着新闻画面上一排排的房屋倒塌，不断地回想起大西洋城的灯塔，我的家人曾在那里度过了短暂的暑假。那时，海滨木板路的一侧没有赌场，没有豪华餐厅。但是，它给孩子们提供的是一个怡人、炎热、有沙滩的狂欢胜地。宽阔的海滩上处处都是烫人的沙子，令人欣慰的是，再往下

[①] 大质量的恒星在它们演化到后期时，往往会发生大规模的爆炸。这种爆炸就是超新星爆发。超新星爆发事件就是一颗大质量恒星的"暴死"。——译注
[②] 科学家认为地球上的金属元素来自超新星爆发。当一些恒星以超新星爆发的形式死亡后，将大量剩余物质抛射入太空中，其中就包含着多种重金属元素。——译注
[③] 萨赫勒地区：是非洲撒哈拉沙漠南部和中部苏丹草原地区之间的一条长度超过3800公里的地带。——译注

挖几英寸,沙子就变得比较潮湿——这对于保持沙雕作品的稳定性而言再完美不过了。

海滨木板路有着无穷无尽的迷人魅力,那里有售卖盐水太妃糖的商店,有卖涂有奶油和草莓的比利时华夫饼的店铺,有配置吉卜赛算命机器和投掷保龄球机器的游乐场,在5&10餐厅门前站着一位吹着卡祖笛的男子,竖立着一个巨大的绅士花生(Planters Peanut)的雕像,云集着用炭笔快速写生的艺术家,还有被风吹着移动的三轮柳条椅,如同螃蟹在游行一般。由于木板栈道翘曲,要想坐在这些栈道上就有些不太容易,一坐上去便发出嘎吱嘎吱的声音。沿着海滨木板路继续往前走,当看到女人们的高跟鞋陷入木板之间的裂缝里时,我们乐得哈哈大笑。此外,这里还建有配置了各种娱乐设施的史迪乐码头公园(Steel Pier),可以观看跳水马表演①。

然而,普通居民区赖以为生的所有一切,以及让家庭得以放松的所有一切,全都消失得无影无踪了。

飓风季节带给我们的是一个让人觉得羞辱的提醒:尽管我们尽了最大的努力,作出了所有预报,大自然仍然无法预测。即使是研习过去飓风季节的所有内容以预测未来,我们仍然无法知道大西洋的风暴会烹饪出怎样的一道菜,尤其是现在我们已经在其中加入了奇怪的调味料。即使是借助于所有高科技天气预报设备,我们也无法预测下一场台风或龙卷风的位置,正如无法预知加勒比即将举行的板球比赛的最终得分。

对于居住在沿海地区的人们来说,大海就是他们慷慨无比、喜怒无常的邻居。但是,这些居民至少能够大概地猜到大海会有怎样的情绪波动。专家们感到格外忧虑。"是的,极端反常的天气事件不时发生,在过去的两年就发生了两次。"气象学家杰夫·马斯特斯(Jeff

---

① "跳水马"在19世纪80年代中期开始流行,是将一匹马从高空骑入水中,有时距地面高达18米。——译注

Masters)说,"我预感将要发生一些事情。我认为我们已经跨越到了一个新的气候状态,而夺去很多人性命的严重气候事件将会成为这种气候新常态。"

因纽特人①花费了十多年的时间,试图搬到地势较高的地方。在距离白令海峡南部仅400英里远的阿拉斯加西北海岸,在因纽特人生活的位于纽托克(Newtok)的小村庄里,居民们可以嗅到咸咸的灾难气息,这场灾难披着液态的灰色长袍,就在他们的脚下不远处。塞布丽娜·华纳(Sabrina Warner)反复做着一个噩梦:她梦见自己被吓醒,看到结了冰的海水涌进来,将她身下的床铺冲走,并冲毁了她的家。她和年幼的儿子泅水逃生,紧紧抱着屋顶不放,因为他们的村庄被海水冲走了。可是,他们却没有安全的避难场所。一个接一个的屋顶从她的手指中滑落,直到连港口也不见了,只剩下学校的屋顶。学校是这个村庄里最大的建筑物,此时,学校的屋顶就像一个位于20英尺梁上的摇摇欲坠的鱼鹰巢,而梁下是已经松软了的土层。紧接着,学校也被张着蓝黑色大口的大海吞噬。

这是一个很可能发生的噩梦。随着反射着阳光的冰块逐渐消融,地球极北地区的冰雪融化得更快。自1975年起,那里的冬季气温已经上升了约1.6℃(这是全球平均水平的两倍)。围绕着村庄的三面蜿蜒而行的宁格立克河(Ninglick River),其河床在变宽,沼泽化加重,在汇入大海之前,其内部就已被撕得四分五裂。整个村庄和许多附近的原住民社区随时都会像白色的流沙一般,陷入正在融化的永久冻土层中,掉入因纽特人传说的北极熊和独角鲸的王国。如果美国陆军工程兵部队的预测准确的话,那么到2017年,西北海岸和堰洲岛②沿岸的多个土著村庄将会陷入同样的困境。

---

① 因纽特人:旧称爱斯基摩人,他们主要居住在北极地区,即包括北冰洋沿岸的亚、欧、北美三洲大陆北部和北冰洋中的许多岛屿上。——译注
② 堰洲岛为与主要海岸走向大致平行的多脊沙洲,一般呈狭长形状。——译注

作为美国的第一批气候变化难民，因纽特人向州政府和联邦政府寻求帮助，但是，根据国际法的规定，只有那些因为暴力、战争或迫害而逃离其本国的人才能被称作难民。联邦救灾法规定，仅拨款以用于修复基础设施和受损的地方，不帮助开展慢性灾难后的搬迁重置工作。我们的人道主义法没能顺应人类世的环境现实①。安克雷奇市的人权律师罗宾·布洛能（Robin Bronen）经常前往纽托克，正不辞辛劳地工作着，力图改变这一局面。

"这完全是一个人权问题，"她辩说，"当一个民族（因纽特人）对气候危机所应承担的责任最小，却要面对气候变化造成的戏剧性后果时，无论是在道德上还是在法律上，我们都有责任对他们作出回应，向他们提供所需的资金，以确保这一群体不受威胁。"

当纽托克的居民确确实实搬到仅 9 英里开外的、位于纳尔逊岛（Nelson Island）上的新镇梅塔威克（Mertarvik）时，大多数居民还是会回归他们所熟悉的以打鱼为生的冰冷海岸生活，但是，他们将成为开创了一个不同时代的典范。

图瓦卢——南太平洋上另一个放眼望去尽是棕榈叶的岛国——已经开始将其居民迁往新西兰。基里巴斯是一个由 32 个环礁组成的岛国，坐拥澳大利亚和夏威夷之间 350 万平方公里的海域。基里巴斯总统正

---

① 在《地球主人：气候工程时代的黎明》（*Earth Masters: The Dawn of the Age of Climate Engineering*）一书中，克莱夫·汉密尔顿（Clive Hamilton）指出，在美国，气候变化曾经是两党共同关注的焦点，但是，保守的行动主义者已经将全球变暖与枪支管制和堕胎权利混为一谈，以作为污言秽语的自由党议程的一部分，气候变化并非不具有政治意义，也不是全球固有的现象，而是成为自由党炮制的一个立场。通过了解一些人是否相信全球变暖，你便可以准确猜出其政治立场。正如一名共和党气候学家指出的那样，气候变化正成为"保守主义的奇怪试金石"。因此，他们拒绝出于政治理由来对此予以科学支持，认为这完全说不通。

一个曲意逢迎的例子是，总统乔治·W. 布什（George W. Bush）在 2008 年的 G8 峰会上拒绝了气候变化目标，当他在闭幕会离场时，他背向同僚，举起挑衅的拳头，一脸轻松地说："这就是来自全球最大污染国的告别。" http://www.independent.co.uk/news/world/politics/bush-to-g8-goodbye-from-the-worlds-biggest-polluter-863911.html。

与斐济政府磋商，希望能够在斐济买下5000公顷土地，以安置基里巴斯的10.2万国民。基里巴斯的一位当地居民约阿诺·泰提欧塔（Ioane Teitiota）向新西兰的奥克兰市提交了"气候难民"的移民申请，他声称基里巴斯的平均高度仅高过海平面两米，因此，由于全球变暖造成海平面上升，使得他的生命受到威胁。审理他案子的法官认为这个申请很新奇，但是不具有说服力。

从赤道到冰川：创新，无处不在

也许不久之后此类申请将不再是一件新奇的事儿。幸运的是，人类天生爱好新奇的事物，这促使我们不断创新——不仅包括对旧式的机械解决方案（如在工业时代创造的、靠化石燃料驱动的钢制防洪水闸）进行革新，也包括推出具有大好前景的新方法来解决能源问题和利用太阳能。

一些国家一直在坚定不移地与潮汐斗争。马仕朗大坝（Maeslantkering）是地球上最大的移动结构之一，作为海洋防护网络的一部分，它由水闸、水坝、堤坝、防洪堤和抵御风暴的海岸护栏组成，用于防止狂风大作的北海[①]侵入荷兰。得克萨斯州的加尔维斯顿市（Galveston）正在设计美国最长的、被尊称为"艾克[②]大坝（Ike Dike）"的防波堤，以保护地势低洼的城市免遭洪水侵袭。在威尼斯，耗资55亿美元的摩西计划（MOSE Project）——建造78座移动水下钢闸门——将阻止亚得里亚海的海水涌入威尼斯潟湖[③]，并保护威尼斯免遭洪水的侵扰。

在伦敦，"门控式十字军战士"已经各就各位。这就是泰晤士河水闸（Thames Barrier）。水闸横亘在伍尔维奇（Woolwich）附近的河流上，矗立在伦敦市中心的下游，如同一排高大威猛的骑士站立在水中，脖子

---

① 北海：位于大不列颠群岛和欧洲大陆之间的大西洋海域。——译注
② 艾克：美国第34任总统德怀特·戴维·艾森豪威尔（Dwight David Eisenhower）的昵称。——译注
③ 潟湖：被沙嘴、沙坝或珊瑚分割而与外海相分离的局部海水水域。——译注

以上的部分露出水面，身穿闪耀的盔甲，隐藏起武器。在每一个钢盔的后面，隐约可见颇具古典风格的控制中枢、杠杆和液压装置。由于表面采用的是颇具未来主义意味的折叠钢，使得装置看起来仿佛比水轻，像是浮在水面上一样；实际上，每个闸门重达 3300 吨。所有水闸可以同时完全关闭，以防止由风暴掀起的大浪染指伦敦。

和许多其他河流一样，泰晤士河不再像过去那样宽阔。我们在沿岸建造了商店和房屋，甚至把触角伸到了河流之中，仿佛我们渴望成为河流的一部分一样。在这一过程中，河道变窄，我们的生命和财产也受到威胁。在过去，伦敦多次遭受过著名的洪灾——1953 年的洪灾夺去了 307 条生命；随着全球海平面的上升，在未来的 100 年里，伦敦市将逐渐下沉 1 英尺，因此，伦敦需要如此众多的"圣殿骑士"来肩负"极端气候保卫骑士"的重任。

在气候温和的日子里，当闸门打开，你可以在五层楼高的钢盔之间航行，欣赏着它们圆润美丽的外形，想象着 15 世纪初的伦敦之子约翰·弥尔顿①会怎样形容它。"即便只能站立等待，也是一种奉献。"弥尔顿在十四行诗《哀失明》中如此写道。诗中他意指自己虽然失明，但只要忠于信仰、坚韧不拔，同样是为上帝服务；泰晤士河井然有序的"骑士们"也是站立着，等待着，提醒着伦敦人注意气候变化这一现实，告诫着伦敦人如果不采取措施，他们的后花园、街道和码头将会上演怎样的戏码。这些"骑士"身穿闪闪发光的铠甲，保卫着海岸，但如果你注视着它们的"脸"，你看到的只有黑漆漆的一片。在它们的金属铠甲被腐蚀之前，在被最新建造的、更有能力的"圣骑士"取代之前，它们还要服务很多年。

当然，关于此也有一些极具讽刺但又合乎情理的说法，这些说法认

---

① 约翰·弥尔顿（John Milton）：英国诗人、政论家、民主斗士，英国文学史上最伟大的六大诗人之一。弥尔顿是清教徒文学的代表，他的一生都在为资产阶级民主运动而奋斗，代表作有《失乐园》。——译注

为水闸在使用过程中会造成麻烦（如燃烧化石燃料），促使保卫者需要与极端气候变化的持续后遗症作斗争，而我们充满希望的救世主——技术——将保护我们免遭自我伤害。因此，如果利用太阳能的话，情况可能会更好。

有关太阳能的最振奋人心的故事之一来自于孟加拉国的西北部，这是全球最大的泛滥平原所在地。即使不下雨，这儿的湿度也将近100%，空气厚重、黏糊。季风季节结束后，尽管猛烈的倾盆大雨仍在撕裂着天空，穿着五颜六色衣裤的孩子们奔向河岸，登上利用太阳能供电的校船。年长的村民们在等待着医疗船、图书馆船或农业技术推广船。多亏了一个人的创造力和慷慨精神，每当洪水来临时，这一艘艘浮动的船总会给人带来希望。

这个人就是建筑师和气候变化活动家穆罕默德·勒日旺（Mohammed Rezwan）。勒日旺是土生土长的本地人，亲眼看着自己的国家屡屡遭受日益严重的洪水的侵袭，他倍感痛心。他意识到，由于气温升高，喜马拉雅山脉的雪融化得更快，更多的水冲击着孟加拉国的泛滥平原。每年孟加拉国有三分之一的国土被洪水淹没，泛滥的洪水如同一块巨大的橡皮擦，每年都会擦拭掉孟加拉人在日常生活中辛辛苦苦、亲手绘制的美丽图景。

勒日旺决定，他不想只是设计建筑物，不想再看到这些建筑和社区在他眼前被冲走。所以，2008年，他成立了一个非营利性机构——Shidhulai Swanirvar Sangstha（意指"自助组织"），在河上部署由一百艘浅吃水船组成的船队，这些船掠过低地，可以充当图书馆、学校、医疗诊所和三层浮动花园。他劝说当地造船商在这些传统竹船上配备太阳能电池板、电脑、视频会议系统和互联网。此外，这些船队还配备有志愿者医生、太阳能手提灯和自行车驱动泵。每艘船上的太阳能电池可以为手机和电脑提供电源，人们可以将充完电的灯带回家——让孩子们能够在家里做功课。到目前为止，该项目已经惠及9万户家庭，预计到2015年还会有81,500户家庭从中受益。

由于在汛期人们会被洪水困住、无法养活自己，勒日旺发明了一项称为"太阳能水利耕种"的技术。他解释说："这个系统包括由水葫芦制成的浮床（用于种植蔬菜）、一个采用渔网和竹条制作的便携式圆形围场（用于养鱼）和一个由太阳能灯供电的浮动鸭棚，并配备有一个循环系统——鸭粪可以用作鱼的饲料，冷式水葫芦床可以作为有机肥料出售，太阳能用于照亮鸭棚以维持鸭蛋生产。"

因此，即使在洪水季节，孩子们也能欢笑着去上学，他们的家人即便在发洪水的时候也能生产粮食和饮用到清洁的水。以前，季风或战乱迫使人们背井离乡，而现在通过这种方式，这些船队成了救星，在教育、医疗、食物、照明和通信等领域给人们带来了便利。

当然，仅凭勒日旺的一己之力是无法对抗气候变化的，但是，他奇思妙想出来的这一简单的解决方案正在帮助人们适应气候变化。词语"适应"和"缓解"越来越多地出现在气候科学家的词典中，科学家们使用这些词语来描述对气候变化采取的可行（和不可行）的应对措施。

是否还记得蓝绿藻？好氧生物的出现就归功于这种藻类。一个有争议的想法是在南极海洋播撒铁元素，以促使这种藻类的生长。藻类靠吸收阳光和二氧化碳而大量繁殖、产生叶绿素，然而，藻类的生长繁殖需要铁元素。藻类吸收大气中的二氧化碳，死后沉入海底。科学家们尚不确定的是：广泛播撒"铁质肥料"对于海洋动物而言是否安全，因此，他们最近尝试了一个小实验，将铁粉倒入南极旋涡（那样不会扩散）。果不其然，硅藻出现了大量繁殖，并吸收了空气中的二氧化碳；几周后，许多硅藻死亡，它们带着二氧化碳这一珍宝沉入海底。然而，大面积播撒"铁质肥料"安全吗？这是一个巨大的未知数。地球工程[①]是一个极具争议性的议题。除非尝试，否则我们将一无所知，而坏结果有可能会致命。我们已经通过让空气中充满二氧化碳、在海洋中撒满肥料等

[①] 地球工程：这一概念由英国皇家学会于2009年首先提出，意指人类自主控制地球环境使之适应人类生存。——译注

行动，无意中在这个星球开展了几十年的地球工程——但此举没有取得好的结果。

从地球工程和适应人类生存的角度，人们对气候变化提出了很多应对方法，诸如从"什么！为什么我就没有想到这一点"的奇思妙想到纯粹古怪的念头，涉及的范围很广。其中一个想法叫"单色地球法"，内容包括将城市和街道漆成白色，用白色塑料袋覆盖住沙漠，用苍白的颜色来标记基因工程作物——所有的这一切都是为了将阳光反射回太空。或者安装屋顶瓦片，遇热天瓦片变白，遇冷天瓦片变黑。更加稀奇古怪的技术有：向太空发射数万亿微小的镜子，以便为地球形成一个绵延几十万英里的遮阳伞；或者建造人工迷你火山，向大气中喷发二氧化硫颗粒以阻挡阳光。甚至还有一种"谨慎的提议"，该提议认为，采用基因工程技术使未来人类的体型变小，这样一来，需要的资源也将更少。

在地球的另一端，在挪威海岸，由挪威和三家石油公司共同拥有的一个巨大的碳捕获存储设施，能够在将碳排放至大气之前把碳排放装入袋中，并存储在地下场所。在全球各地，碳捕获因费用高昂而难以运用到实际中，而且这也不是一项高枕无忧的举措，然而，很多国家却纷纷效仿。理查德·布兰森①提供了2500万美元的诱人奖励，意图寻求先进技术，以便能够有效、经济地去除空气中的二氧化碳。

细胞生物学家莱恩·奥恩斯坦（Len Ornstein）开展的一项研究表明，如果澳大利亚内陆地区和撒哈拉一带被森林覆盖，那么，我们每年排放到大气中的所有二氧化碳都会被吸收。显然，这不是一个容易进行的风险投机，但在技术上是可行的。基层土著居民、非政府组织已在非洲种植了逾5100万棵树。当森林吸收土壤中的水分并通过树叶将水分排放到大气中时，将产生云、雨及形成阴天，这将使万物冷却下来，并有利于木材的可持续生长。

---

① 理查德·布兰森（Richard Branson）：维珍（Virgin）品牌的创始人，亿万富豪。——译注

与此同时，美国东海岸（从波士顿到佛罗里达）需要广泛的海洋堤坝（最好是沙坝），还需要切实可行的人工堤坝和闸门。这些堤坝无须像伦敦的救星骑士那样富有诗情画意，它们甚至可能是天然珊瑚礁和位于美国海岸旁的牡蛎养殖场。

数万亿牡蛎排列在东部海岸，用它们的壳建造成一座坚固的牡蛎床，从而使风暴潮减弱，阻挡礁石上溅起的波浪，使浪潮在涌入河口之前衰减。哈德逊河（Hudson River）的河口因其盛产质量上乘的牡蛎而闻名。最靠近海岸的牡蛎还能过滤海水，使得这里成为沼泽水草的理想栖息地，这些水草的根系紧紧地抓握住土壤，从而防止海浪侵蚀的发生。

但是，我们已经在很大程度上摧毁了那条绵延漫长、范围广阔的自然屏障。现在，由于飓风导致的浪涌破坏了城市和港口，我们开始意识到我们失去了什么。牡蛎的消失不仅仅是由过度捕捞这种看似平常无奇的野生贝类海产来制作美味所造成的，也归因于城市和农场溢流出来的有毒物质。自19世纪末以来，全球已有85%的牡蛎礁消失。

为保护纽约市，景观建筑师凯特·奥尔夫（Kate Orff）支持采用成堆的"岩石、贝壳和毛绳"建造一个人工珊瑚礁群岛，以吸引牡蛎，因为牡蛎养殖场可以被用作天然的波浪衰减器，带壳牡蛎可以适时地过滤海水，还能作为一种生态胶使用。"这类基础设施并没有将我们隔离，也不应该将我们隔离。"奥尔夫解释说，"它就在我们之间，在我们身旁，嵌入了我们的城市和公共空间。"

蓝色革命①

"海水养殖……"我一边说着,一边套上一身沉重、有浮力、橙色的安全工作服(这种工作服用于长时间漂浮在冰冷的海水中),脑海中浮现出一幅垂直海洋花园的图景。

"请将它想象成利用整个水柱养殖各类物种的3D养殖。"布伦·史密斯(Bren Smith)说。他身穿黑红格子衬衫和牛仔裤,在外面套上工作服,从脚踝往上拉鱼齿形拉链,系上腰带。为探访他所描绘的复杂水产养殖网络,我们要做的第一件事就是穿上工作服。这是一个小型的家族式、有机的、可持续的水产养殖场,位于东部海岸——牡蛎床在像窗帘一样的海带的下方——这样的构造有利于抵御风暴潮,同时也可以给当地社区提供食物和能源。

气候变化对渔民和农民的影响尤为严重。在一个寒冷的早晨,在位于康涅狄格州斯托尼·克里克(Stony Creek)港口的一艘小艇上,这位39岁的水手坐在我的对面,他既是渔民,也是农民。布伦身材修长,双臂有力,肩膀结实,这透露出他的职业和拉绳索、拖鱼笼有关。尽管此刻他的脸刮得很干净、剃着光头,但不难看出多年来他曾经蓄着天生的红发和长长的胡子。他头戴如火焰般鲜艳的橙色水手冬帽,留着短短的浅黄褐色胡须,长着铁锈黄色的眉毛——他就像是用红色(一种波长较

---

① 蓝色革命:用人工方法控制海洋鱼类生长和繁殖的技术革命活动。——译注

长的可见光）绘制而成的一般。

虽然我们确信自己不会失足落水，但和许多渔民一样，布伦不会游泳，所以穿上这身工作服还是保险一些；此外，由于该地区最近遭受了冬季风暴的侵袭，这身工作服为身处狂风和雷雪天气中的我们增添了温暖。

布伦常年从事水手工作，他在佩蒂港（Petty Harbour）长大，那是一个有着 500 年历史的纽芬兰小镇，建有 11 个喷漆木屋，里面住满了渔民，还建有一个挤满了船只的码头，可用于对海水进行脱盐处理。在布满岩石的海岸，这个男孩发现了虾笼、鱼漂、锚、绳索、缠绕着海藻的贝壳、鱼、鸟骨和信号灯。因此，他在 15 岁的时候从高中辍学，随即投身于与海洋有关的工作，这也就不足为奇了。在缅因州的时候，他在一艘捕虾船上工作；在马萨诸塞州的时候，他在捕鳕鱼船上劳作；在阿拉斯加的白令海峡，他在拖网渔船、延绳钓[①]船和捕蟹船上工作。他还一度为麦当劳捕过鱼。

"你觉得自己是渔民还是农民？"我问。

"现在是农民。和面对大海的危险相比，这看起来就像是种植芝麻菜一样的小事——相信我，我亲身经历过大海的凶险。"

从某种意义上来说，3D 养殖是一种循环农业。布伦在冬季和早春收获海带；在 6 月和 9 月收获红色海藻；在全年采收牡蛎、扇贝和蛤蜊；春秋季节采捕贻贝。至少从理论上来讲是这样的。飓风"艾琳"摧毁了他的牡蛎养殖场，他立刻重新撒播牡蛎，他知道自己需要等待两年的时间才能有收获。然而，飓风"桑迪"再一次破坏了牡蛎养殖场。由于蛤蜊足部发达，可以稍稍移动，因此这增加了它们在飓风中存活下来的概率。但是，牡蛎就真的犹如困兽之斗了，它们甚至无法脱离固着物自行移动着去觅食、交配。如果没有牡蛎礁，它们会被风暴潮剧烈地搅动起来，被淤泥遮盖住，然后死亡，之后便缓慢地开始了变成化石的进

[①] 延绳钓：是最主要的一种作业方式，一般适用于渔场广阔、潮流较缓的海区。——译注

程。1917—1918 年，当长岛海峡（Long Island Sound）全面冻结时，有些极有勇气的人试着驾车穿越海峡，而这些福特 T 型车正好随着牡蛎一同沉到海底。

"讽刺的是，"布伦若有所思地说，"我有可能是被气候变化彻底打败的第一批绿色渔民之一。"

但是，布伦很乐观，也很自信。幸运的是，就在暴雪"尼莫"袭击之前，他已经能在厚厚的暴风雪中收获一些贻贝了。至少海带是一种可以在飓风季后种植的作物。因此，在"桑迪"离开后，布伦开始种植该年的海带，现在已是 2 月中旬，快到海带丰收的时候了。

形似小型破冰船的小艇平静地停靠在距离岸边半英尺的地方，在给小艇解缆起锚后，布伦跳回小艇，我们驾驶他的太阳能渔艇出海。我们沿途经过顶针群岛（Thimble Islands），这是一个由众多小岛组成的群岛，一些小岛的雄伟峭壁由有着 6 亿年历史的粉红花岗岩形成。很多小岛的顶部建有精致的塔式棚屋，就像故事书里的房子一样，长长的木质楼梯蜿蜒伸至水中。

一块后退冰川出现在这片岛屿的背后：岛上遍布巨大的花岗岩石块、踏脚石板材、海底大卵石和暗礁，其中的一些只在落潮时才显现出来。这片岛屿是以野生顶针莓命名的，在它周围的小岛包括金钱岛（Money Island）、小南瓜岛（Little Pumpkin Island）、二分岛（Cut-in-Two Island）、婆婆岛（Mother-in-Law Island）、母鸡岛（Hen Island）和弯曲灌木东岛（East Stooping Bush Island）等——总共 100 个到 365 个岛屿（岛屿数量取决于潮汐的高度、你如何定义一个岛屿），其中大约有 23 个岛屿夏季有人居住。麻斑海豹和鸟儿随处可见。每一个岛屿都有自己的传闻和传说，这在一定程度上要归功于那些著名的旅居者，从塔夫脱总统到基德船长，以及林林兄弟马戏团的大拇指汤姆[①]。

[①] 大拇指汤姆：《格林童话》中的人物，只有拇指般大小。——译注

由于海水和河水在河口处交汇，这里成为 170 种鱼类、1200 种无脊椎动物和成群候鸟的饲养及繁殖保护区。马岛（Horse Island）和外岛（Outer Island）是野生动物保护区。对于布伦来说，这是一个繁茂的花园，夏季有成群结队的季节性客人造访，冬季有汹涌的风暴来袭。然而，无论是在海面还是在水下，都有生命在生生不息地繁衍。今天，在这个如弧光般白亮的冬天，冰冷的寒风割破了海面，花园呈现出冰蓝色，夺目耀眼，天空明净通透。

"花岗岩峭壁真是令人惊讶。"我一边说，一边欣赏着它们无与伦比的美丽。这些峭壁混杂着如同黑色天鹅绒一般的黑云母、像奶油一样的条痕和灰石英，阳光在上面投下斑斑点点的身影，狂暴的大海拍打着岩基，使它们看起来更像动物而非矿石。

"这和建造自由女神像所使用的粉色花岗岩是同一种，"布伦解释说，"同林肯纪念堂和国会图书馆的也是一样的。"艾茵·兰德①在《源泉》（The Fountainhead）中写道："建筑师站在当地花岗岩采石场的边上……"

"我回想起来了，那本书充满了资本家的大男子主义。"

"的确如此！"布伦闪烁着一双蓝眼睛说道，"我来这里的部分原因是消除那种印象和那种极端意识形态。"

我知道他说的这条航道。在这条航道上，霍华德·罗克②穿着华丽的服饰，站在采石场上，他所有的原材料均来自于自然界，那个理应征服世界的强势男人全神贯注地注视着那些原材料：

"这些岩石，他想，是为我而生；它们等待着被开凿，等待着炸药和我的下令；等待着被劈开、被撕碎、被捣毁，等待着被赋予新的生命力；等待着我用双手塑造它们。"

---

① 艾茵·兰德（Ayn Rand）：俄裔美国哲学家、小说家。她的哲学理论和小说开创了客观主义哲学运动，她同时也写下了《源泉》《阿特拉斯耸耸肩》等数本畅销小说。——译注
② 霍华德·罗克（Howard Roark）：《源泉》主人公，是一名建筑师。——译注

"我对海洋进行了洗劫，"布伦内疚地承认，"当我回顾人生的时候，我将它看作一个生态救赎的故事。当我还在孩提时，我轮班工作 30 个小时，钓鱼钓个一整天，但我真的酷爱这份工作，因为我可以在海上。然而，你知道的，我们在海底搜寻，破坏了整个生态系统。我们在受保护的水域非法捕捞。光是我一个人就曾经将成千上万条已经死了的渔获物扔回海里。这是工业捕鱼中最糟糕的行为。"

在历史上，曾有一段时间，鳕鱼生长得非常大，大得足以吞下一个孩子。可是，渔民们一直以来都是按部就班地捕获最大的鱼，所以，鳕鱼不得不提前交配，为了能作为一个物种存活下来，体型也变得越来越小。成功存活下来的鳕鱼便把这样的基因一代一代地遗传下去。现在，鳕鱼也就如餐盘般大小。不久后，海里将只剩下小鱼。在鳕鱼数量减少的过程中，我们也改变了鳕鱼的外观大小——从足以喂饱全家的庞然大物变成了没有威胁的小鱼。那些鳕鱼和其他海洋生命形态正在消失，一场史无前例的大规模物种灭绝就要降临这个星球。对于布伦来说，几十年来充斥着的觅食者、狩猎者心态已经构成了他所认为的那种海盗行为，降低了这份工作的浪漫性质。

"当我意识到那样的捕鱼是不能持续发展的，我便回到了纽芬兰。我热爱海洋，我也目睹了对海洋的破坏，我越来越多地关注生态系统。在那之后，我去了一些鲑鱼养殖场工作，但是，我看到的是同一种类型的工业化养殖。这对环境有着不利影响，对我们人类也不利。野生捕捞和水产养殖——无论哪一个都是不可持续的。大海在我的灵魂深处，我知道我必须在海上工作。然而，我属于新一代的人类，我们这代人想要的是不同的东西。因此，我琢磨着，我该如何转变成一个绿色渔民？

"当时有一个活动，就是让 40 岁以下的年轻渔民重返渔场，于是，我结束了长岛海峡的工作。他们开放了贝类养殖场。你知道的，要想获得一个贝类养殖场是非常困难的，因为它们是由约莫 6 个家庭代代相传下来的。10 年前这些养殖场开放时，我便来到了这里，开始了水产养殖。我想，在茫茫大海的这 60 英亩的海区里，我可以选择养殖哪些物种，才能以一种良好的方式进行可持续的粮食生产？除此之外，我想我们在进行养殖的时候能否实实在在地修复海洋，不仅让世界变得比我们开始捕鱼前更加美好，同时还能养殖美味食物？

"突然，我发现自己是在以最有效、最环保并且可以持续发展的方式进行养殖——也就是所说的垂直养殖。这些海产生长得很快。海带在5个月的时间内长了8~12英尺。整个海产食物柱都富含营养。牡蛎、贻贝和扇贝提供低脂肪蛋白质和各种重要的维生素和微量元素：硒、锌、镁、铁、维生素B、欧米伽-3脂肪酸。我们对海洋蔬菜（类似于海带那样的不同藻类）进行了分析，它们产生了大量的维生素和矿物质，还富含9种不同的氨基酸以及欧米伽-3脂肪酸。你觉得有什么东西能被真正称作'海洋素食主义'吗？我想大概就是这些食物。在第二次世界大战期间，为应对饥饿，德国和英国想出了这个方案，虽然他们认为有着巨大的风险，但事实上，他们进行了各项研究，并开始让人们食用藻类。当然，对此也进行了一些现代研究，如果你在世界各地建立一个规模如同华盛顿州般大小的小型海藻农场网络，那么你可以养活全世界。尽管目前你不打算让所有人都吃海藻，但是，确实存在着这样一种可能性。"

"这艘船叫穆奇（Mookie）。"当我们拉住他钴蓝色渔船的绳子时，布伦说道。这艘渔船有一个天蓝色的舱门和与之相衬的白色甲板。由于皮靴、笼子、绳子和如锯齿般码头的摩擦磕碰，船上某处的一小块油漆已经脱落，露出一块薄薄的天蓝色毛边。

我们登船起锚，咔嚓咔嚓地驶向他在海洋中的那一小块区域，那是一片像卤肉汁一样黑的流动养殖场。大海吐出的小泡泡一路跟着船向前行驶。灰白色的银鸥在我们的上空盘旋，它们跟着我们一路前行，像大型食肉动物一样，黄色的眼睛寻找着露出水面的小鱼。

落锚后，我们用绞车吊起一个沉重的笼子，小心翼翼地把它吊运到固定的木板凳上。冷风呼呼地吹着，犹如刀割一般。我庆幸穿了这一身沉重的工作服，但是，它太笨重了，使得我的一举一动就像在月球上漫步一样。

布伦掀开盖子,露出一个装有大概300只牡蛎的笼子,笼中还混杂着一些海洋生物,包括海星、橙色海藻的小叶子,以及一连串圆形的灰白色玉黍螺卵囊,它们看起来就像是牛角扣或珊瑚扣。

"看这里,"他一边说,一边用牙齿咬开一个蛋,用刀尖提取出那一丁点儿的蛋黄,"这是螺卵,它们看起来真的很像小蜗牛。"

这实在是太让人惊讶了。玉黍螺,一种非常美味的海螺,几千年来一直是英国、爱尔兰、亚洲和非洲料理中的一道菜肴。它们吸附在岩石(或牡蛎笼子)上,以保持固着状态,它们以浮游植物为生。但是,牡蛎不欢迎这些不速之客的造访,也不欢迎黏糊湿软的圆形海鞘、半透明的分节螳螂虾、一串串的橄榄绿海葡萄或者破碎的壳体。于是,它们又都被扔回了海里,但附着在网笼外的小型开口甲壳动物除外。它们已将自己粘在笼子上,只能等待着跟着牡蛎一起被挂下海。

海鸥从天空飞过,我们把牡蛎倒入木桌上一个较浅的箱子中。我们今天的工作是对牡蛎"大打出手"——当然,不是弄伤它们,而是进行按压,让它们形成更硬的外壳。这跟肌肉的形成原理是一样的,如果你锻炼肌肉,它就会增大;同理,在潮汐翻来覆去的拨弄下,牡蛎壳就会变厚。被潮汐怠慢的牡蛎需要按压,这和懒人更需要锻炼是一个道理。没有挣扎的过程,就无法增强壳的厚度。我在脑海中思索着这与人类的相似之处;寒风将我的想法吹散,我伸手去拿一副橡胶手套。

"就像揉面包一样揉捏牡蛎。"布伦一边说,一边向我演示。

我抓了一把牡蛎,放在我张开的手指上,用手掌根部向前揉碾牡蛎,然后轻轻地把它们抓回来,重复这一如同波浪起伏般的动作。我似乎变成了潮汐。

"我们每五周揉碾一次,"布伦解释说,"以确保它们能变得强壮。"

"这听起来好像你跟它们非常亲近似的。"

"它们就像是我的家人。我养殖牡蛎,和牡蛎在一起有两年时间了,看着它们生长,定期进行揉碾。我本人可以认出每一只牡蛎。"

"是通过它们的名字吗？"

他笑了笑，"不完全是，还没有都取名字。"

"它们真的很美。"我停下来，拿起一只顶针群岛的牡蛎，打量着它深凹的外壳、金黄的色调、间杂的紫色条纹和泛出的彩虹色光泽。一些看起来就像是瘦骨嶙峋的手，另一些犹如陡峭的山脉。

布伦用刀撬开一只牡蛎递给我，我无法拒绝。这个以牡蛎为豪的人正在等着我的回答。我不是一个牡蛎行家，我只是用我的味蕾说话："很咸，很丝滑，肉肥汁厚，就像轻咬了海洋一口。"

普鲁斯特[①]的回忆录让我回想起布列塔尼（Brittany）海岸，在圣米歇尔山（Mont Saint-Michel）的庇护下，人们也从海洋中获得了丰收。那里有巨大的潮汐和咸咸的海水——对于养殖牡蛎来说，条件很完美，牡蛎是布列塔尼的美食之一。我记起来他们的口味偏咸，但不同的是稍带些金属质感，因为他们会用黄铜制成的杯子沏上一杯独特的茶。米歇尔·德·蒙田[②]认为牡蛎品尝起来就像紫罗兰。但是，牡蛎的味道因环境不同而各有差异，我也曾读过一些文章，说食用牡蛎后留有像黄瓜或甜瓜一样的余味。

"很好，"他笑着说，"如果你们觉得不好吃，我就会感觉自己像个失败的父亲。"

我们把经过"蹂躏"的牡蛎放回笼子，挂下海，沉降至原来的水层；随后掉转船头，准备去查看沿着100英尺的黑色浮标来回摇摆的海带。

"走这条路线。"布伦看着海带的各个苗绳说道，被海带遮蔽的水面以下的地方几乎什么也看不到。他用一个红色的钩子钩住一根海带，提拉出水面，我很惊讶地看到一根长长的、边缘弯曲的海带，大约宽3英

[①] 普鲁斯特（Proust）：20世纪法国最伟大的小说家之一，意识流文学的先驱与大师，也是20世纪世界文学史上最伟大的小说家之一。作品有《追忆逝水年华》。——译注

[②] 米歇尔·德·蒙田（Michel de Montaigne）：文艺复兴时期法国思想家、作家、怀疑论者。——译注

尺、长3英尺，部分表面有不太明显的波纹状线条。和陆生植物一样，海带也进行光合作用，但不仅仅是叶子，而是整根海带。因此，它从空气里吸收的二氧化碳是陆生植物的五倍多。

这根海带出奇地干硬、光滑，阳光照在其金棕色的叶片上。长久以来，海带（和其他藻类）一直是亚洲人民的主食，也拓展了加拿大、英国和加勒比饮食的范围。自古以来，海带就有很高的药用价值。海带富含人体血液需要的大多数矿物质，对甲状腺和大脑健康均有好处。海带还具有抗肿瘤、抗凝血、抗病毒等特性。此外，海带还是顶级护肤品"海蓝之谜"面霜的"神秘配方"。海带中的海藻酸盐具有增稠的作用，被用于制作布丁、冰淇淋、牙膏，甚至可用3D生物打印机打印出海带的活细胞。

"尝一下。"布伦一边说，一边递给我第二道美味佳肴。

我尝了一块弯曲的海带叶片，耐嚼，口感还不错，只是口味稍欠。如果用芝麻油进行烹制或放入味噌汤的话味道会更好，我在日本餐厅里经常这样吃。布伦的牡蛎和海带出售给当地居民和餐馆以及曼哈顿的厨师。

"我认为这实际上是'气候养殖'，"布伦说，"因为海带吸收大量的碳，可以很容易地将海带转变成生物燃料或有机肥料。为此，我现在正在和一些公司、非政府组织及研究人员洽谈。海带的含糖量在50%以上。能源部进行的一项研究表明，如果你只用占地面积为缅因州一半的地方种植海带，那么你可以生产足够的生物燃料来代替美国的石油。这真是太棒了！而且又没有种植陆生生物燃料的负面影响——那样的负面影响真的糟糕透了，因为那耗费了大量的水、肥料和能源。但是，在这儿，你可以拥有一个封闭的能源养殖场，在给当地社区提供燃料的同时，你无须淡水，无须肥料，无须空气。我在这儿种植海带是为了生产粮食，你也可以在布朗克斯河（Bronx River）或污水处理厂的前面种植，那样可以减少污染。或者你也可以种植海带以用作生物燃料。"

"在过去10年，我一直苦苦挣扎于这些事情，试图弄清楚怎样才能把它们联系起来。试想一下，在海洋种植作物：无须肥料、空气、土壤和水。这不属于能源高度密集型产业，不会给淡水和土壤带来巨大的气候风险。当你把所有这一切都聚集到一起的时候，那真是太激动人心了。真的太让人激动了！我几乎可以嗅到蓝色革命和绿色革命相互连接的可能性。而且这是垂直养殖，它将占据非常小的空间。"

布伦是第一个提出这种做法的人，但并不是每个人都同意布伦的做法，尤其是老派的环保主义者。

"当然，现在的确有一些环保主义者阻拦这种做法，因为人们认为海洋是美丽的野生空间——对此，我感同身受，因为我的生活就是在海洋上度过的。然而，我们正面临着一个残酷的新现实。"他说，表情坚毅，脸涨得通红，"如果我们忽视了我们这一代人的最大的环境危机，那么，我们的野生海洋就会变成死亡之海。具讽刺意味的是，气候变化可能迫使我们为了保护海洋而去开发海洋。我们需要开发海洋，并且也保留了大片的海洋以用作海洋生态公园。这虽无法解决我们所面临的所有问题，却有助于我们去解决问题。"

在布伦的热情背后，是一波又一波的对气候变化使海洋酸化的普遍担忧。布伦是属于过渡阶段的一代人，这代人深深地感受到了对其生活方式和地球健康进行调节的紧迫性。随便你怎么称呼，先驱也好，生物先锋也罢，由于其所作出的奉献，布伦被邀请加入"气候青年领袖网络"（Young Climate Leaders Network），该网络支持一小群"富于创新的领军人物和有远见人士，包括在传统的环保社团外开展活动、致力于寻求气候变化解决方案的诸多人士"。

布伦的眼睛盯着水面，"毫无疑问，这意味着要重新塑造海洋，这对于许多人来说是令人心痛和颇具争议的，因为这些人将海洋看作地球上最后的野生之地、看作未被人手触及的地方。"

然而，事实却是人类已经将双手伸向了海洋。2007年的某天，爱尔兰唯一的鲑鱼养殖场的主人一觉醒来，发现养殖场的几十万条鲑鱼被一大群水母杀死了。在全球的各个海域，受气温上升、农业活动中营养物质的流失和污染的影响，数万亿像雨伞、降落伞一样的水母和钟形水母纷纷聚集在一起。由于身体呈半透明状，它们可以进行秘密行动，它们悄悄地靠近比目鱼、鲑鱼和渔民喜爱的其他大型鱼类，侵占一大片栖息地，并吃掉或驱逐这片栖息地中的本地鱼类。欧洲海洋环境保护组织致力于恢复和保护全球海洋，把水母数量飙升归因于气候变化以及人类过度捕捞金枪鱼、剑鱼和水母的其他天敌。在东京、悉尼、迈阿密和其他港口，城市居民正在全力抗击泛滥成灾的水母。在最近一个夏天，入侵南佛罗里达浅滩和墨西哥湾的水母数量创下了历史新高。在佐治亚州，仅某个周六，泰碧岛海洋援助中心就报告称发生了2000起严重的鱼被水母刺死事件。

海洋是一个水平仪、食物储藏室、游乐场，一个云集各种生命的热闹宅邸，一个昭示着人类起源的庄严雄伟之地，是另一种形式的人体（水体）；海洋就是一位女性，因为她每月都会涨潮。但是，她的骨骼正变得越来越脆弱，她的海水因为我们排放到空气里的二氧化碳、我们田地里流失的肥料而酸化。这对珊瑚、牡蛎、贻贝和蛤蜊来说是非常可怕的，因为这些生物的钙质甲壳会发生软化并溶解；对于海星来说，气候变暖就是一剂毒药，因此它们成群结队地往更北边游去。也就是说，一直游到捕食不到它们赖以为生的贝类猎物的地方。

"环保主义者一直在问这样的问题，"过了一会儿布伦说道，"诸如：我们如何拯救海洋，我们如何保护海洋动物，我同意，所有这一切都很重要。但是，我们也需要转换思维方式并发问：海洋如何拯救我们？海洋如何提供食物、工作、安全和可持续的生活方式？我确信，答案就是让海洋保护和绿色养殖场共生。"

最后，我们检查了贻贝的生长情况，这意味着我们要将它们从较深的水层提拉上来，这个动作足以让人腰酸背痛。贻贝稳稳地附着在网片上，透过网格像黑色按钮一样闪闪发光。它们的个头还太小，不适宜采捕；它们还是幼苗，无法用来制作番红花奶油沙司。因此，我们重新将贻贝挂下海。我能明白为什么布伦觉得这部分的日常工作很像幼儿园的看护照料。

我环视着轻拍着海峡的细浪,这里一点儿也不像一个工业区。然而,水底下却养殖着大量的海产食物,这真是让人难以置信。单是布伦的这一长长的海区就种植了两吨海带。我喜欢布伦的"共生"思维方式。我们数十亿具有创造性、能够解决问题的人类不需要成为环境的寄生虫——我们拥有技术,我们通情达理,我们渴望成为具有生态可持续性的共生者。

在返回斯托尼·克里克港口的途中,我们再次经过一个散布着维多利亚时代风格的房屋和盐白色村舍的村庄,这个村庄坐落在岛屿的高处。那里有石砌烟囱,用于燃烧昨日的失望;有窗户,雨点砸在上面嘀嘀嗒嗒作响;有门廊,一直被海水默默地注视着;还有被风摧毁的树木和花园。那里的海峡永远呈现出深邃、耀眼的蓝色,有暗礁和岩礁,有在海面下以螺旋的方式前进的洋流,还有在风暴期间如同格雷伊猎犬一般快速前行的海浪。

新码头看起来整洁、干净,锚固完好,能够抵抗飓风。一对黑色的鸬鹚栖息在岩石的凸起处,布伦向它们打了个欢迎的手势。有这样一种迷信的说法:淹死的渔民会变成饥饿的鸬鹚回来,穿着一身黑色的雨衣,代替靴子的是蹼足。

尽管寒风凛冽,午后的阳光依然温暖。不久,潮汐就要来临,粉红脚海鸥掠过海岸线。几个月后,避暑的人群就要来这里吃海鲜,饮用洁净的水,在木偶剧院看戏,伴随着海洋含混不清的声音沉沉睡去,享受着海滨生活的乐趣——手腕上嘀嘀嗒嗒作响的手表提示着他们即将来此消磨的时光。

第二章

石与光
之屋

柏油丛林

看着布迪翻来滚去，爬上爬下，玩玩球，和影子做游戏，玩玩iPad，我被人类所走过的这一段道路折服。请展开丰富的想象力，想象着我们人类是如何开始的——先是半直立的猿类，在树上悠闲地打发了部分时光；之后成为一群衣不蔽体的游牧狩猎者和采集者；而后成为有意识地种植谷物的护卫者，以令人费解的缓慢速度挑选出适宜的谷物，这一进程持续了上千年；接着摇身变为勇敢的农民和森林砍伐者，建造了栖身之地，并获取了更加稳定的食物来源；随后变成村庄和城镇的建造者，村庄和城镇的出现让沟壑纵横、精耕细作的农田黯然失色；紧接着成为制造者，创造出蒸汽机（一种不同于马力、牛力或水力的异常丰富的动力源，不会受到健康状况或天气的影响，不会受到位置的限制）等发明；之后变为行业经营者、苦力者和大企业家，搬迁至距离工厂更近的地方，这些工厂出现在像蜂窝一样的城市里，位于一望无际的主要农作物（如玉米、小麦和大米）的田地旁和成群的关键物种（主要为牛、羊或猪）的周边；最后成为熙熙攘攘的大都市的建造者，大都市周围是农场减少、森林萎缩的郊区；然后在强烈的群居冲动的驱使下，成群结队地涌入散发着希望气息的城市。在那里，我们如同散落的水银珠子一般，流动着聚集在一起，最终合并成为一个个巨大的、坚固的文明球体。

人类进行了这个星球上有史以来规模最大的一次迁移，这个壮举在人类世的众多冲击和奇迹中势必排名很高。仅在过去的数百年中，我们人类已经变成了一种城市物种。今天，有一半以上的人口——35亿人聚集在城市；科学家们预计，截至2050年，我们的城市将吸引70%的世界公民。这一趋势如同月球的存在一样无法否认，就像雪崩一样无法阻挡。

在2005年至2013年间，中国的城市人口从13%飙升至40%，大多数人从农村地区涌入充满机会和诱惑、拥挤不堪的大城市。按照这个速度，截至2030年，将有一半的中国公民生活在城市，而不是在家乡务农，因此，他们将用从工业文明中收获的累累果实与其他国家交换大量的粮食。英国已是这番情形。1950年，如棋盘般布局的英国城市已经容纳了79%的人口。到2030年，当英国的城市居民达到92%时，英国将成为一个名副其实的城市化国家。已经有90%的阿根廷人生活在城市，在德国，这一比例为88%，法国为78%，韩国为80%。如果你想看看什么是农村化国家，那么你需要去不丹、卢旺达或巴布亚新几内亚，在那里，几乎人人都生活在乡村。到目前为止，那里只有不足10%的人口生活在城市。

城市提供了先进的教育、优渥的医疗条件，向妇女提供了更多的就业机会以及广阔的上升空间，因而像熠熠生辉的灯塔一样闪烁耀眼。甚至从环保的角度来讲，与安定的乡村生活相比，城市也丝毫不逊色。在修建了更加密集的道路、输电线和下水道后，城市居民所需要的资源也就越来越少。在民用建筑物中使用了几何结构，从而将公寓隔离开来，使得它们能够更容易地供暖、冷却和照明。为拥挤的街坊邻里配置了公共交通工具，大多数目的地往往离得很近，步行或骑车便可到达；所以，人们很少需要汽车。结果，城市居民释放出来的碳排放量其实比农村居民少得多。一些城市（如纽约）以拥有最低的每户每人能源使用量为豪。尽管城市整体上使用了较多的能源，但每个人的使用量较低。这种现象似乎违反常识，然而，对人类而言，城市生活可以成为一种更加环保的生活方式。发展中国家的城市也使用了较少的能源——但是，那是因为这些国家的贫困人口往往较多，他们消耗的能源较少，包括消耗了较少的食物和淡水。

尽管人类成群地聚集在一起并有着较少的个人碳排放量，但逃离农村、向往城市生活的人口数量破了纪录，这令气候学家们倍感担忧，因为城市是环境保护的博弈改变者。大城市成为迁居的热点地区，这些城市的温度要比周边地区平均高10℃。汽车在街头徘徊穿梭、食物餐车为销售食品行驶较长的距离，因此，这个星球的大部分污染都由大城市排放而出。在一些夏日，可以看到厚厚的烟云悬挂在天空，好似数百万个排放出来的幽灵聚集在一起。从地下通风口冒出的蒸汽让你想知道，在城市的下方是否存在一个巨大的汗腺。

关于我们时代的一个悖论是：我们是依然适应野外生活的城市灵长类动物，我们渴望和需要野生空间，但同时，我们又在破坏野生空间，在上面搭建房屋、进行耕种。由于人群加速涌入这些柏油丛林，因而，我们需要采用巧妙的方法来对城市生活和人类及地球的福祉进行协调。我们的挑战将是找到一种途径，在发展城市生活的同时保护地球，让鱼和熊掌可以兼得。

我遇到的一些最绝妙的想法，就是将我们的城市从满是污垢的能源挥霍系统改造成动态生态系统。

为此，城市公园是必不可少的。此外，还可以设想一下在封闭的窄街种植喜阴野花，在屋顶和窗间墙种植新鲜蔬菜，在墙壁上大面积种植草木，在摩天大楼建造垂直农场，在屋顶修建酿造蜂蜜的蜂巢，以及建造穿过生锈的老旧基础设施的自然小径。种植植被，以对城市进行绿化，被证实可以给城市降温、净化空气、吸收二氧化碳、制造更多的氧气，以及可以让熙熙攘攘、热热闹闹的城市更显平静和安逸。

为了实现这种和谐共生，环境保护论的一个新的分支"和谐生态学"（Reconciliation Ecology）应运而生，致力于保护城市自留地和人类主宰的其他栖息地的生物多样性。"和谐生态学"是由迈克尔·罗森茨维格①在名为《双赢生态学》（*Win-Win Ecology*）的书中提出的。该理论认为应对生态进行修复，实现人与环境和谐共存。它所引用的数据表明：地球上已经没有足够的未开发的土地，但我们可以在城市和庭园中创造出更多的空间。

我家附近有几条乡间小路，那里遍地都是玉米地和房屋。沿着这些道路，将会看到由考虑周到的爱鸟者提供的蓝色知更鸟的巢箱②，因为天然的树洞越来越稀缺。用钢制篱笆桩取代木制篱笆桩后，导致了伯劳鸟（一种体型中等的食肉雀鸟，长有带钩的喙）的迅速消失，于是，当地人恢复使用木质篱笆桩（伯劳鸟喜欢在此栖息），伯劳鸟便又回来了。这些只是构建和谐生态的微小举动，但是，如果你能积少成多，就能改变大局。这种情况不仅仅发生在乡村。一些听起来最不可思议的举动正在使文明和自然之间的界限变得模糊起来。"废水处理厂"听起来不像是一个自然风景胜地或别有情致的旅游目的地。这类废水处理厂不是简单地排放处理过的水，而是将水处理后返送回大自然，为动物提供了食物和栖息地。由于植被对水进行了进一步的净化，迁徙候鸟和本地鸟类在此找到了家园，植物和昆虫在盘根错节的社区里居住下来，一大群野生动物随之闹哄哄地涌入。

到那时，城市居民便无须为了消除枯燥乏味感而跑到大老远的地方。在此类保护区，人们可以漫步、发呆、闲坐、摆弄照相机，成为连绵不绝的画面中的一道风景线；当人类经常造访保护区时，大批筑巢的鸟类也就不会太介意了。

我最喜欢的一个此类保护区是位于佛罗里达州德尔雷比奇市郊的瓦可达哈齐湿地（Wakodahatchee Wetlands）。在一个高出危险区域 10 英尺的步行栈道上，人们可以观看鳄鱼在芦苇中滑行，鱼儿在提防潜行捕食的海龟进入它们的泥巢，鸭子和短颈野鸭在嬉戏，涉水鸟在跟踪它们的

---

① 迈克尔·罗森茨维格（Michael Rosenzweig）：美国亚利桑那大学的生态学家。2008 年获得美国生态学会颁发的"卓越生态学家奖"。——译注
② 巢箱：人类为了帮助鸟繁殖而设置的钢制或木制鸟巢。——译注

猎物。有了浅水区和加高的步道，人们可以从上方观看如此众多的戏剧性场景，甚至包括有胡须的水獭在捕捉长着腮须的帆鳍鲇鱼。猪鸣蛙一如它们的名字那样发出猪嚎般的声音。幸运的话，你还可以看到一片水域在冒着气泡，犹如钻石在阳光下闪耀一般——在那儿，雄性鳄鱼用低沉的嗓音吼叫着。或者你可以看到一个巨大的史前鬼怪像哨兵一样站在水中，那是濒临灭绝的黑头鹮鹳在展示其如粗糙木头般赤裸无羽的头部和又长又弯的鸟嘴。

步行栈道呈环状，长近 1 英里，途经 50 英亩的湿地、沼泽、池塘、芦苇地和泥塘。只要有水、土地，就有生命在茁壮成长。朱鹭拍着翅膀围绕着一群灌木丛生、种有树木的小岛飞翔，它们时常飞回到巢边，给满巢吱吱叫唤的幼雏喂食。

尽管城市一向都很喧哗，但这里也不甘示弱，140 种鸟类在瓦可达哈齐的每一条河道上播送着歌唱节目，从斑鸠发出的同情叫声到和尚鹦鹉的吵闹喧叫声。红鼻子黑水鸡创作出不间断的配乐，它们发出喇叭声、咯咯叫声和猴子般的大笑声。向异性求爱的粉红琵鹭演唱着它们歌单上的曲目。红翅黑鹂发出高昂尖锐的叫声。

虽然周围遍布餐馆、办公楼、公寓、商场和高速公路，但瓦可达哈齐湿地仍吸引了众多物种的造访，包括在城市中很少得见的野生植物。这些野生植物乍看之下如同一大片藻类，或者像阳光照耀的水中泛起的一块点彩画①画布，其实它们是耀眼的黄绿色浮萍。这种简单的水生植物漂浮在地球上缓缓流动的水域中，为鸟类提供了食物，为蛙类和鱼类提供了遮阴处，为鳄鱼和小鱼提供了温暖的毛毯。也许有一天，它们也可能为人类提供廉价的高蛋白质食物（在亚洲的部分地区已成为一种食用蔬菜）或者用作廉价的生物燃料来源，在过滤空气中二氧化碳的同时给汽车提供电力。

---

① 点彩画：点彩画派即"新印象画派"，亦称"分色主义"，是运用圆点绘画方法作画的画派。点彩画派源于法国。点彩画派的画家反对在画板上调色的绘画方法，他们只用四原色来作画，用色点堆砌，如同电视机显像的原理，利用人类视网膜分辨率低的特性，使人感觉出一个整体形象。——译注

和谐生态学项目的意义超越了简单的盈利意图。就拿以色列的红海之星餐厅（Red Sea Star Restaurant）来说，该餐厅距离埃拉特（Eilat）海岸230英尺，集酒吧和天文台于一体，位于水面以下16英尺。人们坐在砂质海底上可以领略异彩纷呈、美轮美奂的海里景色。在昏暗、海葵形状灯光的映照下，坐在鱿鱼形状的凳子上，无论是白天还是黑夜，用餐者都可以透过树脂玻璃窗欣赏珊瑚花园里丰富多彩的海洋生物。同样好奇的鱼类也会游过来，向用餐者暗送秋波。这碰巧是个艺术展示品，但它也是一种生态胜利，它重建了因人类的污染和过度使用而逐渐消失的珊瑚礁。建筑师们选择了一块贫瘠的海底，在上面敷设铁网，并将珊瑚礁移植到网格架构上，珊瑚礁便像做着慢动作的空中飞人一般粘在网格上，由此也吸引着各种海洋生物在其间穿梭往来。

在印度洋中也建造了一段亚克力①隧道，那是位于马尔代夫希尔顿酒店的伊萨海底餐厅（Ithaa Restaurant）。在那里，用餐者可以一边享用美食，一边被鱼群和珊瑚包围。尽管马尔代夫——一个仅高出海平面5英尺的岛国——排放出的污染物只占全球的一小部分，但总统穆罕默德·纳希德（Mohamed Nasheed）制定了比全球任何国家都要雄心勃勃的气候目标：承诺建造可持续的酒店和餐厅，甚至是飘浮高尔夫球场，并在10年内实现碳中和。"我们的燃油发电站将被太阳能、风能和秸秆电厂取代，"纳希德解释说，"我们的废弃物将通过热解技术转变成清洁电力，并将采用新一代的船舶以减少海洋交通污染。到2020年，马尔代夫群岛将基本上停止使用化石燃料。"对马尔代夫来说，绿化经济是一项良策，已开始吸引一大批生态旅游者和投资者，并成为一种能够解决气候问题的经济模型。

在一些城市，与自然共存意味着对生锈、老旧的基础设施进行二次利用，对废弃的楼区和垃圾场进行改造，将废弃金属锻造成能够吸引植物、动物和人类的富有魅力的栖息地。在美国的各个州以及从冰岛到爱

---

① 亚克力：一种特殊的有机玻璃，其良好的耐冲击性是玻璃产品的200倍。——译注

沙尼亚、澳大利亚和秘鲁的其他许多国家，不再使用的铁轨被打造成美好的"铁轨步道"，成为自行车、徒步和越野、滑雪爱好者的理想之地。大多数铁轨步道往往经过城镇或农田外围，绿树成荫的小路同时吸引着人类和野生动物驻足。我就曾沿着俄亥俄州、加利福尼亚州、亚利桑那州和纽约州的一些美丽铁轨步道，骑着自行车或越野滑雪。让我难忘的是，我曾在黎明时分沿着俄亥俄州甘比尔市（Gambier）的铁轨步道骑车，来自农场的一大群鹅追在我的后面。我知道它们只不过是虚张声势，于是，我慢悠悠地踩着自行车，它们则穷追不舍，这仿佛让它们获得了一种保卫领土的成就感，很快，它们停止了追赶，回到了谷仓。我享受着它们"嘎嘎嘎"的短暂陪伴，并学会了一些我不曾知晓的关于鹅的知识：它们是一群多么喧哗吵闹的看门鹅啊。

位于曼哈顿西侧的高线公园（High Line）是一块与众不同的带状绿洲，长凳、巢穴、栖息地和观景台起起伏伏，以惊人之势延伸开来，为纽约市搭建了另一座桥梁——一座连接城市和乡村的桥梁。这里曾是一片老旧的货运专用线，是哈德逊河上一颗生锈的"眼中钉"；然而，现在却变成了一幅繁盛的花的织锦。高线公园并非第一个高架公园（巴黎的绿荫步道，Promenade Plantée，是全世界最早的高架公园，是否还记得古巴比伦的空中花园），却是我所知道的最美不胜收的城市铁轨步道。

这里风景如画，你可以欣赏很多明媚的风光，还可以领略丰富多彩、郁郁葱葱的植被，走在这里如同飘浮在一座混合了蝴蝶、鸟类、人类和其他生物的花园中。从实用意义来讲，这是一个了不起的作品，一个避开了所有十字路口的空中走廊。已经有几百万人在其景色宜人的走廊上漫步，它也给希望建造类似空中花园的其他城市带来了灵感。芝加哥、墨西哥城、鹿特丹、圣地亚哥和耶路撒冷纷纷效仿，使废弃的高架桥成为以种植地方性植物为主、富有自身特色或趣味性的城市重建项目。在德国的伍珀塔尔市（Wuppertal），"铁路改作步道"的走廊包括一座色彩艳丽、像积木一样堆砌而成的桥梁。和废水湿地一样，此类项目重塑了我们的理念:改造和形成与自然交织在一起的城市生活方式。

作为我们妙计百宝箱中的一剂药膏,这些小型城市公园和野生动物走廊在全球各地都已深深扎根,例如,从罗马尼亚、瑞士、波兰、德国、西班牙的鹤类巢箱,及沿着鹤类扇动翅膀迁徙的路线所提供的其他庇护所,到纽约市中心物种丰富的中央公园、伦敦的 8 个城市公园(在其中的一些公园中,有鹿在漫步徜徉)、温哥华斯坦利公园的热带雨林、莫斯科的麋岛(Losiny Ostrov)国家公园、孟买的桑贾伊·甘地国家公园(Sanjay Gandhi National Park),以及从德国到法罗群岛(Faroe Islands)的草皮屋顶和林荫道路,位于东京的圣路加医院(St. Luke's Hospital)的屋顶花园及哥本哈根的屋顶花园(和多伦多拟议建造的屋顶花园)。在里约热内卢、伊斯坦布尔、开普敦、斯德哥尔摩和芝加哥的内部及周边,本地植物大量种植并生长繁茂,使城市公园成了生物多样性的热点地区。随后,新加坡在闹市区建造了大型、繁盛的滨海湾花园,栽种有 24 万种稀有植物,让城市生活变得丰富多彩。花园中种植着超级树木,有 16 层楼高;还有一个"云雾林"和"空中走道",可以收集雨水、利用太阳能光伏电池发电以及充当温室的通风管道。滨海湾花园于 2012 年 6 月 29 日开放,仅头两日就吸引了 7 万名热爱自然的游客。

尽管这些新的城市绿洲并不适合于所有物种或所有社区,但是,让城市回归自然的趋势日渐盛行。这是一种积极的尝试,并大有裨益。我们需要将城市重新改造成为对地球友好的城堡。城市就是我们的蜂巢、礁石,因为生活在各自的壳中而又群居在一起的,并非只有海洋贻贝。

绿荫里的"绿人"

孩提时,帕德里克·布朗克①喜欢去医生的办公室。候诊室里放着一个 6 英尺长的鱼缸,五颜六色的热带鱼和长毛绒状的绿色植物吸引了他的目光,这些绿植在水中摇摆,仿佛一只只手在向他打招呼。对这个在巴黎郊区长大的城市男孩来说,鱼缸似乎让他看到了天堂。当他把耳朵贴近与鱼缸连接的小箱子时,他听到了水通过管道发出的汩汩声和过滤器的嗡嗡声。和鱼一样,水力学和工程学同样激起了他的兴趣。不久以后,他就在家里设计自己的小鱼缸。曾有一段时间,他也认养过红嘴梅花雀,每到周四和周日的早上,他放飞梅花雀,让它们围绕着公寓飞翔。

进入青春期后,布朗克的强烈好奇心从鱼缸和鸟类转移到了水生植物,而后在 15 岁时,他的兴趣点转移到了神秘的热带雨林的林下叶层②。大学时,他来到泰国和马来西亚的热带雨林,这次旅行使他深受启发。"植物不仅能从地底破土而出,还可以在任何高度发芽、生长。"

如今,纷纷亮相的植物墙让世界各地的城市重焕生机,这些植物墙

---

① 帕德里克·布朗克(Patrick Blanc):著名的亚热带森林植物学专家,也是近年来在欧洲各大城市出现的"垂直花园"系统设计的发明者,现任法国国家科学院研究员。——译注

② 林下叶层:一般的热带雨林垂直方向上至少分为 5 层:森林树冠层、冠层、林下叶层、灌木层和地面表层。每层都有各自与众不同的与周围生态系统相互影响的动植物。林下叶层指形成冠层下面断折层的分隔更为广泛的、较小的树种和幼龄植株。——译注

的设计或灵感来自于布朗克的"绿植盛会"生态理念，它们随着季节不断变化，吸引了鸟类、蝴蝶和蜂鸟。

布朗克个人最喜欢的作品之一是绿色城市标志——巴黎的布拉利河岸博物馆（Quai Branly Museum）。该博物馆于2006年开放，广受欢迎，它是对植物学的一种趣味诠释。在建筑物主体1.3万平方英尺[①]的表面上爬满了层层叠叠的绿植，超过一半墙体上的植物仍然生机盎然。玻璃窗对长满绿叶、布满青苔、会呼吸的墙壁进行分隔，从而形成一个巨大的网格结构。这些墙壁触感柔软，芬芳四溢，鸟儿在此驻足。

布朗克给建筑物的表面披上了这件由多种植物织成的外衣，这些植物来自于北美、欧洲、南美、亚洲和非洲的温带地区。他本想采用大洋洲的植物，但热带植物无法经受住巴黎的冬天。建筑物的表面——一半为植物织成的"挂毯"，一半为隐形灌溉系统，整个墙面没有土壤——计划使用多年。这样一个高40英尺、宽650英尺的生态系统立足于都市的冰冷建筑物中间，不仅带来了一种视觉冲击，满足了巴黎人的感官需求，也有助于净化空气和减少二氧化碳排放。天气暖和时，鲜花竞相开放，蝴蝶前来采蜜，鸟儿在茂密的绿植里栖息、筑巢。甚至有一半的人希望看到迷你鹿在长满青苔的草丘间吃草。博物馆馆长计划增加青蛙和树蜥。考虑到水平室内生活让我们的思维变得不那么活跃，一些行政办公楼也建造了小型垂直花园。这使得室外和室内之间的界限变得愈发模糊。

当凛冽的寒风横扫塞纳河时，朝北面的暴露于冷风中的垂直花园如何撑过去？这正是植物学家布朗克费心研究的地方。这些植物墙耐寒，因为布朗克选用的是数百种林下层物种，此类物种能够忍受大量的直射光和寒风。

"当我想到矾根属植物时，"他指着某一科植物（这类植物包括珊瑚钟和矾根草，花小，娇嫩，叶子像五指张开的手掌）说道，"我总是会想到它们从4月雪融时起就长出完整的叶子，顺着陡峭的斜坡，在加利

---

① 1平方英尺＝0.0929平方米。——编注

福尼亚巨杉的树荫下生长。"

布朗克使用的是一个富含绿色调的调色板,含有几十种浅绿色和深绿色,从芦笋绿和蕨类绿到森林绿或螳螂绿,质地覆盖了从粗糙无光泽到毛茸茸、松软软再到有光泽的整个范围。所有植物的颜色都会随着一天的时辰、季节、天气状况、交通状况而不断变化。通过视杆细胞和视锥细胞[①],我们可以看到这些颜色不断混合并演变,如同我们在森林里看到的那样。较之于鲜花,布朗克更喜欢绿叶,他对垂蔓没有兴趣,但对绿叶的结构比较敏感。他将成千上万种单株植物种植在一起,这些植物长出了短硬直叶、尖叶、星形叶、锯齿叶、椭圆叶、镰状叶、圆叶、泪珠形叶、圆钝叶、心形叶、箭头形叶,等等。一些往上攀爬,一些向下延伸;一些聚集成堆或优美地盛放,一些发芽或悬垂下来。在了解各种植物的习性的基础上,布朗克画了一幅多细胞植物种植图(该图看起来就像旋涡状指纹),或者说是一个按数字描绘的指南,在各个分区,使用拉丁名称来描述植物种类。

"刚开始的时候,就像是在绘画,"他解释说,"然后逐渐变得有质地,变得有深度。"

作为一种以科学为基础的艺术形式,植物墙是一种融合的产物,受到了多种灵感的启发。刚开始时,在平面图纸上绘制植物确实像是在绘画。之后,艺术品就变成了感官雕塑,有了触摸得到、生机勃勃、可以修整的形状和颜色。在植物墙上,树叶、鲜花和茎秆在空中跳着舒缓的芭蕾舞。也许布朗克试图在某种程度上为它们设计舞蹈动作,然而,所有的植物似乎都屈从于由天气造成的狂野摇摆般的即兴创作。随着青蛙、鸟类和昆虫在这里定居下来,它们组成了一个哇哇叫—啁啾鸣—嗡嗡唱的合唱团,它们演唱的一些乐谱在预料之中,而另一些则成为喧闹的爵士变奏曲。

尽管植物天生弯曲,但其线条清晰、边界明确,给已完工的艺术品增添了一份感性的优雅,而非杂乱无章。它们高低错落、造型各异。植

---

① 视网膜的两种感光细胞。——译注

物不全是野生的，但它们依然郁郁葱葱。从这层意义上来讲，这些植物更像是经过修整后的混乱——一种故意为之、有节制的、精心设计而巧妙实施的混乱。

为取得艺术效果，实用植物学、水力学、物理学和材料科学的知识必不可少。在制作植物墙时，用手将成千上万棵单株植物插入镶有坚固框架的毡片上的置物袋内，通过顶部的隐形管道断断续续地浇水，从而进行落雨式浇水、施肥。尽管没有使用土壤，植物仍生长得很快，覆盖住了毡片和管道。从整体上看，就像一大片野生自然丛林撞击着你的心扉。这是一个你可以站着平视的花园，就像平视一个人一样。你可以摸一摸，闻一闻。抬头向上看，它就像一片四层楼高的、广阔森林的林下叶层出现在你的面前，而非童话里的巨人。走近它，你会发现它形成了自己独特的气候环境，你会感到阴凉、潮湿。一根薄丝维持着人工栽培和自由生长的植物之间的平衡，这看起来既亲切自然，又给人一种不屈不挠的感受。

垂直花园、生态屋顶和城市农场正成为世界各地的主流。我喜欢的一些作品有：在墨西哥城，5 万株植物搭成一个个高耸的拱门，横贯在汽车拥堵的大道上；在里斯本的多斯维塔（Dolce Vita）购物中心，其内墙上装饰有繁盛的本地植物，如织锦一般；在米兰的楚萨迪咖啡馆（Café Trussardi），在四周用玻璃装饰的庭院中，用绿叶和紫叶搭成的弯曲树冠悬在食客和品着鸡尾酒的闲逸人士的头顶，葡萄藤和鲜花垂挂下来，让人感觉仿佛置身于天堂之中；在位于渥太华的加拿大战争博物馆，其顶部为金黄色的麦田；在瑞士的迪蒂孔市（Dietikon），在泥土和草木的下方建有九栋迂回的房屋；在布鲁克林造船厂（Brooklyn Navy Yard），在其两栋建筑物的楼顶建有一个农庄，在那里，你会被有机蔬菜包围，并可以俯瞰哈德逊河的美景；芝加哥植物园的水稻作物保护科学中心的顶部，既是一个吸引数以百万计的人前来参观的花园，也是一个植物实验室；芝加哥市政厅的楼顶也成为生态屋顶的试验基地，一边铺满常见的黑焦油，一边则是野花盛开的花园（在夏日，顶部种有作物的一边，其室温要比铺有沥青的一边低25℃左右)。生态屋顶眼下正变得炙手可热。一家美国公司已经出售了(主要面向私人住宅)120万平方英尺的生态屋顶,屋顶上草木发芽、鲜花盛开、鸟类入住、蜜蜂嗡鸣、蝴蝶飞舞。

其他生态屋顶和垂直花园公司如雨后春笋般涌现,并开始对各种建筑物进行绿化,从医院、住宅、警察局到银行、办公楼。一些采用水培法,另一些则是在欧洲传统的屋顶上种植草坪。位于法国布洛涅市(Boulogne)的一家工厂,之前曾是雷诺①的厂房,现在已改建成学校,铺有绵延起伏的绿色屋顶,这减少了暖气和冷气的使用频率。位于温哥华市的加拿大设计公司绿灰(Green over Grey),已经为加拿大的一些场所建造了蔚为壮观的植物墙,包括埃德蒙顿机场的国际大楼,在那里,抵达的游客可以吸上几口氧气,让来自巨大植物墙的新鲜空气洗洗肺,其旋涡状的设计灵感来自高空云。"丛林瀑布"是温哥华一栋办公大楼中的一个引人注目的多层瀑布,整个设计中还包括有热带树木,维护人员需要不定期摘收菠萝,以免掉下来砸伤路人。

植物墙,生态屋顶,可持续设计建筑物以及野生动物走廊,城市花园,利用太阳能和风能、具有生物发光叶的发光树(用于取代路灯),这些创意只是英国、德国、美国以及中国台湾地区和全球许多其他地方备受青睐的一小部分项目而已。栽有景天属植物和肉质开花植物的屋顶,随着季节的不同而变换色彩,而且维护费用低廉,能够反射热量,还为鸟类提供了理想的栖息地。此类建筑的目标是使住宅和公共场所成为有生命的机体,从而清除空气污染物、提高含氧量、减少噪声、节约能源,并将我们的根基更深地植入自然世界之中。

与布朗克为布拉利河岸博物馆设计的优雅、有条理的植物墙以及伦敦雅典娜神庙饭店(Athenaeum Hotel)的类似工程相比,他位于巴黎郊区的私人住宅就像一个微型的绿色狂欢节栖息地,那里有葱郁的披针形叶子、突兀的岩石、成簇的小花、茂密的心形叶,叶子像箭头一样的喜

---

① 雷诺:一家法国的汽车制造商。——译注

林芋,其根茎漂浮在流动的溪流中。你无须进入他和长期合作伙伴——演员帕斯卡·亨利(Pascal Henri,也称作"宝莱坞①的帕斯卡")——共同居住的宅邸中,便可感觉到仿佛进入了一个演奏着绿色狂想曲的世界,或许你也会觉得这像是一个绿色的混沌世界;在层层叠叠的绿叶、成堆的苔藓、伞状蕨类植物、嫩枝杈、四处探寻的根系和绿叶繁茂的枝干之间,你会觉得仿佛成了它们中的一员。这些枝干在打探着一切,包括你。当你经过时,郁郁葱葱的树叶用几乎看不到纹理的手指轻轻地爱抚你。珠帘作门,红嘴梅花雀自由飞舞着,从一个房间飞到另一个房间。活蹦乱跳的青蛙和蜥蜴在住宅中自由自在地漫步,它们转动着眼珠,偶尔伸出舌头,像是在享受这场盛宴的馈赠。在像马格里特②画作一般的超现实主义窗口,窗内种植的一株浓密的灌木丛与窗外的孪生灌木丛彼此呼应。无论是在室内,还是在室外,你的眼睛都将受到极大的震撼——有谁能告诉我,这场盛宴从哪里开始,又是在哪里结束?虽然窗户的玻璃中装的是流沙,并且在不停歇地流动着,但它像沙漏一样倒入得如此缓慢,以至于我们的眼睛认为它是静态的。

布朗克的书房俨如一个绿荫中的绿色思考空间,在书房中,他就像是行走在水上一般。这样说一点儿也不夸张。地板是一块平板玻璃,位于一个20英尺×23英尺大小的玻璃缸的顶部,这个玻璃缸是一大片繁茂的植被和1000多种热带鱼的家园。缸内装有5283加仑的水,种满了植物,这些植物长而白的根系像水母一样漂动着,它们在自然而然地净化水源的同时,又为鱼提供了居所。

位于玻璃桌子背后的巨大墙壁俨然一幅植物织锦,墙上种有毛绒状植被、长满青苔的草丛、层层叠叠的叶子,宛如一个绿意盎然的万花筒。在植物墙的底部,一条细长的小溪流动着,为植被的根系提供营养,使植被焕发生机,并为鸟类提供了筑巢区。当一只小鸟从他的头顶

---

① 宝莱坞(Bollywood):位于印度孟买的电影制作中心。——译注
② 马格里特(Magritte):比利时的超现实主义画家。——译注

掠过时，布朗克将一只手伸向杜鹃花，以便让小鸟在杜鹃花上栖息。藻类、苔藓类植物则自行生长。在一个大大的书架中，几乎所有的书都披上了"绿夹克"。唯独看不到小小的棕蝙蝠和放屁甲虫的身影。

"我每天都在室外洗澡，即使下雪天也不例外。"布朗克坦白道，"从热带到寒冷地区，甚至是冰川气候，人们给生活方式强加了室内室外有别的限制，我拒绝听从这类限制。荒唐的是，生活在热带城市的人们需要空调来冷却室温；无论去这个世界的哪个地方，无论春夏秋冬，人们都需要住在不是保温就是冷却的房子中。"当谈到这种荒谬行为时，他举起一只手，"我们需要的是能够更好地保持热平衡的建筑物。"[1]

尽管他抱着严肃的目的来做这件事，但他偏爱的住所弥漫着一种趣味性，就像他这个人带着一种幽默感一般。他所有的衬衫几乎都是叶子图案；他穿绿色的鞋子，指甲有两英尺长，上面涂有森林绿，一缕头发也染成了亮绿色。有那么一刻，我在想，他的头骨上是不是也长着一片蝴蝶花的叶子——因为他绿色额发的形状就像一片细长的锥形叶子。那是他的标志性植被：在野外，人们经常看到在森林的边缘摇来摆去的蝴蝶花。布朗克在他的大多数装饰中都使用了蝴蝶花，以便与阶梯式潺潺流动的水交相辉映。

"我们生活在一个人类活动势不可当的时代。"他继续说。冰冻的白葡萄酒、时尚（Vogue）牌薄荷香烟、电脑和电灯，都明确地表明他确实喜欢都市生活。事实上，他所有的时间都是在城市中度过的——但他也造访过地球上一些最荒凉的地方。

"我觉得我们可以在更大的程度上协调自然和人类的关系。"

他不是唯一持有这种信念的人。重新思考我们的住所，也许会是一个良好的开端，因为无论在哪个城市，让人心跳加速的地方，仍是那个古老而亲切的家之所在。

---

[1] Patrick Blanc, *The Vertical Garden: From Nature to the City* (New York: W. W. Norton, 2012), 76.

室内作物？过时的观念？

因纽特人的房屋非常简单。雪变硬之后结成冰块，他们用骨刀将其切割成砖块。凿一条低矮窄小的通道通向前门，用于给房屋保温，并将严寒和小动物挡在门外。因纽特人建造房屋不需要灰浆，因为他们将雪砖切成合适的形状，夜晚，半圆形的穹顶就会僵化成闪亮的冰屋，屋内的人体温度把表层略略融化，砖间缝隙便被封住了。建造冰屋是为了躲避让因纽特人高度警觉的自然环境和食肉动物。用雪做肩胛，用冰做脊柱，拱形圆顶小屋确确实实是冰雪用途的一种扩展。一家人睡在半圆形的穹顶下，裹着厚厚的动物毛皮，旁边点着一两盏鲸脂灯。所有的建筑材料都是就地取材，可以连续不断地重复利用，而且不花一分一厘，仅需要耗费一些精力。

今天，我们大部分的房屋和公寓建筑物都呈现出这样一番风貌：有棱有角，灯泡和彩灯（这些是自然界都没有的）发出耀眼的光，采用胶合板、油毡、铁、水泥和玻璃建造而成。尽管它们造型独特、实用性强并且可能地理位置优越，但它们不一定是能给我们提供庇护、休憩或康乐的场所。此外，它们并非"健康"的建筑物。美国环境保护署的一项研究发现，无论房屋是建造在农村还是在城市，由于我们所使用的材料不够环保，加之通风性差，12种挥发性化合物的浓度比规定的室内标准高出了2~5倍。由于我们无法摆脱自古以来便怀有的与自然比邻而居的渴望，于是，我们出于本能地在房屋周围建造草坪和花园，安装观景窗，领养宠物和种植波士顿蕨类植物。

因此，不足为奇的是，受帕德里克·布朗克的启发，全球出现了这样一股热潮：建造具有翠绿墙壁和屋顶的绿色住宅，修建人们能像街头的小猫一样呼吸新鲜空气、具有自我净化功能的绿色工作场所，以及在屋顶和金字塔形建筑中建造精耕细作的农场。所以，按旧有方式将自然拒之门外是不合情理的。我们栖息在四四方方、似盔甲一样的建筑物中，这类建筑物位于地球的一小块地面上，由位置固定、可以自由使用的住所（例如树）演变发展而来。此类早期住所和周围的世界完全交融在一起，它们对环境完全无害。

一种可供选择的方法是采用可持续性建筑文化和"从摇篮到摇篮"的设计理念。该理念从商品、建筑和城市规划方面对世界进行了重新界定。根据"从摇篮到摇篮"的理念（该术语由瑞士建筑师沃尔特·斯塔赫尔[Walter R. Stahel]于20世纪70年代提出），我们制造的一切事物——公寓建筑物、桥梁、玩具、衣服——在设计之初便应将回收和再生考虑在内。我们要做的不是将现代化生活中过时了的短命物品扔到垃圾堆上，也不是之后提取和碾磨出更多的资源来取代它们；为什么不制造能够进行自然生物降解或者能作为"工艺养分"被行业回收利用的物体？耐用品（如电视机、汽车、电脑、冰箱、加热器和地毯）在磨损或不再新潮时，可用于租赁和进行交易，制造商们可以回收它们并从中收获原材料。

1999年，建筑师威廉·麦克唐纳（William McDonough）接受了重新设计福特汽车公司有着85年历史的胭脂河工厂的挑战，该项目要求对占地110万平方英尺的卡车组装厂所属的10英亩屋顶进行改造。麦克唐纳首先在屋顶上安装了天气系统——种植了数英亩的景天属植物，一种低矮多汁的植物，秋季开出深粉红色或亚麻白色的花朵，并在一年中的其余时间长出又大又肥厚的叶子。接着，他采用"一个由湿草地花园、渗透性铺砌材料、植物篱和生物洼地组成的系统"，该系统"能够稀释、净化和输送流经工厂的雨水"，从而将工厂和植物编织成一幅美丽的风景画。

受该模式的启发，出于希望在久负盛名的能源与环境设计领导者（Leadership in Energy and Environmental Design，LEED）评级体系中获得较好的排名，建筑师们竞相建造良性建筑物，此类建筑物"对环境负责、可盈利，并且是健康的生活和工作之地"。他们努力建造这样一种再生建筑物：能净化污水，产生出来的能源要比消耗的多，在确保产业和自然无缝融合的基础上把废料做成堆肥[①]并进行回收利用。安德烈斯·爱德华兹[②]在其书《可持续性革命》(*The Sustainability Revolution*) 中写道："从本质上讲，这是一个资源极其丰富的世界，而非充满了无法忍受的事物、污染和垃圾的世界。"这场建筑革命源于一个回荡在发达国家和发展中国家的社会思潮；正如爱德华兹提醒我们的那样，"巴西、加拿大、中国、危地马拉、印度、意大利、日本、墨西哥以及荷属安的列斯群岛已经拥有获得LEED认证的注册项目，这表明该标准能够适用于不同的文化和生物区。"

食物必须种植在远离市区的地方并使用卡车进行运输，这一信条将过时。我们可以很容易地联想到在餐馆屋顶修建农场，在市区建养蜂场，以及在城市中心区建造鸡舍。我们虽不能在城市附近种植一切作物——可以肯定的是，谷物、大豆或玉米不可以——但是，我们可以种植大多数蔬菜和水果。当地农场可以支撑起这一食物链，从而节省燃料，并确保提供更加新鲜、更加营养的食物。这些城市作物将出现在每一个大洲，包括人们最不可能猜到的地方。

在沿海平均温度为零下21℃、内陆温度降至零下82℃的南极洲，美国科考基地——麦克默多站（McMurdo Station）挤满了一丝不挂的机器和穿得超级笨重的人群。在黑暗浸透的冬季，天空被遮住长达6个月，偶尔照射出来的绿色极光如同磁力恶魔的尾巴一般；在室内，极光降临，好似落下白色的人造荧光雨。这里只有两种主要的气味（汗水和柴油）和两种主要的颜色（黑和白）。在夏季，新鲜农产品从洛杉矶空运过来，每周花费8万美元到10万美元。在冬季，每隔几个月送抵一次。

[①] 堆肥：利用各种植物残体（作物秸秆、杂草、树叶、泥炭、垃圾以及其他废弃物等）为主要原料，混合人畜粪尿经堆制腐解而成的有机肥料。——译注
[②] 安德烈斯·爱德华兹（Andres Edwards）：可持续领域的顾问、教育家、企业家和作家。他创造了创新方法来阐释个体、建筑环境和生命系统之间的关系。——译注

"显然，这里不是气候温和地带。"罗伯特·泰勒（Robert Taylor）说道。他是一名富有幽默感的技术员，他和很多志愿者视察了麦克默多站中占地649平方英尺的温室。"关于将牛绑在木犁上来翻松肥沃的黑土地，在南极洲还没有这方面的记载。事实上，在南极洲的这片区域，完全没有土地，只有风化的火山岩，当然，还有冰。更别提有机物质和可以辨认的陆生植物。然而，生命却在几千几万瓦人造光的映照下绽放。"

温室并不宽敞，尤其和位于泰勒的家乡蒙大拿州米苏拉市（Missoula）的花园相比。但是，通过采用水培技术，他每年可以收获大约3600磅的菠菜、瑞士甜菜、黄瓜、草药、西红柿、辣椒和其他蔬菜——这对于缺乏绿色蔬菜的南极洲居民来说，如同甘醇的天赐之物。

"这样的生产量当然不值一提，但是，如果你是选择在这里过冬的近200名人员中的其中一名，那没什么可以嘲讽的。"泰勒在邮件中说道。

"莴笋长得最快。"他指出，"有大约900种生菜头可以在任何时间在分层生长系统中生长。而且，罗勒和欧芹是需求量非常小的草本植物。"这样也好，因为泰勒需要对这些蔬菜进行人工授粉，而自然授粉者——昆虫——是被禁止进入的，唯恐它们破坏了这个小小的温室伊甸园。

"奇怪的是，居然有园艺家愿意跋山涉水来到南极洲种植蔬菜，但是就挑战性和刺激性而言，还有什么地方能够与在这寸草不生之地栽种出美丽的植物相比……在这里，每一个西红柿、每一根黄瓜都是非常稀罕的珍宝。"

这里就像基韦斯特岛[①]的悠闲酒吧，在一个潮湿的角落，摆放着两张吊床和一把舒适的老旧扶手椅。"这是为那些想交流芝麻菜种植经验的人士提供的。"很多人都来这里交流。在麦克默多站，不仅仅是植被，就连湿度、气味和自然色调都十分稀缺。另一方面，这里的人与外界极端隔离，人与人之间反而建立起亲密的关系。像抛物线一样变化的阳光和异常亲密的社区关系是很多人赖以生存的基础。然而，在南极洲，那

---

① 基韦斯特岛（Key West）：是佛罗里达群岛中的一个岛屿。——译注

些被过冬综合征——"极地T3综合征"①困扰的人，会发现他们的甲状腺水平失衡，新陈代谢减缓，并持续伴随失眠、愤怒、抑郁等症状。人的理智状态会变得有些失控，就像金盏花在纤细的茎上摇晃一般。在这个冰天雪地的白色王国里，唯一可以轻易欣赏到的就是星星了。

　　幸运的是，温室里种植有紫黄色三色堇和橙色金盏花（均可食用），瑞士甜菜的五颜六色的茎秆创造出一个小小的魔幻森林，红色的樱桃和番茄挂在细绳上，宛如松软的牵线木偶。香菜、罗勒、香葱、迷迭香和百里香让周围的空气芳香四溢。感官盛宴和美味的食物滋养着温室里的参观者，人类呼出的二氧化碳被这些植物照单全收。与冬季的典型温室不同，在这个温室里，没有阳光从如教堂般的玻璃墙上射进来。麦克默多站的城市农场位于地球的底部，是完全密封、隔绝的；在这个连窗户都十分珍贵的荒凉村镇里，人们告诉我，这里为晚餐盛宴提供了叶菜类蔬菜。即使在这个位于极地的市镇，绿化也带来了种种好处，给生活提供了诸多便利。

　　作物耕种不需要带有农村气息的时代很快就要来临。当人们提到"北部四十"②时，其实指的是位于四十层高楼的作物。荷兰的植物实验室采用水培法和高科技传感器在室内种植了40种不同的作物，实验室里不使用农药，甚至没有安装窗户。作物不需要来自整个光谱的光，而是采用作物希望获得的、精确数量的蓝光或红光来进行种植。随着水分的蒸发，这些光可以循环使用，因此，只需要少量额外的光。在这些受到特殊控制的环境里，作物产量是室外种植产量的三倍，只要LED灯的价格稍微便宜一点，便可以在撒哈拉或西伯利亚等地区很好地推广这一栽种技术。

　　我们所有的建筑物都需要维护。我们可能处于非循环利用性建筑的最后一个时代。仅在美国，建筑物就使用了该国40%的原材料，消耗了总用电量的65%，耗费了12%的可饮用水，同时，一年产生1.36亿吨

---

① 极地T3综合征：这是由外国科研人员首先提出，在南极居住持续5个月以上的人群，其下丘脑—垂体—甲状腺轴会发生改变而出现的症状。——译注
② 北部四十（The North Forty）：美国的一个家族经营式农场。——译注

的建筑垃圾。

假设我们的目标是建造白带生物机体的建筑物，那么，我们的住房或办公楼会是怎样的一番情形？除了植物墙和生态屋顶外，建筑物的表皮还可以模拟植物的新陈代谢和动物的肌肉组织。"仿生学"虽是一个陈旧的观念，却为建筑和工程指明了一条动态的、有利的新方向，其利用大自然的本质特征，为人类的棘手问题找到了一个具有可持续性的解决方案。

请让我为您描绘一番：为房子喷上牛角花糖苷，这是一种自洁性涂料，其灵感来自于叶子的滤水表层；着色产品中不含色素，而是跟随着孔雀翎和冠蓝鸦羽的轻快舞步做出回应；新型透镜和光导纤维模拟覆盖在蜈蚣栉蛇尾[①]身体上的几乎不会畸变的透镜或者海绵触角上的可挠性光学物质；电子设备的灵感来自于贻贝组织，在丢弃后将自动溶解；建筑物的外层表皮类似叶子的孔状开口，提供了建筑物所需的所有能源；轮船的船体表面设计成鲸皮，可在水里滑行且消耗更少的燃料；飞机的机翼模仿边缘呈褶皱状的鲸鱼鳍，可以节省燃料。

结果就是获得了有机、自组装、无污染的解决方案，这些解决方案大自然早已掌握，我们可以复制。这种想法要求我们极大地颠覆我们所秉持的思维方式以及我们存在于自然界的意义。长久以来，"节约热能、循环使用和妥善处理"是工业的座右铭。我们通过掠夺地球的资源，对资源进行分解、重组，这个过程需使用有毒化学物质，从而建造城市和推动人类帝国的发展。仿生学者问道："好吧，人类创造事物的方式是行不通的。那么，如何通过生物机体来创造事物呢？"

"在不给资源和后代的未来造成破坏的前提下，"仿生学先锋珍妮·班娜斯（Janine Benyus）说，"我们已经从生物机体中找到了一些方法，并产生了不可思议的成果。"

受班娜斯和其他人的启发，仿照生物机体（和类似功能）的建筑物大

[①] 蜈蚣栉蛇尾：一种海边常见的无脊椎动物，和海星是近亲，有多个长腕，每个长腕的外形像蜈蚣，是海边重要的清道夫。——译注

量涌现。请想象一栋透明的摩天大楼,当其外立面像健壮的肌肉一样扩张和收缩时,便可以节省能源。位于纽约的德科·雅顿(Decker Yeadon)公司设计了一款幕墙系统原型,其中,玻璃幕墙中的旋涡形银丝带和一块**三层的肌肉**非常相似。这些银丝带是由橡胶状聚合物包裹住一个可伸缩的聚合物芯所构成的,表面被涂以银白色,聚合物芯碰撞着通过表面的电荷。如果太冷,带状肌肉便会"火力大升",收缩成细长的条状,从而允许大量的光线渗入。在炎热的天气,丝带就会扩张,宛如一把闪光绸制成的阳伞,从而覆盖住更多的立面面积。玻璃幕墙的很多组合单元都以这种方式进行自我调整,它们利用自己的自动调温器来保持一种内稳态①。就像我们那样。要是太热呢?那么它们的外层便会脱落,从而摆脱阳光的直射。作为一种设计,肌肉墙比太阳能电池板更加灵活,也更加坚实。

让我再为您描绘其他场景:位于津巴布韦哈拉雷市(Harare)的高层办公及购物中心——伊斯特盖特中心(Eastgate Centre),其创意来源于一组巨大的白蚁丘。拱形白蚁丘建在烟囱或烟筒上,就像是高出干燥地面 30 英尺的超凡脱俗的城堡;在蚁王和蚁后的指挥下,数百万的工蚁和兵蚁以及共同抚育的后代在蚁丘内辛勤劳作。这是一个农业社会,白蚁们喜欢的食物是一种只在 30℃生存环境中生长的真菌。然而,在厚厚的土墙外,夜间气温可以下降到接近冰点,白天又飘升到酷热高温。这一刻,风呼呼地吹着,呼啸着,下一刻便像疲倦的幽灵一样拍打着蚁丘。我们建造的风车和风力涡轮机需要稳定的供风流量,并且会因风湍流而受阻。相比之下,白蚁工程师将它们的蚁丘建造成一个会吸气、呼气的肺,从而更巧妙地利用毫无秩序的风。

深入每一个巨大的蚁丘中,即使是最噼啪作响、最饱含热气、最混乱无序的风,都能被白蚁捕获和采集到精心打造的通道中,从而给蚁丘通风,并使食物茁壮成长。随着白蚁开启和关闭位于蚁丘底部的小开口,蚁丘便将一阵风吸进一个布满房间和通道的迷宫之中,然后喷射到

---

① 内稳态:生物控制自身的体内环境以使其保持相对稳定。——译注

拱壁和顶部烟囱。白蚁们通过开启和关闭小开口、挖掘新开口、封闭旧开口以及搬运湿泥浆以进行快速冷却，从而不断调整其设计。每只白蚁就像大脑这个整体中的一个神经元。它不需要有多聪明，也没有哪一只白蚁能够看到蚁丘的全貌，但是，它们创造了协调一致的行动和一种智慧。它们就像持续劳作的园丁一样对微风进行细微调整，以提供稳定的温度，从而使这些小而瞎的群体感到舒适。

一些叶片形蚁丘能够被用作指南针，因为白蚁们对蚁丘设定了朝向，以便采用一个经过时间检验的角度来面向太阳，从而避开正午太阳的烘烤，而在夜晚迎来微弱的光线。我的住宅也是按照这个原理设计的——起居室的拱形窗户朝南，以便在冬天能获得更多的阳光照耀，在夏天又能遮阴。

即使肺部受伤，唱歌时的振鸣仍能将氧气吸入肺部，而泥制蚁丘中充满了颤音，这让里面的房客放心，因为这表明一切都好。在我们无法了解的某种程度上，蚁丘中跑调的颤音一定会让白蚁们感觉出不对劲，于是，这便驱使着它们去建造最精致完美的肺，因为它们靠此生存。这是不是意味着它们有一个整个蚁群共同接受的美学观点？谁能来告诉我？也许是，对于它们来说，跑调的空气如同万箭穿心一般。

受蚁丘中巴洛克式凹凸结构和裂缝小孔的启发，非洲建筑师米克·皮尔斯（Mick Pearce）设计了伊斯特盖特中心。一楼的风扇通过管道将风送进建筑物的中庭，并通过各楼层的排气孔将污浊的空气排出，最后通过顶部的烟囱排出。新鲜空气像河流一样自动循环。其使用的能源仅为周边建筑物的10%，该环保型购物中心已经在温度控制方面为业主节省了350万美元，而业主通过降低租金将这一福利传递给租户。10年后，皮尔斯在澳大利亚的墨尔本建造了更加有效的、高十层的市政大楼——2号楼。这一次，他使用可以循环利用的木质百叶窗覆盖住建筑物的整个侧面；夜间，这些百叶窗像花瓣一样张开，以将办公室和商店中的热空气排出。该建筑在非洲效果显著，但在气候寒冷地区，多余的热能就不能这样浪费了。于是，在一些国家，便出现了具有两条腿的"炉子"。

抓住机会，巧获热能

法国人真亲切，真浪漫，真懂得如何持续发展。在狂风大作的 11 月的一天，当我在巴黎的朗布托（Rambuteau）地铁站和一群巴黎人等地铁时，我冻僵的脚趾开始慢慢变暖。如果独自一人，我们可能会冷得瑟瑟发抖，但聚集在一起，我们的身体居然会散发出这么多热量，一些人开始解开黑色外套的纽扣。我们就像帝企鹅，在南极洲冰冷寒风的折磨下抱团取暖。

在无所事事的时候，人体散发出大约 100 瓦的余热，在密闭空间，热量急速增加。行色匆匆的上班族散发出更多的热量，在轨道上行驶的、从像迷宫一样的幽深隧道里驶出来的列车也会因摩擦而产生热量，从而将平台的温度提升至 21℃左右，几乎相当于地热温泉的温度。随着更多的人上下列车，陆陆续续地上下楼梯，走向博尔布尔街（Rue Beaubourg），他们的匆匆脚步让这个公共巢穴继续保持暖和。

爆发火山的冰岛也许有丰富的地热能，而要想在巴黎市中心获得地热能就没那么容易了。但为什么要浪费热能呢？为什么不让人群成为可再生绿色能源的来源呢？哪怕只是利用一小部分的人群，也就是说，单是地铁上班族所释放出来的热量，就将是一深口袋的免费能源。本着这一精神，巴黎社会住房机构（Paris Habitat）的精明建筑师们决定向地铁站中那些行色匆匆的身体借一些剩余能量，并把这些能量转换成辐射地下供暖，供附近社会住宅项目中的公寓使用，该项目刚好和地铁站共享同一个未曾使用过的楼梯井。要不然，在早晨的上班高峰时间结束时，无数位匆匆吃着羊角面包、喝着牛奶咖啡、脑海中胡思乱想、无所事事地遐思以及设法打发无聊时间的人们所产生出来的热量就会白白流失。这就叫作"抓住机会，巧获热能"。

这个构思很吸引人，但是，若不对建筑物和地铁站进行造价昂贵的改造，那么，此举在整个巴黎是不可行的。然而，该构思却在其他地方被证明是行之有效的。美国明尼苏达州的美国购物中心（Mall of America）即为一例。该购物中心占地约400万平方英尺，像草原一样宽广，是金融帝国的象征性建筑物。即使在零度以下的冬日，室内温度因综合了身体热量、灯具和透过1.2英里的天窗照射进来的阳光而几乎达到21℃。这样也好，因为人们可以在三楼的爱情教堂（Chapel of Love）举办婚礼（教堂位于布鲁明戴尔百货店的旁边），而塔夫绸和雪纺又不是最好的保温材料[①]。

或者试想一下，在1月某个刮大风的日子里，斯堪的纳维亚最繁忙的运输中心——斯德哥尔摩中央火车站——在早上高峰时间的情形。外面温度低至零下13℃，街道如同一条雪橇冰道，刺骨的寒风刮在脸上，让人感到阵阵刺痛，即使戴着羊毛手套，仍会感到双手冰冷，好像手套被冰戳破了一般。然而，室内却是另一番情形，从四面八方传来的人体热量让室内如温带一般。工程师们正在利用25万名铁路旅客散发出来的人体热量，来给大约90米开外的高13层的皇家桥（Kungsbrohuset）办公大楼供暖，借此意外收获了大量热能。旅客们在车站的高大屋檐下散发出100瓦的自然余热，而当旅客们熙熙攘攘地围绕着数十家商店购买食物、饮料、书籍、鲜花、化妆品等时，则会贡献出更多的热量。

你几乎可以感到有一股温和的热量滑过你的肌肤。那是暖流。

"我们为什么不好好利用它呢？"就职于耶恩胡森集团（Jernhusen）的克拉斯·约翰逊（Klas Johanson）问道。耶恩胡森集团是该项目的国有开发商。"如果我们不加以利用，它们就会随着通风系统白白跑掉。"

[①] 塔夫绸和雪纺通常是新郎和新娘礼服的材质。——编注

我的脑海中浮现出城市灯夫、司炉工——他们都是古时贡献体热的志愿者。所有此类热量既便宜，还可再生。这种超级绿色的设计在瑞典进展尤其顺利。因为在瑞典，燃料价格不断飙升，公民的生态意识逐渐增强，尤其是在冬季，像传说中的北极一样，白天只有几个小时，太阳挂在离地平线不太高的地方。下午三时左右，黑夜就开始笼罩着城市，星星在黑暗中闪烁。衬托黑夜的大概只有温馨提灯照亮的街道、烛光映照的窗户、如丝带一样的绿色极光和跳着舞的北极光的光晕。当寒冷深入骨髓，更多的热量才是人们唯一的安慰。然而，燃料可以有多种形式，可以来自于太阳、石油、天然气和造纸厂的残渣，也可以来自于中央车站……好吧，那我们该怎样称呼此类能量呢？作为一门技术，它需要一个朗朗上口的名字，一个有亲和力的名字。也许可以是"奥拉格劳""贝拉瑞迪昂特""恩森爱尔德"或"友好能源"[①]？

热量回收设计的工作原理是这样的：首先，车站的通风系统捕获上班族的身体热量，将身体热量用于给地下储罐中的水增温。从此处将热水泵送至皇家桥办公大楼的管道，此类热量占大楼年燃料需求量的三分之一。皇家桥办公大楼的设计也含有其他可持续性元素。窗户的安装角度有利于在冬季获得最多的阳光照射，并可在夏季阻挡最强烈的日照。光导纤维将屋顶的日光传入黑暗的楼梯井和其他没有窗户的空间，不过，不劳而获的皇家桥办公大楼需要为此支付电费。在夏季，寒冷刺骨的湖水被泵送进建筑物的各个脉络，以进行制冷——如果你无法通过经常泡在湖里来进行降温，那么你至少可以享受这种干式降温。

使用体热来给建筑物供暖，这一做法的部分吸引力在于其简单易用，它找到了一种新的方法来使用旧技术（只需人力、管道、泵和水）。需要注意的是，建筑物相距不能超过200英尺，否则太多的热量会在传输过程中散失。一个基本要素是，需要确保每天有足够的往返人流，以便提供热

[①] 奥拉格劳（Auraglow）、贝拉瑞迪昂特（Beradiant）、恩森爱尔德（Ensn Aired）和友好能源（FriendEnergy）：均为环保节能型公司的名称。——译注

量,因此,该设计只在交通繁忙地段行得通。在人流量较少的日子,大概就需要邀请孩子们来这儿,把此类空间当作一个消耗能量的健身房。

"采用焦耳计,"恩森爱尔德公司在公共供暖服务布告栏上用小号字体印出这样几句话:"如果某人每小时散发出大约35万焦耳的能量,由于1瓦等于1焦耳每秒,那么该人可以毫不费力地通过散发出100瓦灯泡所需的能量来照亮黑暗的世界。因此,一个拥有225万人口的城市就可以点亮2.25万盏灯。"请在脑海中想象一下这样的场面——大量的灯,每一盏都在闪耀,聚在一起便提供了大量的光能。借用国际特赦组织(Amnesty International)的创办人彼得·本南森(Peter Benenson)的一句格言:"与其诅咒黑暗,不如点亮一盏灯。"

为将范围扩大到社区,耶恩胡森集团的工程师们谈论说,须找到一个方式来大规模捕获足够多的身体余热,以便以永恒循环的方式、慷慨大方地在住宅和办公大楼之间互相供暖。早晨要做的第一件事,便是将夜间人体在家中产生的热量用管道输送至办公大楼,接着,日间在办公室中散发出来的热量将在下午晚些时候流向住宅。自然界充满了赋予生命的各种循环;为什么不增加这样一个可再生的人体热量循环呢?

在这项如金科玉律般的互助型技术中,我们将共同分享从我们细胞的小小篝火中散发出来的热量——还有什么能比这更无私的吗?仅通过快步走或在商店周围逛逛,你就可以为某人冷飕飕的厨房"生起一把火"。也许是一个朋友的厨房,但也不一定。今天,我为你的公寓供暖;明天,你为我的教室供暖。这就跟在山洞里抱团取暖一样行之有效和简单易行。有时候,我觉得这一点儿也不像是对旧观念进行的改进。

你很难做到不佩服瑞典人的决心,然而,事情并非总是一直这样。1970年,瑞典遭受了污染、森林死亡、缺乏清洁水,并且严重依赖石油的程度超过了世界上的任何一个工业化国家。在过去的10年,通过使用风能和太阳能、循环利用流经生态郊区的废水、以协同的方式连接城市基础设施以及出台严格的建筑法规,瑞典对石油的依赖程度已经令人惊愕地下降了90%,二氧化碳排放量削减了9%,并将硫污染降低至"一战"前的水平。瑞典在1968年提议召开联合国会议，旨在关注我们如何利用环境；1972年，斯德哥尔摩主办了这场会议。作为第一次联合国人类环境会议，本次会议强调人类和环境是不可分割的共同体，因为我们已经达到了这样一个阶段："人类既是环境的创造物，也是环境的塑造者。"

除了满腔热忱地利用人体热量外，瑞典人还擅长将来自于其他可再生能源的能量用于城市建设。斯德哥尔摩的阿兰达机场（Arlanda）是全球最大的能源储存装置，在迎接来客的同时，长度超过1英里的地下储存库便为500万平方英尺的航站楼进行加热和冷却。

在海风吹拂的瑞典海峡，乔阿欣·比斯特龙（Joakim Byström）创办的公司——艾柏斯力克（Absolicon）开发了全球第一个能同时产生电和热的太阳能聚集器。该聚集器采用铁和玻璃制成，在艾柏斯力克公司的屋顶上，闪闪发光的帐篷像并联排列的花朵一样追踪着太阳，由此给工厂提供燃料。在世界的另一端，在智利地处偏远的巴塔哥尼亚国家公园（Patagonia National Park），20台艾柏斯力克公司的太阳能聚集器在为酒店提供燃料，徒步者可以舒舒服服地在酒店里度过美好的一夜。在印度莫哈里（Mohali）一家医院的屋顶上，艾柏斯力克公司的太阳能面板正在产生热能、电力和蒸汽。

瑞典生态小城卡尔马（Kalmar）及其邻近城镇（人口约25万）采用适宜的方式，正在进行一项巨大的变革——从石油、天然气和电炉转向再循环使用的燃料。这个历史悠久的港口城市森林茂密，部分位于瑞典大陆，毗邻波罗的海；部分位于依靠网状桥梁连接的岛上。自8世纪开始成为一个重要的贸易城市起，这里便将鹅卵石街道和最现代化、最时新的办公楼及博物馆相融合。在冬季，从卡尔马城堡参差不齐的尖顶上落下的、漂浮在海湾上的冰块碎片，在水中与城堡的倒影交织在一起，让人难以分辨出实景和倒影。这里森林资源丰富，提供了大量的木材，锯屑和其他木材废料可以被用于创造供该地共享的热能，通过地下管道网络输送热水。水力发电、太阳能、核能和风能满足了该地区90%的电力需求。市属汽车和公交车采用的天然气来自于鸡粪、污水污泥、家庭堆肥或乙醇等易获取之物。混合动力汽车和卡车在街上巡逻，自行车随处可见，低耗能路灯在黑暗中热情地发光照明。卡尔马居民使用热能没有定量限制，也无须扔弃汽车，他们因65%的能源来自于完全可再生能源而感到无比骄傲。

为实现这一目标，这项大变革在各个层面开展起来，无论是大公司、小厨房，还是起居室。很多住宅和其他建筑物依靠环保型区域供暖系统。以前因制造燃油家用电器而闻名的索达赛尔（Soda Cell）木材纸浆厂，也改用可再生炉和加热泵（在这一过程中，其销售额翻了一番）。在过去，该公司常常将高温废水倒入冷却池，并将巨大的蒸汽云排放到寒冷的空气中。现在，该公司利用蒸汽来驱动涡轮机，并在炉管中装满高温废水——由此提供电和热，供应对象不仅包括工厂，也涵盖了附近城镇的2万户家庭。

理想的情况是，城市里的每个家庭将拥有太阳能面板和电动汽车。卡尔马的远大目标是开展一项社区项目，即到2030年摆脱使用所有的化石燃料。之后，依靠天然气、柴油和石油的愚蠢时代也将成为过去。这是一个用管道就能实现的可行梦想，而非白日梦，即使它不会在一夜之间发生。"取得小成就是至关重要的。"负责管理卡尔马可持续发展工作的伯斯·林霍尔姆（Bosse Lindholm）说，"但更重要的是：方向对头、走得慢胜过方向不对、走得快。"林霍尔姆确信，卡尔马模式在任何地方都将行得通，"因为挑战并非来自技术层面，而是要改变人们的思维方式"。

在距离卡尔马不远的地方，有一个耀眼夺目、超凡脱俗、装有镜子的碟状物，它悬在高处，如同放下着陆腿的不明飞行物一般。远看就好像是船上点燃的巨大的篝火或火把，这是瑞帕索能源公司（Ripasso Energy）安装的抛物面反射镜，用来捕捉和扩展太阳能，以便驱动斯特林发动机[①]的活塞，正如公司发言人所解释的那样："这个奇妙装置

---

① 斯特林发动机：由伦敦的牧师罗伯特·斯特林（Robert Stirling）于1816年发明。斯特林发动机通过气体受热膨胀、遇冷压缩而产生动力。这是一种外燃发动机，使燃料连续地燃烧，蒸发的膨胀氢气（或氦）作为动力气体使活塞运动，膨胀气体在冷气室冷却，反复地进行这种循环过程。——译注

最初由苏格兰牧师在19世纪初发明,之后由瑞典潜艇制造商考库姆公司(Kockums)进一步开发。"结果就是可以获取创世界纪录的太阳能冲击波,这是到目前为止效率最高的装置。瑞帕索的托雷·斯文松(Tore Svensson)指出,将该设计与全世界最大的水电站——中国的三峡大坝——进行比较,为能产生相同数量的能量,三峡大坝占用的土地是该装置的1000倍。瑞帕索的工厂一年生产10万副闪闪发光的阳光采集手套,提供了相当于5个核电站所产生的能源。

我之所以着重介绍瑞典人,是因为他们在原材料有限、阳光稀少的情况下开展此类工程,并且创造出各种各样出色的设计。由此得出的经验是:只要你有好点子和文化氛围来提高阳光的利用率,那么,即便没有明媚的阳光,也没关系。

中央车站的热能共享和农村的生态中心,只是瑞典的可持续发展这一大型拼图游戏中的几块拼图而已。在这个游戏中,特别引人注目的一块是这个国家如何处理废弃物。在瑞典,高达99%的生活垃圾被回收并被用于生产能源。只有少数垃圾进入垃圾填埋场;其余的则被小心翼翼地收集起来,并在具有先进过滤器的焚化炉里进行燃烧,这为25万户家庭产生了电力,并为全国20%的供热网提供热量。不过,只有一个问题:瑞典人无法产生足够的垃圾来使发电机继续燃烧。对此有一个听起来很奇怪的解决方案,那就是瑞典每年从挪威和欧洲其他国家进口80万吨垃圾。挪威向瑞典支付垃圾处理费,瑞典又从中获得了更多的电力和热能。然而,挪威的垃圾并非一直不会发生腐蚀(哪个国家的垃圾会不发生腐蚀?),因此,为了不给其海岸增添污染物,瑞典从这些垃圾灰烬中捕获有毒化学物质和金属,并用船将其运送回挪威,用来填埋挪威的垃圾填埋场。德国、荷兰和丹麦也从其他国家进口垃圾,以确保其焚化炉继续生产大量的电力。

我们也只是刚刚开始对获取新型燃料来源这一前沿领域进行探索。根据纸风车转动的原理,人们认为火车在运行过程中会飞掠出能量。当火车经过时,一股灼热、剧烈的风随之而起,像龙卷风一样向上旋转,并追逐着报纸，一直将报纸追下月台。它们就好像从北非出发，途经地中海向南欧吹来的风。我略微思索着，*要是有这种蛮力，我也能够做些什么。*受一些祖先利用动物足印来盛水的启发，出于同样的心理，三名韩国设计师，洪森惠（Hong Sun Hye）、柳赞贤（Ryu Chan Hyeon）和赵申亨（Sinhyung Cho）找到一个方法来利用地铁呼啸而过时产生的风，以给城市供电。他们的"风洞"是一个设在地下的地铁线路网，可以捕获滚滚驶过的地铁所产生的风，并将风输送至嵌入地铁墙壁的涡轮机和发电机。一方面，乘坐地铁的乘客越多，那么地面交通堵塞和瘫痪的概率就会越小；另一方面，在地下，在发出嗡嗡声的城市动脉中，风洞将给公寓和办公室提供电力。

建有庞大的高速列车网络的中国也对捕风装置动了心。如果说该想法和中国的国情十分契合，那也可能是因为纸风车在中国文化和寺庙中已有上千年的历史记载，它象征着通过转走坏运、转来好运而扭转一个人的运气。隐藏在铁路道岔之间的风力涡轮机将电力输送至能源网井，火车连续叩击着能源网井，由此完成循环。

也有另一种方式来重复使用汽车电力：储存起来。当我驾着老式普锐斯绕着城镇行驶时，我知道，每当我踩刹车的时候，汽车便将刹车时产生的热能转化成电能，并储存在电池里。在低速驾驶时，汽车像挤牛奶似的挤出电能，并且只在高速路上快速行驶时才燃烧天然气。这很好地维持了能源消耗和能源节省之间的平衡，因此，我很少购买天然气。在费城，宾夕法尼亚州东南部交通管理局（Southeastern Pennsylvania Transportation Authority）和绿色能源公司（Viridity Energy）合作，创造出能够节省能源的混合地铁。每次地铁在拐弯处刹车或进站时，混合地铁便将能源储存在与共享输电网连接的大型电池里。

放眼全球，按照这样的方式，那些认为旅行只是将乘客从一个地方带往另一个地方的过时想法，正逐渐融入"捎带利用"和"回收利用"的观念之中——运输带来了如此多的好处。当然，这与汽车和公共交通的发展有关，此类公司的目标是：利用更少的能源（最好是可再生类型,如氢或电),取得更大的进步。对此出现了一个新的跨步,那就是青苹果概念车。之所以取这个名字,是因为该设计是为了能在纽约市作为出租车使用,在所有五个行政区提供"路边叫车服务"。它不会增加碳排放量,实际上,它还会减少部分碳排放量。车内设计有三个座位,形状像空气动力型太空头盔,通过涡轮机提供电能,该涡轮机能够驱赶被污染的空气,并在将它排放至街道之前对其进行净化。这是一个有点霸道的空气洗涤器。这是否会让你回想起骑在吸尘器上,爸爸妈妈推着吸尘器跑的情景?是的,空气依旧是空气,但若因此被称为"循环使用的废弃物",就没什么趣味可言了吧?

谈到有趣,一些关于收集风能的想法就像从鸟类饲养场或科幻小说中冒出来的一样。目前,我有一些喜欢的作品。一个是由纽约Atelier DNA 设计公司创造的风力茎秆(Windstalk),用于为阿布扎比酋长国的马斯达尔市(Masdar City)提供清洁能源。建造这个"大地艺术"[①]作品的目的,是在风力茎秆摆动、震荡、震动和"尽可能杂乱无章"地转动时提供风能,同时,它本身也成为一道美丽的风景线。设计者在描述中暗示了对来自非凡之地的温柔、有魔力的风有着不可抗拒的希冀和渴望:

> 我们的设计最初只是一种愿望,一个私底下持有的信念,就像想抓住不花一文的东西、想利用水一样。我们项目的灵感来自于田里的小麦或沼泽里的芦苇被风吹动的方式……我们的项目含有1203株茎秆,高55米,固定在具有混凝土底基的地面上……每个风力茎秆的顶端50厘米处有一个 LED 灯以进行照明,其明亮程度取决于有多少茎秆被风流吹拂摇动。如果没有风……将变成漆黑一片……如果下雨,雨水将滑落至混凝土底基之间的倾斜处,以便收

---

① 大地艺术:全称为大地艺术发电机计划(Land Art Generator Initiative, LAGI),是一场创建兼顾公共艺术设施和全面清洁能源的发电机的比赛。风力茎秆获得"大地艺术"的第二名。——译注

集稀缺的水资源，从而有助于野生植物的生长……你可以靠在斜坡上，躺下来，待一会儿，倾听风吹过茎秆发出的声音。但是，我们的项目不仅仅是一种愿望。

相比而言，我喜欢的另一个作品，它不会像风力茎秆那样在沙漠里唱歌或跳舞。它更像一个爱出汗的气冷式壁花。在代尔夫特科技大学（Technology University in Delft）的草坪上，我仔细观察着周围，找寻一个像时间之门的东西，一个巨大的、光滑的、矗立在空中的矩形钢制窗框。由于它安装在电气工程、数学和计算机科学大楼的外部，如果你认为它像一个点式矩阵的"零"，那也是情有可原的。它是一个未来主义风格的雕塑，是由代尔夫特科技大学、瓦赫宁根大学研究中心（Wageningen UR）、梅卡诺建筑师事务所（Mecanoo）和一个财团共同设计的无叶片风力涡轮机，不会伤害到鸟类和蝙蝠，是政府替代能源项目的一部分。尽管该涡轮机没有转动的部件，不会投下断断续续的阴影，不会产生让骨头感到抽搐的震动，并且不会发出恐怖的嘈杂声——据报道，在安达鲁西亚[①]和科德角[②]的周边安装的传统三叶风力涡轮机常常发出这类声音。然而在现阶段，该无叶片风力涡轮机只是一个开创性的原型。设计者承诺将会找到一种方式将风能转化成电能。难怪路过的学生都会驻足观看，并且下意识地露出微笑，也许他们和我想的一样：*这样的风力发电都行得通，还有什么不能用来发电的？*

幸运的是，帮助设计了这项技术的代尔夫特科技大学的两名教授——迪拉兹·德扎伊翰（Dhiradj Djairam）和约翰·斯密特（Johan Smit），能够向我解释这一原理。从技术层面上来讲，这是一个风车，旨在通过利用风来发电（风力发电是荷兰的一个著名传统）——但它没有

---

① 安达鲁西亚（Andalusia）：西班牙最南的历史地理区，也是西班牙南部富饶的自治区。——译注
② 科德角（Cape Cod）：又称鳕鱼角，是美国马萨诸塞州南部巴恩斯特布尔县（Barnstable）的钩状半岛。——译注

转动的叶片。"通过让风迫使带电粒子朝着与电场相反的方向运动①，从而将风能转化为电能。"德扎伊翰解释说。

钢管以水平方向装在一个液态钢架里（这些水平钢管像活动百叶窗那样排列着），以产生带电的小水滴。当钢管中释放出水滴后，借由风吹动水滴，它们便形成电流，流入城市电网。这些"静电式风力能源转换机"可以是圆的、方的、矩形的，可以孤独地立在高大的风力驱动建筑物的顶部，或者一排一排地沿着海岸排列，它们可能会像电视天线那样让人在不知不觉中熟悉起来，但是，无论如何，眼下它们就像吹大了的泡泡一样奇妙。或者也可以把它们当作通向某种未来的时间之门。在这类未来中，按照错综复杂的逻辑，你仍能保留自己的特性和癖好，你可以领会到未来地球上的众生如何生活——此类众生被千变万化的科技奇迹包围，并且很大程度上暴露在这些科技奇迹之中。这些科技奇迹对他们来说是司空见惯的，就如同我们的科技奇迹之于我们一般。他们将掌握哪些可再生资源？他们将如何捕捉风？又将如何驱动太阳战车？

请想象一下，未来的地质学家奥利文站在大海的岸边、大都市的中心或低矮的轨道上，回顾着我们的时代。那些早期的人类，她想，在给自己造成处处污染的同时，是如何忍受这么多的疾病、这么多的自然灾害的？为什么他们花了这么长的时间才发现——此处空白可由您自行填写——直升机、没有叶片的风力打谷机、氢气驱动的凯迪拉克？

同时，代尔夫特科技大学也在开展其他形式的空中风力发电，包括"阶梯电站"（ladder mill）。事实上，这是一连串的风筝，其叶片迎着高空的狂风转动。"如果我们摒弃涡轮机理应需要钢脚的想法，"德扎伊翰说，"我们就可以获得风，来进行电力供应。"

当从光芒刺眼的太阳这一电力源泉获取能量时，我们对太阳的馈赠所带来的前景也只是才开始进行探索。数千年来，人类出于某种充分的

---

① 理论上，在正负两极之间，带正电的粒子会由于力的作用自动向负极移动。而该装置则可借助风的力量，让正电粒子向正极移动从而形成环形电流。——译注

理由而崇拜太阳，而现在，我们很少停下来惊叹它如何给我们的生存施加了魔力。它进入我们的私人世界的各个角落，促进了万物生长，照亮了我们的日常生活。它放射出来的可食用光线喂养着陆地和海洋里的绿色植物——动物以此类绿色植物为生，我们又以此类动物为生；最终，它流淌在我们的血液中。我们生命的每一个分子，我们体内的每一个微粒，我们身体中的每一个原子，我们身体大厦的每一个屋檐，以及我们脑海中的半影①，很早以前便在太阳的无秩序照射下进行了锻造。只有在死亡时，我们与太阳的促膝长谈才会结束。我们也可以根据这一发光体来追溯地球上其他元素的起源——例如，我们开采的黄金，那是由两亿年前一颗小行星发生的闪亮耀眼的爆炸所形成的。是太阳的呼吸让一切生命变得有可能。

你会认为，对于直立行走的灵长类动物来说，这已经足够多了；但是，我们绞尽脑汁，找到更新的方式来捕捉和使用太阳，从而给我们的后半辈子产生电力。在整个人类世，每当我们燃烧燃料（这是一种"埋藏在地下的阳光"②）来给自己暖身以及给人类帝国供电时，其实我们一直都在对太阳进行探索。工业革命始终都与太阳能有关。现在，我们刚刚跳过了二手能源这一部分，正径直奔向太阳这一燃料源泉。毕竟，木材、煤炭、石油和天然气只是中间形态，而使用它们标志着我们人类这一物种还很不成熟。

努力使用太阳能的公司，并非只有瑞典的瑞帕索能源公司。即使太阳能目前不像化石燃料那样利润丰厚，但它将来一定会带来可观的利润，而且就在不久之后，如果我们能够活得比我们所有的杰作和战

---

① 半影：不透明体遮住比较大的发光体光源时，所产生的影子有两部分，完全暗的部分叫本影，部分光线到达的、半明半暗的部分叫半影。——译注

② 埋藏在地下的阳光（buried sunlight）：这一叫法出自《埋藏在地下的阳光：化石燃料如何改变地球》（*Buried Sunlight: How Fossil Fuels Have Changed the Earth*）一书。该书描绘道：在地面上，电灯照耀城市，星星闪耀天空；而在地底下，埋于地底的化石燃料（煤炭、石油、天然气）是埋藏在地下的阳光。——译注

利品长的话。在内华达州,伊万帕(Ivanpah)——全球最大的太阳能光热发电站,已经将触角延伸到莫哈韦沙漠的地平线上。它也理应如此——美国获得的阳光和太阳普照的西班牙一样多。西班牙是欧洲阳光最充裕的国家,是全球聚光太阳能发电技术的领导者。在未来几年,"沙漠计划"(Desertec)——一个高达4000亿美元的意义深远的工程,计划从非洲阳光普照的沙漠里获取太阳能,并将其输送到世界各地。每天,充足的阳光洒在北非的大地上,给整个北非大陆和欧洲供电。"沙漠计划"的最终目标是:从沙漠中采集足够多的阳光,给整个地球提供电力。

在德国,屋顶上的一排排太阳能面板就像是闪着光泽的吉他拨片,随着铁路旁边积存的能量闪耀着,护送着汽车沿着高速公路行驶;它们矗立在柄状支撑物上,像向日葵一样凝望着天空。放眼看去,它们无处不在,从市中心的公寓到谷仓和废弃的旧军事基地。在古特俄拉斯太阳能电厂(Gut Erlasee Solar Park),面板之间爬满了蔓生的野草,野草威胁着要遮住面板,一组由尽忠职守的牧羊人组成的维修队在对这些入侵者进行修剪。位于德国南部的巴伐利亚州是1250万人口的家园,在那里,每户家庭都安装有三个太阳能面板。虽然德国不是直射阳光非常充裕的国度,但在2012年5月某个阳光灿烂的日子,德国收获了来自太阳的22千兆瓦的能量——这相当于那天全世界收集到的所有太阳能的一半。

多亏了1991年通过明确严肃的立法(包括财政刺激)以及公众对可再生能源需求给予的大力支持,德国才一跃成为该领域的世界领先者,其获得的风能、水能和太阳能,占其能源总需求量的四分之一;由于德国大部分的能源供应来自于太阳,这使得德国公司在太阳能技术研究和设计领域一马当先。太阳光是免费的,可使用太阳光却不是一件便宜的事。获取太阳能的成本仍高于化石燃料或核能,但是自2006年起,价格已经下降了66%,这明确表明,不久后,经过处理的阳光便会像煤炭一样价格实惠。同时,太阳能研究由政府提供大部分补贴,并获得了投资者的大力支持。即使没有政府补贴，太阳能研究在印度和意大利仍蓬勃发展；中国正凭借其特殊本领在太阳能研究的波涛中乘风破浪。理想的情况是，每个家庭都将拥有太阳能面板和负担得起的全电动汽车，这类汽车与一种熔融型插座——太阳——接通，可以跑9296万英里。

全球的许多社区和国家正在探寻新的创新方式，以获取和重新使用能源，但是，媒体并没有对大多数的基层项目进行报道；即使它们可能改变当地的生活，但全球其他地方的人们仍对此毫不知情。婆罗洲迪雅克族村民正在用氢气发电机和（来自溪流的）水能源来取代柴油发电机，以给日常生活提供电源。巴西的库里蒂巴市（Curitiba）一度交通拥堵严重，如今，70%的上班族乘坐公交，这样一年能节省2700万升的燃料，并可降低空气污染程度。

气候变化已经变得如此明显，野生动植物和淡水变得越来越稀少，鲜有人会蠢到否定这些事实。当我们踏入人类世，我们试图恢复地球的生态系统，恢复地球的风度翩翩。可是，"可持续性"这个词可能会变得讨人嫌，因为它正通过媒体大摇大摆地进入公众视野，出现在学校里，进入村庄和城市的主流生活之中。我们正在经历一场变革，我们认为这场变革不是工业革命的余韵，也不同于大萧条期间和20世纪70年代盛行的某种"回归自然"的运动。当我们面对地球上逐渐减少的资源时，我们有时可能像一头被车头灯吓呆的鹿，但同时，我们已经开始朝着构建更加智能、更加环保的生存环境的方向发展。

第三章

自然还是
原本的
自然吗?

自然还是原本的自然吗?

我坐在飘窗前写作,窗外是一棵枝繁叶茂的老玉兰树。每到春天,树上就会开出白兰地酒杯形的花朵,一片片舒展开粉红色的蜡质花瓣。它为鸸鹩和山雀提供了居所。猫头鹰和疲倦的蜂鸟在这里栖身,黄腹吸汁啄木鸟在这里吸吮蜜汁,松鼠在枝叶间纵情跳跃。它的邻居是一棵身形高大的美国梧桐,树干托举着无数盘曲向上的枝丫,浓密的枝叶缝隙中漏下片片光斑。小鹿来这里乘凉,棕蝙蝠把这里当庇护所,金翅雀在枝头寻找可以食用的果实。两棵大树枝叶交错,就像无数支流汇集成大河。它们与昆虫、其他动物相互依赖又相互竞争,自得其乐,还有我知之甚少的情感冲动和生存秘诀。也许它们确实没有思维,但它们有层次分明的记忆,有强烈的需求、生存技能和才干。人类和树木都是地球的后代,但我们与它们如此不同,有时我觉得人类居住在遥远的外星球。甚至犯罪心理也比树木更易于解释——它们拥有一种我们无法走近也无法被囊括的特质。

和其他许多人一样,我认为老玉兰树、美国梧桐和这些动物都是野性、绿色、自发扩张的自然的一部分。与此同时,其他拥有不同血统的动物追逐着自己的生活圈子和谜一般的目标。在一个以人类为中心的世界里,自然的其他内涵仅仅附属于它的舒适和诱惑力。对比尔·麦克本(Bill McKibben)来说:"自然的独立性[①]便是它的意义;没有这种独

[①] Bill McKibben, "Nature's independence": Bill McKibben, *The End of Nature* (New York: Random House, 2006), 58.

立性，自然就只剩人类。"在比我们想象的更久远的古代，自然是一个远离复杂社会、浪漫感情纠葛、希望和障碍的世界。或者说，它貌似如此，但事实真是这样吗？

我的玉兰树属于木兰属，这个分支的出现比蜜蜂更早（甲虫帮助它的祖先授粉），当然它的历史也比人类悠久许多。化石告诉我们，玉兰的历史可以追溯到1亿年前。它的家族在冰期（ice ages）时幸存下来，经历了造山运动和大陆漂移。它的历史甚至可能比手指湖群（Finger Lakes）山脉更为久远。它不是在我寒冷的院子里发芽生长的。阿兹特克文化爱好者叫它"伊洛肖奇特"（Eloxochitl），意思是这种树的花朵带有绿色外皮。西班牙探险队发现"新大陆"时，被它的巨大白色蜡质花瓣吸引，它们看上去就像少女柔润粉嫩的面颊。人们将玉兰的根和巧克力、香草和鲜艳的胭脂虫染料一同运回了欧洲。到了18世纪30年代，玉兰已经装点了许多欧洲庭院，不少玉兰还和其他品种杂交，演变出更具装饰性的玉兰。这些新品种最终穿越大西洋返回故土，成为许多南方家庭的点缀。它们经常被栽种在前院。园艺师将它们的新鲜苗木卖给北方的苗圃主人，其中一人曾将它出售给我房子原来的主人，一位昆虫学家。他毫无疑问地勤加照料，为它浇水、施肥，对它关爱有加。

这棵仪态端庄的老玉兰树与人类的精心筹谋和愚蠢荒谬紧紧相连，它并非"野生"，而是我们营造的世界的一部分。除去优美的姿态和野性的印记，它更像一只与人类相伴的本地小动物。尽管我住在山顶，但梧桐树一般都生长在河边、湿地或田野与小溪间的绿色堤岸上。负鼠、木鸭、苍鹭和浣熊在梧桐树的树洞和枝丫上做窝。美洲原住民有时会将整根树干雕凿成独木舟。它浑身长满苹果状的果实，每个果实上都长着成簇的绒毛和许多种子。但我的梧桐树实际上是美国和东方梧桐的杂交种，抗病力很强。所以，它也是一个外来户，至少在基因上是如此。

说到野生鸟类，我给蜂鸟喂食糖水，给绣眼金丝雀和五子雀喂食种子。许多乌鸦翅膀上带着翅标，那个样子就像戴着袖章的抗议者。本地的鸟类学家正在对它们做研究，每个翅标都标有数字，这是人类喜欢的logo。鸟类学家使用翅标时表现得很小心，因此我觉得它们不会妨碍到这些鸟类。乌鸦梳理羽毛时会小心地对待翅标，似乎它是另一根羽毛。但是，就像树木一样，鸟类不会远离人群而独立生存。人类已经妨碍了它们的活动范围、数量、健康状况和基因库。

不同于室内生活，我视这块草木繁茂、动物出没的地方为"自然"。从这个角度来说，电话线柱和住宅外的篱笆，电视天线和金属邮箱，铺着沥青的街道和轰鸣而过的轿车，还有呼啸着下坡的卡车，都属于人工世界，一处充满了祝福和艰辛的人造天堂。

我们四散蔓延的城市和村镇的神话是我们驱逐当地动物、窃取它们家园的结果，但也不尽然。我们也许会排干沼泽，荡平森林，用商场代替牧场，使得一些动物背井离乡。但是，由于人类也需要自然，我们创造出新的生态系统，对野生动物热情友好。对一些动物来说，这样的环境比野外更有吸引力。人类的建筑物存在不少空洞和裂缝，方便动物筑巢。我们修建池塘、草地，种植可供使用的树木。我们在路边留下垃圾，设计水肥充足的花床。对鹿来说，这都是一顿丰盛且便于取食的自助晚餐。在这一过程中，我们一直在无意中为动物提供食槽。

人类的城市为部分物种提供了聚集空间，它们能够和人类很好地共存——主要是鹿、田鼠、猫、鸟、狐狸、臭鼬、浣熊、家蝇、麻雀、家鼠和猴子。这些城市物种都被迫生活在人类的阴影中，以我们的废弃物为食，在我们的钢铁和塑料旁留下化石记录。但我们正在重塑它们的进化进程，因为城市里的动物（包括人类）改变了它们的习惯以适应城市生活。生活在公园和动物园中的动物也需要适应我们的自然节律和景观。

随着越来越多的鸟类来到城市生活，在享受丰富食物的同时，它们也需要拨快生物钟。格拉斯哥大学的鸟类学家芭芭拉·海尔姆（Barbara

Helm)对比慕尼黑的乌鸫和它们居住在乡村的表亲后发现：城里的鸟起得更早，生物钟的节奏也更快。在城市里，射向夜空的灯光隐没了天上的星星，而近地面处的各种灯光璨如星辰。就像城里的人类，乌鸫采用了较快的生活节奏，工作时间更长，休息和睡眠时间更短。城市里的雄鸟更早换毛，更早达到性成熟。对比而言，乡村里的乌鸫依然延续着日出而作的传统，生活节奏更慢，睡眠时间也更长。

海尔姆总结道："我们的工作第一次揭示出：当与人类共享栖息地时，野生动物种群有了不一样的体内时钟。"

和她共同参与研究的同事，马克思·普朗克鸟类研究所的鸟类学家戴维德·多米诺尼（Davide Dominoni）对城市鸣禽作了补充。"早起的鸟在寻找伴侣方面有优势，这样就能获得更大的机会成功繁育后代，并将这种作息规律传给子孙——每天的这个时候它们的身体机能十分活跃。其他的研究显示：作息规律是高度遗传的，因此自然选择的过程可以说意味着城市中的鸟类正在向喜欢早起的方向进化。"

人类胡乱地修改进化进程，让宠物和植物（以及那些居住在附近的野生动物）服从人类制订的时间表：黑夜与白昼，睡眠与清醒，以及如厕、锻炼和进食等活动。季节变化已经让位给长期的作息规律——通过精心设置，它拥有令人满意的美感和自然界罕有的必然性。我们不仅利用钟表将时间等分为平均的片段，用玻璃煤气灯照亮夜晚的黑暗，重新设置自身的生物周期规律，还重新设定这个星球上其他生命形式的节律。

在伊索寓言中有一个故事叫《城市鼠和乡村鼠》，讲述两只鼠交换目的地的过程。在这段经历中，城市鼠看不上粗陋的乡村食物，而乡村鼠发现城里虽然生活条件更好，但危险得令它无法忍受。"我情愿啃豆子，也不愿时时担惊受怕。"它的想法很明智。但因为人类的存在，如今城市中的老鼠正在发育出较大的大脑，以应对周边的危险。不仅仅是老鼠，根据明尼苏达大学贝尔博物馆的自然史研究人员的研究结果，人类已经造成至少十种城市生物——包括田鼠、蝙蝠、鼩鼱和囊鼠的大脑比它们乡村表亲的大脑大6%。天哪，更聪明的老鼠！那是个可怕的想法。人类毁掉原木属于动物的森林和草场，种植新的作物，只有最聪明的动物通过改变食谱和行为，融入人类主导的世界并最终幸存下来。这些活下来的动物将大脑袋基因传给聪明机灵的后代。它们是幸运的个体。不是所有的植物和动物都能逃脱人类影响并继续繁衍，只有适应性最强的生物才能忍受。

为了应对城市生活，一些动物已经开始重新设计它们的身体，节奏快到足以让生物学家跟踪记录。在一条平坦开阔、望不到尽头的内布拉斯加公路上，查理斯·布朗（Charles Brown）经常把车停到路边，观察在车祸中殒命的崖燕。栗棕色的喉部、白色的前额、浅色的胸、长而尖的翅膀，崖燕喜欢待在悬崖上，那是它们传统的栖息地。我喜欢看着一大群崖燕在大苏尔①（Big Sur）的悬崖边做巡回特技飞行，在那里，它们的叫声（就像一群女妖在高声争执）与浪涛声混在一起。

崖燕确实离不开悬崖。如今，面对城市规模的不断延伸，它们开始把葫芦形的泥巢建造在建筑上，或者在高速公路天桥下方，或藏身于铁路桁架和高架桥之上——数以千计的崖燕在我们的水泥悬崖上筑巢。

塔尔萨大学的行为生态学家布朗已经花了30年观察崖燕的群居生活。他在崖燕不同的栖息地间穿梭往返，而且经常遇到死于湍急车流的鸟。这时他会停下来并查验腿环，有时还会带走这些鸟做研究。

"随着时间的推移，"他说，"我们开始注意到路上的死鸟越来越少。"更大的惊讶来源于它们翅膀的长度。死于车祸的鸟的翅膀比他用雾网捕捉的个体的翅膀更长。这两个变化——死于车祸的鸟数量下降，死去的鸟和活着的鸟的翅膀长度差异——让他得出惊人的结论。为了安全穿过马路，崖燕必须能够快速迂回前进或躲避危险。翅膀较短、善于空中格斗的个体更有优势。而那些不幸长着较长翅膀的崖燕更适合田园式的生存环境，它们更容易在车祸中丧生。最终，翅膀较短的崖燕不断

---

① 位于加州中部自蒙特里至圣西梅恩的海岸。——译注

繁衍并占据主导数量。这一切仅仅发生在几十年间。

"停息在路边的那些翅膀较长的崖燕遭遇车辆时可能没法尽快脱身,或者不容易像翅膀较短的同伴那样达到较高的飞行高度,因此前者更容易与来车相撞,"布朗指出,"这些动物可以快速适应城市生活环境。"

我们应该怎样看待乌鸦、崖燕和其他因为我们的技术进步而快速进化的动物?它们会发展成新的物种吗?或者它们只是我们这个时代的新居民?

是什么让自然保持"自然"?这是一个典型的人类世疑问。在城市不断涌现,数量庞大的人类占据地球表面之前,自然早已生机盎然。野生动物在人类中生存,人的辛勤劳作和机械化生产都和野生动物的命运交织在一起。尽管人类一直希望生活在独立的空间,但即使是在人口最为密集的城市,也不乏野生动物的踪迹。我们决定原野的界限、城市的起点和终点。郊区的扩展取代了城市和乡村间杂草蔓生的过渡地带,而这原本是两个世界的传统分界线。现在野生动物和城市里的动物每天都能打照面。

人类总是有一种很强的方位感,喜欢那些留存昔日记忆的地方,其他动物也遵循着这一规律。多项研究显示:红喉蜂鸟每年沿着同样的路线,造访它喜爱的庭院。我熟悉的一对绿头鸭每年春天都在我家屋后谈情说爱。每年回到特定地点交配或筑巢的小动物数不胜数。即使人类按自身偏好引入新的材料和动植物,使它们的家园支离破碎,它们仍然会尝试这么做。当我们开辟出一处新的建筑,用我们的建筑材料留下嗅迹①,清除之前野生动物留下的嗅迹,我们希望这些动物会优雅地抽身而退。当动物不照我们的意思行事,并尝试重新夺回它们钟爱的领地时,作为敏感的暴君,人们总是慌乱不堪。

适应城市的动物一般不会出现在我们眼前,它们往往在夜间狩猎或

---

① 留下某种味道,供嗅觉器官嗅出并分辨。——译注

者在暗处潜行。如果哪天我们被它们吓到，那是因为它们出现在不该出现的地方。我们忘记了动物世界是一个朋友圈，不期而遇是家常便饭。甚至如果原先的居民已经逃遁，或改变了作息习惯，其他新物种也可能会出现，就像那些鬼鬼祟祟、来无影去无踪的亲戚。当你发现它们并不只是来串门的时候，它们已经扎下了根，得到了一小块地盘，干扰了你的邻居，并从你的生活中攫取了一些好处。不是每种动物都会受到人类的欢迎。

  20世纪90年代以前，没人在芝加哥见过郊狼。如今这座城市已经成了2000只郊狼的庇护所，它们喜欢在公园、墓地和池塘附近活动，远离人群。但是也有个体被跟踪到一天穿越超过一百多条道路，进入居民区。在阿拉斯加，驼鹿经常造访民居，踏进院子进入门廊，翻掘食物。它们长着硕大的鹿角，可以跳过连着链条的围栏。在佛罗里达的许多高尔夫球场，潜伏在水中的短吻鳄令人心生恐惧，湖边的居民都知道要将吉娃娃狗留在室内。山狮在蒙大拿州的城市中觅食；美洲狮在加利福尼亚追踪猎物；麋鹿在科罗拉多的住宅区漫步。杰克逊维尔[①] (Jacksonville) 的一名妇女拉开马桶盖时，一条噬鱼蛇跳出来咬伤了她。而另一名居住在纽约布鲁克林的女子在家中厕所发现了一条7英尺长的蟒蛇。在夜晚的新德里，豹在街道上徘徊。在澳大利亚墨尔本的皇家植物公园，濒危物种灰头狐蝠的数量达到了3000只，它们是被栽种在公园中的本地植物吸引过来的：这里有87种长势良好、硕果累累的树木，是一方终年青翠的绿洲。既然有这样一处伊甸园，为什么还要在植被稀疏的内陆冒险呢？此外，最让人惊讶的是草原犬鼠，这种常年生存在开阔草原上的居民，也开始在城市中发掘居所。

  人类也才刚刚开始认识到难以驯服的野性世界和人类建立的世界之间没有绝对的隔膜。越来越多的人尝试帮助那些任性的动物找到人造迷宫的出路。

[①] 美国东南部佛罗里达州最大的城市。——译注

曾有一只迷路的 8 个月大的郊狼走进西雅图市区，它对街道和建筑物困惑不已，惊慌失措，且迷失了方向。它撒腿跑进一处阴暗的"避难所"，穿过联邦政府大楼敞开的大门，沿着狭窄的门廊在光滑的地板上滑行，不断撞上玻璃、围墙和惊恐的人群。然后它发现了一个可供藏身的"洞穴"——开着门的电梯——急忙跑了进去，然后门就关上了。一连三个小时，这个可怜的家伙在这个金属箱子里来回踱步，直到州渔业和野生动物部门的员工捉住它并将它带到城外放生。

让人惊讶的是，即使是行动迟缓、低声下气的水龟也可以极具破坏性。就在 2014 年 6 月的一天，超过 150 只钻纹龟匆匆穿过肯尼迪机场的 4 号跑道，它们的行为使航班无法准点着陆或起飞，干扰了空管人员的工作，还把时间表搞得一团糟。一连三个多小时，空中交通陷于瘫痪。尽管身为冷血爬行动物，孕期的钻纹龟表现得一意孤行、热情鲁莽。所以千万别和那些准备生育的雌性厮混在一起。

钻纹龟的背甲上生有优美的圆环和纹理，它们就像一团移动的星系。我们往往认为龟甲是没有知觉的盔甲，但事实上它连接了龟的神经系统。它不仅仅是个壁垒，还是龟身体上不可或缺的一部分。钻纹龟既不是生活在淡水里，也不是生活在海水里，它们生活在含有盐分的沿海滩涂中。它们在春季交配，需要把蛋产在陆地上，因此在六七月它们前往到牙买加湾[①]（Jamaica Bay）的沙丘。而最近的线路恰巧需要穿过川流不息的柏油马路。

这些胆大包天的龟怎么就没注意到人类的飞机呢？也许它们还真没有注意到。即使伸长了带圆点的脖子，它们也无法看到高处的物体。而且，龟不同于狮子一类的动物，它们不能紧盯着快速移动的猎物。它们迈着沉重缓慢的步子前进，严格遵循季节规律，所以飞机也许真的被它们无视——飞机对它们来说更像一种会刮风的天气现象，而非一种威胁。但是飞机会产生大量的热量，钻纹龟当然在这趟穿越中倍感压力，

[①] 位于美国纽约州长岛西南部，是大西洋边的一个浅水湾。——译注

更何况它们途中还会遭遇围捕。它们在对飞行员和空管人员开了一个小小的玩笑后，口岸管理当局的员工只能屈服。他们将这些钻纹龟装进小货车，送到了附近的海滩。

"我们对自然母亲作出让步，"口岸管理局的发言人容·马西科（Ron Marsico）表示，"我们选择建造机场的区域本身就是它们历史悠久的家园，所以我们觉得有责任帮助它们完成这段旅途。"

肯尼迪机场建造在牙买加湾的海岸，那里是国家级自然保护公园。机场几乎四周环海，拥有丰富的野生动物资源，因此飞机曾经与海鸥、老鹰、天鹅、鹅、鱼鹰，甚至白色翅膀的雪鸮（从北极迁徙过来）相撞都不足为奇。每到夏天，龟蜂拥而至，有时造成持久的延误。作为一个私人飞行员，我清楚地记得机场曾经如何对待动物"灾难"——用枪威胁它们。令人欣慰的是，现在我们找到了其他的解决办法，从重新选址到景观改造，以谨慎的态度与首选方案共存。

野生动物经常在我的家附近出没，包括星鼻鼹鼠、鹰、水獭、野火鸡、狐狸和臭鼬。白尾鹿的数量很多，几乎可算作本地居民。上周，我透过厨房窗户惊讶地发现一只郊狼踮着脚爬上我的鸟食盆，而它的下方，一只肥壮的兔子正在狼吞虎咽地吃着种子。当我打开窗户准备招呼这只郊狼时，它掉转尾巴一路小跑溜进了车道边的高草丛。昨天晚上，我又看到这只郊狼。这次我看清了它身上带着黄色圆点的条纹。它冲进了我家后院的灌木丛，这让我花了点时间想明白它的动机，然后我开始为两只在草地上啃食苜蓿的小兔子感到担心。

在一个烟雨迷蒙的早晨，我的村庄举行了一场听证会，决定本地鹿的命运。超过100位民众反对会上提出的枪支法修正案，他们认为，一旦鹿距离民房、学校或院子小于500英尺，一些憎恶野生动物的人会引诱并射杀它们。鹿可能会被高性能弹弓或者步枪射杀。由于子弹和箭都可能反弹，村庄计划购买价值数百万美元的责任险。如果你觉得这听上去是一个危险而极端的解决办法，你也就不难理解反对者的热忱。

鹿被认为是不速之客，私宅屋主们对射杀鹿的行为进行辩护。对他们来说，鹿与景观不能共存。几名园艺师承认鹿吃掉了许多他们辛勤栽培的植物，但是他们更倾向于使用防鹿围栏，而非猎枪。一名男性声泪俱下地恳求当局与自然和谐共处。一名心理学家控诉当局是"多数人的暴政"，使鹿成为被妖魔化的少数派。母亲们担心孩子在回家途中或者在户外玩耍时为流弹所伤，还有目睹鹿儿伤重毙命的惨象造成的心理伤害。

一个小女孩问她的母亲："如果他们杀死了所有的鹿，圣诞老人该怎么运送礼物呢？"

另一位母亲提到她的孩子在小学里被灌输公平的理念。她质疑："成年人雇用枪手射杀鹿，我该怎样向孩子解释人们解决鹿满为患问题时表现出的伪善？"

"这里有那么多防鹿围栏——就像生活在战争地带！"一名支持猎鹿的男子喊道。而一名坚持保护的男子回应："在接下来的十年中，狙击手在村庄附近开火，难道你认为这不像身处战场吗？"

大部分反对者恳求当局尝试防鹿围栏或者避孕的方法。其他人则认为委员会应该遵守少数服从多数的原则并开始着手射杀野鹿。一些人揭穿了长期以来关于鹿和莱姆病之间关联的传闻（白足鼠携带了传播媒介，莱姆蜱寄生在27种哺乳动物身上，包括猫和狗，杀死鹿并不能让莱姆蜱销声匿迹）。有人提出野鹿造成了大部分交通事故（但超速和酒精也会）。另有人表示生育控制的方法已然失败（国家公园已经在实施免疫避孕法）。采用避孕的方式费用高昂，但每年雇用狙击手并支付责任险保险金一样价格不菲。

让我震惊的是一些支持杀戮的人士那种恐惧和嫌恶的口吻，他们担心受到自然的入侵，被自然混沌的力量压倒。好像我们完全不是在讨论野鹿，而是关于弗洛伊德所说的本我[①]。那是我们心中难以抑制的魔鬼——一旦不善加控制，它便会感情用事，让人生活在惯性和本能之

[①] 心理学名词，指潜意识的最深层。——译注

下。如果情感脱离了控制，后果会怎样？很快，邻居家的院子就会长满一丛丛野草，没有食草动物打扫落叶，草地很快就会被各色落叶掩盖。四条腿的捕食者总能激发出人类最严重的恐慌。如果野火鸡和鹿可以找到进入郊区的路，离那些牙齿尖利、在黑夜里睁着红眼睛的凶猛动物出现还会远吗？

与此同时，我们内心深处仍然保留着有动物相伴的记忆。在并不遥远的过去，牛、山羊、马和其他动物同我们睡在一间屋子里，或者至少生活在一个屋檐下。在世界上其他一些地方，这种情形现在还存在着。但是大多数人已经住进城市或郊区的水泥帐篷，把动物赶了出来（尤其是野生动物），把它们越赶越远，完全脱离了我们的日常生活半径。

在思维的迷雾中，我们已经失去了与其他生物共存的诀窍。我们建造高墙，将自然阻挡在外，并自以为是地洗刷家里的脏污和灰尘。我们用一束束鲜花装点居室，让日常用品都沾上令人愉悦的香味。我们在墙壁上安上窗户，设置季节（利用空调和暖气），同时，又让每个房间沐浴在明亮的阳光中。这不是很矛盾吗？

即使是在室内，我们让宠物陪伴自己。它们在人类与自然之间，在人猿本性与文明之间的无人地带架起桥梁。一只被皮绳拴着的狗并不是真正被主人驯服。这根皮绳起到了双向的作用。主人通过皮绳，也延伸了他的部分本性：像一只纯粹的狗那样进食、睡眠、吠叫、交配，开心地往地上撒尿。我们都有过这种感觉。

自然是充满热情且随意任性的，人类也是如此——并非平衡的整体。也许可以被描述成这样一种自相矛盾的状态：富有秩序的混乱，但人类并不喜欢这一悖论。它把大脑拖向两个不同的方向，阻碍我们寻找简单的真理，阻扰习惯的形成。面对这一悖论，我们的大脑自然而然地希望解决或压制它。如此一来，我们发现自己是乱而无序的物种，对自己喜爱秩序的头脑既欣慰又苦恼。生活在这样一个无序的世界里，人类觉得自己能够建立更多的秩序——但不是绝对的、持久的秩序。

我有时想，布迪会怎样了解我们的城市丛林。就像世界各地生存在城市中的猴子一样，它在屋顶间跳跃，顺着排水管下降，夜晚在铁质的逃生通道栖身，它将会适应城市生活的艰辛。在学校操场上，孩子们也许会看到它在攀架或体操房里展现类人猿天生的技巧，对它艳羡不已。它会在很多角落发现可供偷盗的水果，在公园茂密的树丛和其他同类混居，其中不少身型和心智年龄都和它差不多。当然，它的心理更脆弱一些，也更容易受到伤害。一些可能惊吓到人类的动物也会吓到它：熊、郊狼、山狮，等等。布迪会把城市当作由呆板的山峦、一大群人类、无数水坑和市集构成的另一种自然景观吗？很可能会。它不仅会适应，还会改变它的行为，以适应这个新的世界，就像其他许多成功适应城市生活的动物一样（包括人类）。一座城市、一个动物园中的笼子，显然都不是我们所说的"自然"环境，但是在人类世，很难说清"自然"是什么。

如果我们不希望更多的动物生活在水泥人行道上，在人类的车库中觅食，就必须介入它们的生活。从这点来说，保护野生动物并不像传统保护法令规定的人类不能干涉，而是应该主动创造不同类型的栖息地，如野生动物走廊。在我看来，巴西大西洋沿岸的小块雨林，就像亚马逊雨林一样，集中了大量的美洲珍稀鸟类和珍稀的金头狮面狨。金头狮面狨以往的栖息地被高速公路和村庄分隔，只能生活在艾登斯（Edens）的小片山地上，这些雨林也为它们提供了新的活动空间。12年前，因为参与金头狮面狨国家公园项目，我曾到过那里。当时另一支团队正在多拉达牧场（Fazenda Dourada）忙着修建一条野生动物走廊，它能连接各个山峰，扩大鸟类和狨的活动范围。不远处，美洲豹走廊连接了阿根廷和得克萨斯州，它为这种珍稀的、谜一般的斑点猫科动物提供了漫步空间。只有这样，我们才能把曾经被切割得支离破碎的自然再次拼凑起来（尽管只是部分），这样动物就能重新遇到同类，沿着祖先的路线迁徙。出于对动物的同情和对人类私利的考虑，世界各国都在热情高涨地修建这类野生动物走廊。美国已经建成了一些长距离野生动物走廊，如阿巴拉契亚山道，一条长达 2000 英里、宽 1000 英尺的绿色通道，从佐治亚州的山脊线一直延伸到缅因州的卡塔丁山（Mt. Katahdin）。在印度，西莒—瑞沃克走廊（Siju-Rewak Corridor）保护了该国 20% 的大象免于与人类或者其他设施发生冲突。肯尼亚建造了非洲第一条地下大象通道，它位于繁忙的交通主干道的下方。在它建成以前，由于人类影响，两支大象群已经很久没有相互接触了。现在，它们又有了迁移、串门和寻找伴侣的机会，并且不再会惊扰到人群或车流。

在欧洲，绿色走廊即将让野生动物得以从挪威一路漫步到德国、奥地利、罗马尼亚、希腊，并深入西班牙，重走它们祖先当年为寻找食物、温暖气候和安全繁殖地而跋涉的路线。它穿越了 24 个国家，连接了 40 个国家公园，总长接近 8000 英里。其中一部分线路沿用历史上的"铁幕"边界——长 870 英里、穿越整个德国的围栏和警卫塔。这条边界将这个国家分为东、西两部分。东西德合并后，这里一度成为无人区，就像一道毫无生气的伤疤，直至环保主义者将它重新打造成蜿蜒的自然走廊。经过有识之士的妙手改造，这条一流的通道彰显了宽容，而非压抑。它拥有许多不同类型的栖息地，从沙丘、盐沼到森林以及草甸。为避免车辆借道，路上挖有壕沟，珍稀的欧洲水獭、欧亚鹤、黑鹳、沼泽蛙、白尾鹰以及其他无国界的动物都可以安全自由地穿越。

在法国、中国、加拿大和其他国家，越来越多的走廊提供通道、地下走廊、高架桥和桥梁，帮助野生动物在不受车辆和人群干扰的情况下拓展原有的生存范围。在荷兰，600 条地上或地下的通道让狍、野猪、欧洲獾和它们的同类能够通过包括铁路线和体育中心在内的任何地点。所有这些努力都有助于恢复人与自然的亲密感；动物们在我们身边安全地经过，或小跑，或慢吞吞走过，或攀爬或飞翔，彼此交织成绵密的生命网络。与构建其他亲密关系一样，与野生动物共处需要人们富于同情心、学会妥协，并寻找让各方受益的解决办法。

和不少邻居一样，我用防鹿围栏隔离了鹿的最爱：玫瑰、杜鹃花、萱草、玉簪。在前院，我种上了野鹿拒绝的美丽花草——鸢尾、芍药、大波斯菊、葱、紫穗槐、毛地黄、附子花、香蜂草、荷包牡丹、鼠尾草、水仙花、婆婆纳、罂粟、石竹花，等等——饶是如此，它们还是找到了不少可以细细咀嚼的植物。除了在房子周围安上围栏，我还留了一条沿着小溪的走廊，给鹿、狐狸、郊狼和其他小动物提供了一条通往吸汁啄木鸟树林的路径。

我喜欢和这些野生动物共存，这种亲密关系大大丰富了我的生活。我确实讨厌土拨鼠在我的书房底下钻洞，不喜欢浣熊在我家浴室的天窗上拨弄小木块，还用贼溜溜的眼睛往下看——但我没有驱逐它们。我喜欢日落时棕蝙蝠的急速猛扑，这些优雅又迷人的小动物每晚可以吃掉超过数百只昆虫。发情的青蛙和蟾蜍在后院开派对，洪亮的声音足以盖过正在播放的电视或电影，但我发现它们震天的叫声是夏日坛罐乐队一个欢闹的组成部分。在水下更深处，划蝽也加入这场震天的喧闹之中。这种深铜色的昆虫长着橄榄色的胃，它们背部朝下在水中游动，用两条船桨似的腿划水。划蝽携带一个银色的氧气气泡，用于呼吸，颇有早年阿尔戈英雄①的风范。尽管身材娇小（1/4~1/2英寸），但从体长与响度的比例来说，它们被认为是地球上叫声最响亮的动物。在闷热的夏夜，它们能唱歌的生殖器（搓板形，快速摩擦腹部）可以发出高达99.2分贝的音量。虽然水流可以掩盖部分音量，但其响度还是超过了站在一列飞驰的火车旁，或者坐在鼓乐震天的交响乐音乐会第一排时所听到的声音。一群雄性斑点蝾螈曾经在车道和围栏顶上做过颇有男性气概的俯卧撑，希望引起雌性的青睐，这让我印象深刻。我曾看到过非常有趣的画面：一只啄木鸟在禁止标志上狠啄，发出类似重金属摇滚乐的声响——它甚至会反复啄我的门铃，这样的情形曾在某个夏天发生过。我喜欢斑

---

① 希腊传说中同伊阿宋一道乘快船"阿尔戈"号去科尔基斯的阿瑞斯圣林取金羊毛的50位英雄。——译注

点红冠啄木鸟,它们有柴郡猫那么大,能通过有力的重击啄出树木中的害虫。那些善于钻挖的松鼠迫使我把鳞茎栽种在细脚铁丝网围栏下,但我也被它们滑稽的动作逗得捧腹大笑。这里没有那种极富好奇心的黑熊与我们展开拉锯战,让我不免有些失落。鹿是到访动物中最大个的,斗狗的蜂鸟,爬树的花栗鼠,以奇怪的方式奔跳厮斗的兔子也都会不请自来,它们都是受欢迎的自然使者。

每年,我都会在繁忙的高速公路见到这样一幕:加拿大鹅的幼雏在成年鹅的护送下排成一列横穿马路,对汽车喇叭和个别不耐烦的司机毫不在意。车辆只能排队等待。大多数人和我一样,只是静静坐着、笑着。它们就像肯尼迪机场的龟,时时提醒着我们:尽管人类用钢筋和水泥武装自己,但在自然界的雪花、小鹅和龟面前,我们还是会轻易败下阵来——它们都能阻滞交通,还让我们意识到自己对自然的看法是多么矛盾。

自然还是原本的自然吗?当然是。但是这个答案并非毫无争议。地球科学家埃乐·艾利斯(Erle Ellis)发明了"anthrome"一词,用于描述"占据地球表面的人类与自然的相混杂的体系"。从我们的袖珍花园到广阔的原野和公园,如今的自然反映出人类的喜好,我们今天最喜欢的关于自然的理念是:自然应该没有人类的踪迹。因此我们将土著人从我们希望认定的国家公园中驱赶出来,从美国的黄石到大峡谷,到喀麦隆科拉普国家公园和坦桑尼亚的塞伦盖提,皆是如此,尽管有的部落已经在那里生活了很久,且与环境高度和谐共存。

对欧洲人来说,"荒野"这个词常常用来表示野蛮、贫瘠、混乱的地方,那里满是困境和伤害,很容易让人无法忍受、失去理智。我们很容易忘记这样的事实:在浪漫主义重新挖掘出自然粗粝之美以前,人们心中的自然是多么丑陋。在19世纪早期,作家们发现荒野的怪异——不仅危机四伏、阻碍重重,还遍布嗜血的猛兽,充满了罪恶。而如今荒野的形象刚好与之相反:它是庇护所,是平静的象征,一派天真无邪。

自然总是在发生或大或小的变化——夏日阳光猛烈，带来蜻蜓季节性的死亡。那些常规的变化可以变得如同衣服一般平淡无奇，无法激发意识的涟漪，更别说引起关注或者激起感受力了。人类与自然关系的初级阶段——那种浪漫美好的情谊——已经让位给"友谊"阶段，充斥着有目的的欺骗，直至越来越多的异常引起人类的关注。不再迁徙的鸿雁、不再茂密的庄稼、提前1个月开放的雪莲花、不当季成熟的浆果、海湾中密密麻麻向北迁移的龙虾以及冬季不合常理的缺席——这些都是明证。我们关于自然的最新观点是：它是一个脆弱的、广阔的、错综复杂的有机体，正变得越来越虚弱。

此时此刻，人类正在迈向前所未有的辉煌，并且在很大程度上统治着这个星球。我们正意识到自己作为一个物种的最终命运。自然并不与我们彼此分隔，人类作为一个物种的自我救赎正应该建立在尊重（如果不是乐于接受）这个简单、友善的事实的基础之上。

行动缓慢的入侵者

顶着 P-52 的名号,它听上去就像一名爆破手或者一段珍贵的纸沙草残卷。其实它的真实身份是缅甸蟒,发现于大沼泽地(Everglades),重达 165 磅,体长 17 英尺,创造了当地纪录(不是世界纪录——由一条发现于伊利诺伊州的重 403 磅、长 27 英尺的蟒蛇保持)。在它棕褐色的体表上,有着类似智力拼图的黑色斑块。它的皮肤干燥、光滑,身体如橡皮擦一样坚实柔韧。P-52 有个金字塔形的脑袋,脑子里满是野性的本能;小小的黑色眼睛闪烁着像拨号音一样简单、直接的思维火花。它正处在壮年期,可以勒死短吻鳄和美洲豹,而且它怀孕了。

佛罗里达大学的科学家们肩并肩地站在解剖台前,惊讶得说不出话——他们在它的子宫中发现了 87 个蛋。虽说不是所有孵化出的小蟒蛇都能活下来,但是有这样的繁殖力也就不难理解为什么蟒蛇能在整个大沼泽南部开枝散叶、兴旺发达了——它滑过锯齿草丛,发出风吹黄樟树一般咝咝的声响,靠近猎物,然后猛地合上大嘴!用后端弯曲的牙齿牢牢咬住猎物,粉碎并慢慢吞下猎物的每一个部分。

没有人知道南佛罗里达地区蟒蛇的确切数量。估计数量在 3 万条甚至更多。在过去的 10 年间,捕蛇者在北至欧吉乔碧湖(Lake Okeechobee),南至佛罗里达半岛的区域内清除了 1825 条蟒蛇。在大沼泽腹地风光如画、名字颇为有趣的鲨鱼谷(Shark Valley,没有鲨鱼,只有 1 英尺深的峡谷),游客或许可以目睹蟒蛇在布满水草的河道中蜿蜒行进，甚至在道路上盘曲前行。蟒蛇或忙着捕猎，或在运河防洪堤上晒日光浴，或交配（在春季），或围绕在卵的周围并且紧绷肌肉以孵化它们。人们偶尔还能看到它们全力对付短吻鳄，或者在夜晚停留在依旧温暖舒适的沥青柏油马路上吸收热量。

它们几乎征服了公园中所有的狐狸、浣熊、兔子、负鼠、山猫和白尾鹿；3 英尺高、雕塑般的白色林鹳也不能幸免。被收录在《国家科学研究院会议纪要》中的一项开展于 2003 年至 2011 年的调查指出：浣熊、负鼠和山猫的数量分别减少了 99.3%、98.9% 和 87.5%。沼泽兔、白尾灰兔和狐狸已完全消失。2013 年，人们发现一条蟒蛇正在消化一只 76 磅重的鹿。

这些蟒蛇是从哪里来的——它们的家乡远在印度、斯里兰卡和印度尼西亚。其中一部分蟒蛇是任性出走的宠物，有的是搭乘货运卡车到达此地；另有一些蟒蛇来自宠物商店或国际食品市场，它们趁着暴风雨天气，从涨水的池塘逃逸而来。在"偷渡"过程中，有的蟒蛇藏身在国外打包植物、水果或蔬菜的包装材料中，有的紧紧抓住船身或螺旋桨叶片。还有一些蟒蛇可能来自大型轮船的压舱物，它们往往会在国外港口装水，不可避免地带上其他不知名的水生生物，到达目的地后又把这些远方的生物释放出来。另有一些蟒蛇从环球旅行客轮或者军机登陆。

许多入侵物种是以合法的方式进入的，如理想的作物或者伴侣动物。后者帮我们更好地定义自身或者单纯带来快乐。缅甸蟒成为美国的流行宠物，归因于它们与其他蛇类不同的柔顺性情。蟒蛇有时被培育成有着炫目的黄白相间马赛克斑纹的样子——就像布兰妮·斯皮尔斯（Britney Spears）在 2001 年 MTV 电视音乐奖典礼时缠在肩上、随着她翩翩起舞的那条蛇。但是许多蟒蛇的主人，由于没法履行养育 20 年的承诺，或者被告知随着蟒蛇的成长，其腰部的力量会大到令人恐怖，从而选择将它们放生于大沼泽。他们觉得那里会是蟒蛇的伊甸园，事实也确实如此。蟒蛇对所有体型小于成年鳄鱼的动物表现得英勇无畏，从而破坏了整个生态系统①。本地物种还没有进化出与之对抗或竞争的能力。于是，蟒蛇成为当地最强大的掠食者。

当然，绝大多数的人类也是始作俑者。人们一边在城市里忙忙碌碌，一边让熟悉的动植物陪伴在身边——有意或无意间——对我们可能释放的伤害不会关注太多。我们就像巫婆，俯身在这个星球的大锅前，不断地捣弄其中的生物，不能确定我们接下去会和什么生物亲近——不是野猫，而是蟒蛇？——然后等着看，下一个泡泡究竟会冒出什么？

我们的身边遍布偶尔现身的流浪动物，有毒物种处处可见。已经被人们知晓的入侵物种足够写满好多页，它们带来的恶果也数不胜数。像缅甸蟒这样的动物可以对生态系统造成严重的破坏，我们轻易地将它们视为掠夺者，似乎那是它们的错。但是大多数情况下，人类才是改变地球生物分布的推手。

入侵物种也许自身也带着"流浪汉"——那些具有感染性且人类无法免疫的生物。在圣弗朗西斯科，一名妇女的宠物蟒蛇"拉瑞"最近生了病。科学家检测了这条蟒蛇的基因组，然后震惊地发现了沙粒病毒的混合基因。它可以引发许多人类噩梦，包括埃博拉、无菌性脑膜炎和出血热。科学家们推测，埃博拉病毒最初极有可能寄生在蛇体内，再通过蛇传染给人类。或者说，在进化道路上的某个节点上，蛇容易受到埃博拉病毒的攻击，就像人类一样。现在我们知道，爬行动物可能携带一些

---

① 蟒蛇可以将它的下巴扩张成敞开的抽屉。但是它如何消化这么大的食物呢？通过扩大自身。蟒蛇每次进食，它的心脏、肝脏和肠道都扩大将近两倍。科学家正在研究蟒蛇的脂肪酸，它有助于研发未来的人类心脏病药物。

一些灾难也有积极的一面，甚至大沼泽地区蟒蛇泛滥的现象也是如此。2000年以前，我喜欢在鲨鱼谷铺砌的道路上骑车，当时那里还有大批野生动物。但是过多的浣熊经常袭击龟、鸟类和短吻鳄的巢，吃掉它们的卵，危及这些动物的未来。缅甸蟒恰好很喜欢吃浣熊，现在，随着浣熊数量的下降，更多的龟、鸟和短吻鳄可以孵化出来。(但是，这不能抵消蟒蛇对这个曾经生机勃勃的生态系统的影响。)

很多植物正在走向灭绝，但是我们正在收集国内外和本地新生态系统中的物种。见 R. J. Hobbs, "Novel Ecosystems: Implications for Conservation and Restoration," *Trends in Ecology and Evolution 24*, (2009):599-605。

世界上对人类来说最致命的病毒,而我们还在将它们从一个地点搬运到另一个地点。

蟒蛇并不是佛罗里达唯一的强大入侵者。在珊瑚角(Cape Coral),一种可以长到 6 英尺长的巨蜥——对外形可爱的受保护动物穴鸮构成了威胁。冈比亚囊鼠在绿茵礁岛(Grassy Key)完全失控。古巴树蛙吞食体型较小的本地蛙种。巨型非洲蜗牛对 500 种不同的植物构成威胁。硕大的绿鬣蜥正在将迈阿密蓝蝶逼向灭绝。和尚鹦鹉遮蔽了佛罗里达的天空,这种鼻子扁平的鹦鹉看上去就像上了年纪的拳击手。它们的叫声就像人们打开油罐盖子的尖锐声响,简直就像来自于另一个世界。不幸的是,它们庞大的鸟巢有可能压坏树木或者电线,而且不是每个人都喜欢这种叫声,所以它们被人们嫌弃。佛罗里达以入侵物种数量"雄冠全球"而著称。从野猪到牙买加果蝠,到松鼠和草原猴,还有九带犰狳和草原犬鼠,都在这里安了新家。

同样的状况也发生在淡水中。手指湖群如今满是条纹贻贝(原产俄罗斯)。它们堵塞了船舶引擎和进水管,增加了救生圈的重量。在坦帕湾(Tampa Bay),翡翠贻贝(原产新西兰)令当地的牡蛎窒息。亚洲鲤鱼正将五大湖区变为私家食堂。广受人们喜爱的彩虹光泽的日本甲虫正在把玫瑰叶片嚼得粉碎。尽管尼罗河鲈鱼已被引入维多利亚湖并上了当地人的餐桌,没人指望它的掠夺成性的嗜好能带来什么好事——它会毫不留情地享用一百种本地鱼类。

在数万年时光中,人类已经毫无顾虑地影响了各种生命形式。一群群智人在迁徙过程中携带了植物、动物和它们身上的寄生虫,古代文献经常谈及进口异国美食和物种。流浪的生命搭乘我们的行李、衣袖或者汽车云游四方——在我们的居住地投下阴影并最终波及世界。17~18 世纪的航海大发现时代不仅传播了思想和物质,也将寄生虫和疾病扩散开来。我们的殖民活动覆盖了每块大陆和几乎所有最极端的生态系统,并对它们进行了快速改造。看看我们自己的生活:搭车穿过草原,乘车去工作,乘飞机或坐轮船去海外——我们不停地重塑自然,就像摆弄起居室里的一套家具。

可以说，入侵物种已经兴风作浪了很长一段时间，有些被厌弃，有些带来乐趣，因为它们漂亮、新奇、美味或者有用——从椋鸟到毒葛（一位对它没有过敏反应的欧洲人觉得它外形美观，就把它带回了家）到外来爬行动物和杜鹃花。这些生物完全适应了新居所的气候和生物环境，并且扎下了根，有时还特别兴盛（比如桉树、竹子和印度猫鼬），给本地物种和居民带来了危害。人们喜欢自己的英国常青藤、挪威枫、牛蛙、日本忍冬、法兰西菊、圣约翰草、犬蔷薇、苏格兰松，等等。与之相反，另一些物种如非洲蜂、虎蚊、火蚁、水浮莲、牛蒡、七鳃鳗、珍珠菜、竹子、葛藤和蒲公英（显然是跟随"五月花"号上的清教徒而来）等则被轻视、诅咒和根除。

我们坚称入侵物种并不属于自然，而本地物种才是——即使它们已经消亡。受这种理念的启发，我们重新将狼引入黄石，将驼鹿引入密歇根，将欧洲猞猁引入瑞士，将麝牛引入阿拉斯加，将普氏野马引入蒙古和荷兰，将赤鸢和金雕引入爱尔兰，将印度豹引入印度，将黑足鼬引入加拿大，将棕熊引入阿尔卑斯，将驯鹿引入苏格兰，将苍鹰引入英格兰，将婆罗洲猩猩引入印度尼西亚，将秃鹰引入加利福尼亚，将大食蚁兽引入阿根廷，将阿拉伯羚羊引入阿曼，将游隼引入挪威、德国、瑞典和波兰，这样的例子数不胜数。与此同时，我们一边损害着原有的生态系统，一边又在忙于制造新的生态系统。

人们可能会谈论如何让生态系统重新获得平衡，但是世界上其实并没有完美的"自然平衡"，也没有可以长期保持和谐且无须改变的策略。自然永远在大胆冒进和不断纠偏中保持相对平衡。不过，人们一直争论大沼泽地区是应该清除所有的蟒蛇，还是应该让这些物种自由进化？自20世纪20年代起，我们已经将佛罗里达沼泽变为人类的家园。所以，真正的问题是：我们希望把这块花园建成什么样？

我对此持两种观点。一方面，我不希望干扰自然界的动态平衡。栖息地应该留给生物自由进化，人类不应干涉。但我也支持那些提议抓捕大沼泽地中的蟒蛇、让生态系统恢复公认的理想状态的人们。在那片区域里，狐狸、兔子、鹿和其他许多正走向灭绝的生物都可能复兴。在全球范围内，我们正在快速丧失生物的多样性。为了地球的健康和人类自身，我们需要丰富的动植物品种。通过将一种掠食者引入某个受欢迎的栖息地，我们已经将许多物种以及依赖它们生存的生物推上了绝路。

拔河在我们的动物性和人性之间悄然进行着。这是人类可爱的天性之一，它使我们成为相当奇特的灵长类。不同于其他动物，我们深切地关注与我们共享地球的其他物种，即使它们并不是家族成员，也不是同一物种。从这一点来说，它们不为我们所拥有，也不是私人朋友。我们关注所有我们甚至无法亲眼看见的生物，并决心帮助它们生存下来。我们对这些物种具有一种强烈的亲近感。

无论我们怎样计划介入或者修复生态系统，气候变化正以一种人类无法控制的方式重新布局动物的栖息地，引起大范围的动物迁徙。我们可能会注意到今年有更多的云杉甲虫，而鲜有蝴蝶停息在花朵上，或者感受到被大火烧毁的森林扑面而来的烟尘和热浪。我们也许会惊讶为什么所有细脖子的长脚秧鸡都不见了踪影。我们也许遵守规则，不去浇灌草地、不洗车，不在刷牙时开着水龙头。但我们也许不会将这几点放在一起思考，不会将供水减少和蝴蝶及秧鸡的消失联系起来。事实是：春天到来得更早，积雪很快融化。在漫长炎热的夏季，干透了的森林几乎没法获得水源。与此同时，已经虚弱不堪的树木还要面对甲虫的大规模进攻。

作为一个被人类的草率破坏的世界，目前的状况还算不上恶性循环。人们注意到了一些问题，尽管未必会及时修复，但它终归使人忧心忡忡，它引起了人类的注意，即便是一些细枝末节。狐狸迁移到了更北方，那里的庭院中开始有蛇出现，田鼠或者走向衰亡或者成群迁移到别处，西尼罗河病毒正在消灭当地的乌鸦。你注意到一种眼睛狭长带着鳞片的动物在运河中游动。受到气候变暖、沼泽向北延伸的引诱，短吻鳄开始从佛罗里达迁徙到北卡罗来纳。它们很快就会成为弗吉尼亚的本地物种，也许活动范围会覆盖整个弗吉尼亚滩（Virginia Beach），一些探路先锋说不定会顺着波托马克河（Potomac）游到华盛顿。

在海洋食物链①中，作为关键种②（keystone species）的浮游生物③，在生态系统中处于核心位置。它们的数量随着时间发生改变。体型微小、外形像虾的鞭毛虫，其数量以万亿计。它们没有思想，太过柔弱，人类几乎无法用肉眼观察它们——它们似乎无法承担关键种的重任。但如果没有它们，海洋生命系统将会坍塌。就生物量④（biomasses）而言，鞭毛虫的数量在地球上名列前茅，在所有的水流中都可以见到它们的踪影。

在北极水域，北极熊和它们的幼崽穿越浮冰走廊，在上面休憩捕猎；海鸟在冰冻的悬崖上筑巢，飞到浮冰的缝隙间捕食鱼类；海豹在浮冰上生产并养育幼崽。对海象而言，浮冰就像一块神奇的飞毯，载着它们去远方捕鱼。随着水温不断升高，海藻能够攀附的浮冰数量越来越少，以至于以海藻为食的鞭毛虫数量也明显下降。近期《自然》杂志刊登的研究结果显示：20世纪50年代以来，全世界的鞭毛虫数量已减少了40%，这意味着以鞭毛虫为食的鱼类、海鸟和鲸的食物供给也在下滑。

鞭毛虫数量的减少导致磷虾数量的下降，继而造成小型甲壳类动物数量的下滑。在地球另一端的南极水域中，以磷虾和鱿鱼为食的阿德利企鹅的数量也就随之减少。在企鹅界，阿德利企鹅的巢松散凌乱，它们用石块在坡度平缓的沙滩上筑巢，在微型环形山一般的巢穴中哺育它们长着蓬松棕色绒毛、雪人一般的幼雏。当我20年前造访一片面积广阔的阿德利企鹅栖息地时，无数企鹅在那里喧闹不休，石头在当地是个稀罕物。但是，根据鸟类学家比尔·弗拉瑟（Bill Fraser）的推测，阿德利

---

① 食物链：浮游生物（植物）在最底层，它们被浮游动物吞食；磷虾，鱼和其他海洋生物以浮游动物为食。
② 它们的消失或削弱能引起整个群落和生态系统发生根本性变化的物种。——译注
③ 浮游生物的名称来源于希腊词语"漫游"，因为它们无助地随波逐流。——译注
④ 某一时间单位面积或体积栖息地内所含一个或一个以上生物种，或所含一个生物群落中所有生物种的总个数或总干重（包括生物体内所存食物的重量）。——译注

企鹅的数量在过去25年间下降了90%。求偶的企鹅少之又少，石头也就变得随处可见了。对以企鹅为食的虎鲸和海豹来说，食物供应就没有那么充足了。

不过人类世的故事没有那么简单。在阿拉斯加，气候的变化给几近灭绝的喇叭天鹅带来了福音，使它们拥有更充裕的时间哺育雏鸟。虎鲸也会从海水变暖中受益。随着浮冰数量降至历史低点，虎鲸能够通过传说中的西北航道开辟贯穿极点的新航线，改变北方海洋生态系统。浮冰的融化增大了虎鲸的活动范围，使它们能捕食更多海洋中的金丝雀——会"唱歌"的白鲸以及独角鲸，这两种鲸都是虎鲸的最爱。但是白鲸和独角鲸也都是濒危物种。

单单一种温血动物就能带来如此严重的混乱，这实在让人惊讶。创造体量庞大的城市，修建高耸入云的住宅已经对环境产生了很大的影响。但是清除、重新安置某些生物，并逐渐干扰整个星球的动植物会带来更大的伤害，其规模超过地球以往经历过的任何灾难。首当其冲的就是明亮光鲜的建筑物，相比之下，其他动物的做法就要温和得多。例如，河狸折断树木建造水坝，为它的水下小屋修建理想的池塘，在这个过程中，一些动植物群被驱逐。但是没有一种动物能像人类一样，在所有的大陆和海洋拓展自己的家园，并把所有的生命形式都驱逐出去。

变异了的气候扩大了一些物种的种群数量，也损害了部分物种甚至令一些生物走投无路。这些事件并非遥不可及，它们就发生在我们身边，就像你家草地上聚集的加拿大鹅那样显而易见。这些现象和我们息息相关，比如我们翘首企盼的蝴蝶——每个夏季它们都会如约而至，吸引你的父母、你和你的孩子的目光——如今它们的消失，就引起了人们更多的关注。

在英格兰，过去30年间，曾经稀少的阿格斯蝴蝶的活动范围向北扩展，并且在没有天敌（寄生蜂）的新栖息地改变了食谱。这种蝴蝶是一个奇迹，它的翅膀是棕色的，两翅边缘有白色饰边，还有亮橙色眼斑；翅膀的反面是浅棕色，带着黑白相间、夹杂橙色的眼斑。一名居住在英格兰北部的护士，很久没有见到她喜欢的这种蝴蝶翩然起舞的身影。直到她探望居住在北面 30 英里处的姐妹时，才发现这种珍稀蝴蝶大批栖息在那里。为什么它们都到你那里了而不是我身边？她或许会认为这是生态竞争的结果。此前，寄生蜂在一些特定植物上寻找阿格斯蝴蝶的幼虫，而这些植物并未随着这些蝴蝶的迁徙而改变分布。

想象一下你某天早上醒来，发现满大街的餐厅，附近的熟食店和百货商店——你通常采购食品的地方——都向北迁移了大约几小时的路程。你会进行费时费力的长途采购，还是改变食谱，或者跟随这些食物并重新定居在北方？就像你从事狩猎和采集活动的祖先，你很可能收拾东西并跟上大队人马。

西班牙鸟类学家明戈尔·费热（Miguel Ferrer）估计，由于气候变化，全球不同种类的共计大约 200 亿只鸟已经改变了它们的迁徙模式。在一场有 200 名研究动物迁徙活动的专家参与的会议上，他宣称："长距离的迁徙者的旅途正在缩短；短距离迁移者正变为定栖物种。12 个月前，你所在城市的夏季正常气温正是当前 4 公里以北地点的气温。它听上去变化不大，但是这种温度变化速度已经比上一个冰期快了 20 倍。"

奥杜邦协会（Audubon Society）的一项研究发现：305 种北美鸟类中，大约一半的过冬地点比 40 年前北移了 35 英里。紫雀的越冬地较以往北移了 400 英里。鸟类外形美丽，适宜观赏，当然，它们也在植物授粉、种子散播和消灭害虫的过程中发挥了重要作用，它们令庄稼茁壮成长，促使生态系统保持健康。

对鸟类来说，在业已被城市分隔的地域中进行迁徙并不是容易的事。一些鸟类被温暖的气候蒙蔽而过早起程，抵达新的地域时才发现食物还没有萌发。那些长脖子、身上满是斑点、叫声嘶哑的长脚秧鸡曾经覆盖了北欧至南非的天空。它们在田边、茂密的草木或者草地上筑巢。随着人类在清除植被的土地上种上庄稼，秧鸡失去了据点，数量一路下滑。幸好，通过 50 个国家的同步努力，从俄罗斯到塔斯马尼亚——这项策略要求农民不要在雏鸟发育成熟前清除田里的杂草——秧鸡和它们身披黑毛、走路摇摇摆摆的雏鸟数量都在回升。

将植物和动物引入新的地区通常没什么害处。这就是人类（有史以来最成功的入侵物种）在新大陆定居，种植苹果、桃子和玫瑰，并引入马的过程。其实只有野苹果是北美原生种。这种甜美爽口、带着蜂蜜气息的苹果是我们夏天念念不忘的美味，多肉的红色美味果实在牛仔服的映衬下甚是诱人。其他7500个栽培品种，每一种都有独特的口感、香气、脆度和用途——都是入侵物种，我们就像培育展示犬一样培育苹果，产生不同的品种供我们品尝、观赏、烹调或者散发人们喜爱的香味。我是一个苹果行家，因此我对后院里两棵上了年份的酸苹果树心存感激。

我还发现马为北美自然景观增添了新风景，尽管我知道它们是入侵物种。马通过西班牙船只抵达，并且适应了广阔的草原栖息地。这一切是如何发生的，还是一个谜。单看一个例子——东海岸名为其柯提科（Chincoteague）和阿萨提科（Assateague）的堰洲岛上的野马——它们的起源就有很多种说法。海盗是否曾经在外出洗劫时放任马儿自由吃草，而返回时却发现它们已经消失在浓密的灌木丛或树林中？会不会是17世纪的种植者从欧洲进口了这些马，决定将它们养在这座岛上以逃避征税，最终却发现它们逃遁而去还聚集成群？是否有一艘准备开往英国殖民地的西班牙大帆船，遭遇了飓风而撞毁在岛上，当地印第安人前来救援，小马驹却四散而逃？或者有一艘西班牙大船装载着被蒙了眼睛的马匹，人们本来准备将它们带到矿山。然而这艘船不幸在飓风中沉没。这些受惊的马，尽管被蒙着眼睛，却在风暴中幸存，还游上了岸？没人知道答案。

这些马的祖先需要面对匮乏的食物、炎热的夏季、湿冷的冬季、凛冽的寒风和无情的蚊虫，还有周期性的风暴。为了适应严酷的环境，它们长出了更厚的皮毛，学会了一整套生存技能，例如感知气压的下降，在丘陵地带寻找庇护，在强风天气中背朝风面、抱团取暖。最终，只有适应性最强、最聪明的马活了下来，并且把它们的基因遗传给现在的马群，它们富有活力、谨慎聪明，很好地适应了海洋地带的自然环境。

我或许可以追溯我所喜爱的玫瑰花的迁移历程。我用有机栽培的方式种植玫瑰，几乎从不进行干预。我几乎没有想过 3500 万年前的玫瑰化石，或者 5000 年前中国的园艺师最初是怎样培育它们的。玫瑰同样不是北美原生物种，却是相当成功的入侵者。它们在野外恣意生长，出乎定居者的意料，也让他们欣喜不已。

中国大闸蟹也许损害了圣弗朗西斯科湾的栖息地，但是欧洲青蟹正在帮助恢复科德角盐沼的生态系统。通过再次引种在夏季云雾中缓慢生长的草种，我们正在恢复草原生态系统。通过改变溪流流向和栽培本地植物群，湿地也正在恢复。这类做法当然改变了气候以及鸟类和昆虫的迁徙模式；一些动物找到了新的居所，其他的被迫逃亡。在大多数情况下，生态系统的恢复是成功的，但人们有时会把情况弄糟。

在距离东京以南 15000 英里的马里亚纳群岛的最南端——关岛，自 1898 年美西战争以来，这里就是美国的属地。人们对它的通常认识是军事基地，但它同样是一个生机勃勃的热带天堂。拂晓时分，到访者只能感受到出奇的寂静，听不到一声鸟鸣，因为绝大多数的鸟类已经绝迹。是什么原因造成这种灭绝？是杀虫剂的毒害？是栖息地遭到破坏，还是外来疾病？这个问题让科学家花了好些年寻求答案。真正的元凶是一条 1949 年溜出货船的怀孕的印尼棕树蛇。这种夜行性的棕树蛇是善于爬树的捕食者，它能长到 11 英尺长，具有毒性。它们对树林和岩石海岸都很适应，如今这种蛇已经繁衍到数十万条之多。关岛的鸟类在进化过程中并没有遭遇过蛇类天敌，因此绝大多数鸟类都被印尼棕树蛇吞噬。同样，当地的爬行类、两栖类和蝙蝠也难逃厄运。不会飞行的关岛秧鸡只剩少量的圈养个体。通过在关岛和大陆上一些动物园启动圈养繁殖计划，人们总算在最后关头解救了这一物种，避免它重蹈关岛阔嘴鸟（关岛特有物种）的覆辙。由于鸟类对当地果树的种子散播起到重要作用，因此一些植物也随着鸟类的衰亡而消失。与此同时，岛上的蜘蛛较以往多了 40 倍，而它们原本是鸟类的食物。

对进化的干扰还可以发生在面积更广阔的岛屿上。在澳大利亚，甘蔗蟾蜍被当成甘蔗甲虫的克星引入当地，也确实取得了显著的效果。这种蟾蜍的家乡在美洲，从得克萨斯南部到中央亚马逊盆地（Central Amazon Basin），到处都有它们的踪影。甘蔗蟾蜍在原生地可以长到接球手的手套那么大。在澳大利亚这个新家园，它们进化出更长的腿以穿越广阔的内陆。只有那些嘴较大的蛇才能吞食这种有毒的蟾蜍，而这些蛇在进食过程中就被毒死了，只剩下它们那些嘴型较小且不敢招惹蟾蜍的表亲还在繁衍生息。最终，澳大利亚的蛇类开始进化出更小的嘴。

有时，人类繁殖并迁移动物，以将它们从灭绝边缘拯救回来。在《野性生命》(*Wild ones*) 中，乔·穆阿利姆（Jon Mooallem）记叙了他如何"开展"迁徙的过程：他将高鸣鹤雏鸟从一个孵化器中孵化出来，教会它们野生鹤的行为，包括如何迁徙，之后这些鸟经人们驾驶的超轻型飞机带领，飞行上千英里。穆阿利姆写道："人类大规模生产野生鸟类这项工作，看上去野心勃勃，充满了复杂的奥秘。然而10年之后，即使是为此献身的人，也很难赞同它的成效，以及明确接下来应该怎样做。"

然而，通常人类养育和运输动物并不是为了拯救它们，而是为了满足自己：驯化狗、猫甚至蟒蛇作为宠物，役使马牛，提供劳力，或者挑选一群动物——从骆驼、马到鸽子和蝙蝠——让它们在人类进行最血腥斗争时陪在我们身边。

"它们别无选择"

当真马大小的木偶骏马第一次出现在木偶戏《战马》(*War Horse*)的舞台上，晃动脖子，转动耳朵，惟妙惟肖地模仿动物的动作时，观众着实花了一番心思才看出演员究竟是怎样操纵这匹透明的骏马的。但是随着幕后演员巧妙地操纵肌腱和肌肉，马儿逐渐唤醒了我们深藏的本性：将人和动物近乎同等对待，人们早已将动物的特质嵌入我们的俗语当中（目光如鹰隼般犀利、倔得像头骡子、像狮子一样勇敢、像牛一样强壮，等等）。所有的儿童都会在游戏中扮演动物。我们常常用动物图案作为托儿所的墙纸，在网络上用动物作为自己的头像。在恐怖片中，人类变成半人半兽的怪物，更别提肥皂剧中那些害了相思病的吸血鬼了。在过去，人们将动物带入战争，从而帮助人们加快战斗进程，增强战斗力或者搬运补给。动物成为人们喜爱的设备，它们必须面对战争中的死亡，或者在战争结束时接受被抛弃的命运。随着人类对动物思维和感知的了解不断增加，我们发现它们也能体验我们类似的情感，这让我们对动物生出越来越多的同理心。

在斯蒂芬·斯皮尔伯格（Steven Spielberg）执导的史诗般的电影《战马》中，有一个片段令我久久难忘。观众的视线穿越"一战"中的丛林，直面炮火、尖叫和流血场面，年轻人和战马都惊恐不安，尖声惊叫。接着，这段战争画面弱化，镜头就此展现另一个视角下的战争画面——倒映在英勇战马乔伊弧形眼球中的影像。创伤，就像某些迷幻剂,能在组织中滞留很久。通过那个镜头,人们可以清晰地见证创伤是如何发生的。由于马的眼球带有弧度,它反射出的影像也是扭曲的,从中可以看到人、动物、硝烟和火球以及四溅的土块。战争对马和其他动物也有伤害。这些匠心独具的画面说明了一切,就像言辞犀利的诗句一样刺痛我们的心灵。

人类已经驱使太多的动物参与战争,然而直到最近,我们才开始认识到它们对恐惧和痛苦的承受能力,并开始纪念它们作出的牺牲。在伦敦海德公园附近两条繁忙的街道之间,我曾偶然发现一处令人惊讶的战争纪念碑,它周围环绕着一群人,几匹马和骡子,几只训练有素的猫狗和一群赛鸽。年长的绅士头戴军帽,其中几位胸口处戴着以往战斗中获得的闪闪发亮的勋章,领子上别着红罂粟花①。一名身着黑色戎装的仪仗兵,跨坐在一匹与之相配的墨黑色爱尔兰骏马之上。要不是腰上系着白色腰带以及军帽和裤腿上的鲜红条纹,他看起来似乎隐没于一片黑色之中。其他士兵穿着沙漠迷彩服,衣着考究的女士们牵着小狗,数不清的老兵,动物权利团体——都带着钦佩的表情围绕在纪念碑周围。这座弧形的纪念碑高6英尺,由光亮的白色石灰石雕凿而成,象征着战场。

墙上精美的浅浮雕刻画了一支由骆驼、大象、猴子、熊、马、鸽子、牛和其他动物组成的队伍,它们肩并肩一起英勇地走向战场。不远处,是两头背负着重物、充满力量感的铜雕骡子,它们背负着大量步枪和其他作战设备,朝墙上的缺口方向奋力迈步。一头骡子抬起箭一样的脖子,朝着珍珠白的石灰岩大门外的花园前行。

在墙的另一端,一匹强健的骏马正在飞奔,它身旁是一条赛特猎犬。它们都挣脱了束缚,猎犬偏过头回望它的同伴。浅浮雕的内容到此

---

① 英国民众会佩戴红罂粟花习俗源于约翰·麦克瑞(John Macrae)缅怀"一战"中牺牲战友的著名诗篇《在佛兰德斯原野上》(In Flanders Fields),此后红罂粟花逐渐成为全球许多国家纪念"一战"的共同纪念物。——译注

为止。在墙的北面，动物被雕成中空的轮廓，就像儿童的拼图游戏，似乎等待着人们放入对应的图形。

这座耗资 100 万英镑的纪念碑完全由私人基金赞助建设，展现了这样一段传奇：

这座纪念碑用于纪念所有曾在战争中与英军及其盟军并肩作战并为此献身的动物。

它下方有一句更短的说明：

它们别无选择。

我曾经听过几位老兵称颂他们曾在战斗中依靠过的动物，它们提供了多种服务。一位老兵歌颂在缅甸丛林中提供给养的骡子（为了防止它们发出叫声从而给士兵带来危险，它们被切除了声带）。"我的命是这些骡子帮我捡回来的，"他说着，眼前浮现出当年的场景，"能让枪支不离左右的唯一方法就是依靠它们。"一位匿名的动物爱好者在纪念碑前摆放了一个花环，上面写道："你嗅到了我们的恐惧。你目睹了我们的流血。你听到了我们的呼号。亲爱的动物们，请原谅我们曾经让你们用这种方式服务于战争。"

用手触碰铜雕骡子，出乎意料地冰冷，骆驼的水泥外壳也是一样。纪念碑的来世部分，马的身形比现实中更为高大，蹄子大得像餐盘。这匹马高到无法骑乘，它走在一片开满雏菊的草地上，身旁的猎犬身形倒和现实中差不多，这两种动物都没有被赋予更深的意味。它们就只是简单自由的动物，健康且没有烦恼，远离战争的恐怖。

这座由戴维·贝克豪斯（David Backhouse）设计的纪念碑，诗意地表现了数百万曾在战争中服务甚至献身的动物所经历的困境。狗背负着绕线器，在战火中铺设电报线路，或者用爪子刨开碎石，拯救幸存者。虎鲸变身为电影摄影师，口衔相机在海中巡逻。鸽子从前线传递信息。海狮潜入 650 英尺深的水中寻找失踪的设备。白鲸用它们的声呐在水中进行监测（其他哺乳动物都无法忍受如此低的水温）。在山地和丛林，人们骑着大象进行战斗。而在阿拉伯半岛和北非，骆驼骑兵加入了战斗。还有萤火虫……

是的,确实还包括萤火虫。在萤火虫体内相互独立的体腔内,可以分泌出荧光素和荧光素酶。这两种看似平常的化学物质一经混合就能发出神奇的光亮。成虫利用它们发出爱情信号。它们的屁股成为所谓的"灯塔",引导交配行为。有时"第三者"也会趁机插足,通过模仿另一只雌性的发光密码横刀夺爱。"小三"的勾引充满了无穷魅力,即使是在战场上,它也可以照亮求偶者的心。同时,这种光源还能照亮士兵的家信。与白炽灯泡不同,萤火虫的光能与环境融为一体。因此,在"一战"中的堑壕战期间,参加索姆河战役的士兵捕捉萤火虫带入战壕充当电灯,利用这种绿色的冷光源阅览地图和信件。

在"一战"时期,10万只信鸽带着各自的使命飞入蓝天;"二战"时,这一数字达到20万。它们竞相以每分钟1英里的速度运送特殊的物品——那些绑在它们腿部装在胶囊中的密码函。"一战"中的著名信鸽,谢尔·阿米(Cher Ami),服役于美国陆军通信部队。在传递了12封紧急情报后,它于1919年被射中胸部和腿部,伤重身亡。尽管遭受流血、休克和腿伤,它还是坚持完成了情报传递任务——被法国人视为"英雄",并被正式授予法国军功十字勋章。谢尔·阿米在新泽西州的福特芒莫斯(Fort Monmouth)受训成为一名鸟类战士,它只剩一条腿的遗体被陈列在史密森尼国家历史博物馆的名为"自由的代价:战争中的美国人"的展览中。

在"二战"白热化阶段,最离奇的当属美国面向太平洋战区推行的"X光计划"(也被称为"蝙蝠炸弹计划")。它是由莱特尔·S.亚当斯(Lytle S. Adams)提出的。蝙蝠在美国的战争中总是扮演重要角色,因为蝙蝠粪能发酵形成硝石,那是制造火药的关键成分。早在独立战争时期,士兵们就从蝙蝠栖居的洞穴中开采蝙蝠粪。

每年3月至10月,布莱肯山洞(Bracken Cave)栖息了2000万只蝙蝠母亲和它们的幼崽。亚当斯和他的团队捕捉了几千只墨西哥无尾蝙蝠,用它们"度身定制"燃烧弹,并计划将它们一只只塞进独立的容器，每个容器都配备了降落伞，然后将它们投放到日本。在距离地面1000英尺高的地方，这些容器将会打开，蝙蝠飞出来，藏身在木瓦或屋檐下，然后它们很快爆炸，点燃全城各处用木材搭建的屋子。罗斯福总统曾经认可这项古怪的计划并为此拨款200万美元。之后的某一天，全副武装用于测试的蝙蝠突然逃逸，引燃了得克萨斯州的一处空军基地，从那以后，"X光计划"就被放弃了。

那个年代还有另一项计划投入运行。美国的行为学家B. F. 司金诺（B. F. Skinner）曾开发一项鸽子制导的导弹。在这项被称为"鸽子计划"（Project Pigeon）的项目中，他训练鸽子通过啄食目标绕过障碍物。美国海军在战后恢复了这项计划，改名为"生物控制"计划（Project Orcon，即organic control）。1953年，电子制导的导弹被认为更加可靠，因此这项计划才被放弃。6年后，该项目才被偶然解密。

众所周知，在古代，鸽子、狗、马、骆驼和大象曾被应征入伍，甚至猪也曾经服务于战争。生活在古罗马时代的老普林尼曾提到，人们放出一群群呼哧呼哧的肥猪以抵御入侵者的大象，尽管此后我们认为动物士兵的理念纯属精神失常的想法。

五角大楼的国防部先进研究项目局的心理战部门（psyops，为psychological operations的简称，大多数人可能从书上或电影《以眼杀人》中第一次了解它）曾经训练CIA作业人员实施对动物的远程杀戮，但那还只是CIA对动物战士实施的怪异计划之一。在"操控音响猫"计划（Operation Acoustic Kitty）中，CIA将窃听设备植入猫体内，猫的尾巴上藏有天线。这只猫刚刚被释放在俄罗斯的某个院落，就在准备穿过马路时被一辆轿车撞死了。这个耗时5年、耗资500万美元的计划就此取消。猫还被认为适用于充当炸毁船舶的炸弹导航系统（这个贫乏的逻辑源自人们对猫的认识：猫恐水，因此它们会将绑在身上的炸药带到甲板上爆炸）。

曾在战争中帮助过人类并为此献身的动物数以百万计。近几十年来，随着士兵们的技术含量越来越高，动物们的装备也越来越先进。

2010年，有报道说塔利班训练猴子使用卡拉什尼科夫步枪、轻机枪和耐火砂浆对付北约部队。尽管塔利班否认了这起谣传，但它仍然影响了我的思维，让我联想到《绿野仙踪》里从天而降的一群猴子。尽管观看这部电影时我还是个孩子，我还是认为恐怖的不是这群猴子，而是训练动物参与战争的恶毒想法。

中央情报局（CIA）曾实验过远程操控的联网昆虫。他们将微芯片插入处于蛹阶段的蝴蝶、蛾子和蜻蜓体内。DARPA①的一份提案这样解释道："通过每个变态环节，昆虫的身体经历一次更新过程，它可以治愈伤口，并重新定位器官以包裹外来物体。"结果是产生了半机械化的蜻蜓和机器飞蛾，还有用于搜救的半机械化蟑螂。其他的计划包括远程控制的鲨鱼（脑中带有电极），它们能嗅出炸弹和爆炸物，蜜蜂也被训练用于取代狗嗅出炸弹的位置；仓鼠驻扎在安全检查站，经过训练，它们在闻到高水平的肾上腺素时能压动杠杆。

在长达50多年的时间里，美国海军曾经训练一群海豚利用它们出众的回声定位能力和微光视力，辨识并清理水雷。这些海豚曾在越南和波斯湾服役，它们的任务包括拍摄影像、传送设备，以及抓捕敌方潜水员（用一端连着浮标的脚铐夹住对方）。"除雷豚"学习如何分辨水下爆炸物并避免引爆炸药，并且以回复"是"或"不是"的方法将消息反馈给头领。有时它们小心翼翼地用浮标绳标注炸弹的位置；有时利用接触引爆水雷，自己逃之夭夭。2012年，伊朗威胁在霍尔木兹海峡（Strait of Hormuz）投放水雷，封锁这条重要的航道。美国国家电台采访了曾在巴林指挥美国第五舰队的退休海军上将蒂姆·基汀（Tim Keating），询问该如何应对这一局势。

"我们有海豚。"他实事求是地承认。

---

① DARPA 是美国国防部先进研究项目局（Defense Advanced Research Projects Agency）的简称。是美国国防部重大科技攻关项目的组织、协调、管理机构和军用高技术预研工作的技术管理部门，主要负责高新技术的研究、开发和应用。——译注

海豚不仅受到头领的奖赏，海军方面也视它们为一个特殊的人事部门。它们虽没有军衔，但完全以部队化的方式"建制"。比如，Mk4M 0d0，用来表示一只通过训练能发现靠近海床的水雷并进行引爆的海豚；Mk5M 0d1 代表一只在实战军事演习中用于检索水雷的海狮。

但是，在2012年夏天，海军宣布了一项重大的决定。他们计划让负责扫雷的海豚及其他海洋哺乳动物于2017年退休，然后用无人机"刀鱼"①（一种能产生电场的鱼类）替代它们。不同于海洋哺乳动物，刀鱼不会让炸弹失灵，只是定位、拍摄并传输相关数据。其他水下无人机将会由光纤电缆引导。我愿意相信是对动物的同情促成了这个决定，但是节约经费也是一个重要原因。在一个军队体系中，机器人参与作战的开销比海豚更低。毕竟海豚体形笨重，需要装在充满水的容器中带到战场，而且它们还需要人们喂食并提供医疗服务。

将动物用于战争或科研实验的做法一直以来都招致大量的公众批评，特别是海豚这类大脑发达的哺乳动物。幸好政府对这类批评并不是完全闭目塞听。2013年，经过多年全球范围的协商游说，美国政府最终几乎停止了所有针对黑猩猩和其他濒危物种的动物实验。这意味着，那些代替人类承受无数病痛折磨的黑猩猩终于可以在动物庇护所安度余生，别的黑猩猩也不用再面对这些惨痛的遭遇。

在人类的战争和实验中，长期充斥着对动物的统治和虐待。不过谢天谢地，如今这种现象正因技术的发展而快速改变。在地形崎岖的地方，我们用机器骡子代替马和卡车，机器跳蚤可以跳进窗户进行间谍活动；在布满有毒物质的区域，灵巧的机器人可以代替人执行任务。但没有人指出怎样才能制造出像狗一样灵敏的鼻子。狗可以嗅出房间

---

① 海军也许会逐步淘汰海豚战士，但是根据美国全国资源保护委员会的一项研究，在过去的5年中，使用不安全的声呐，美军已经在加利福尼亚海岸的例行训练中伤害了280万头海洋哺乳动物。参见 Brenda Peterson，"Stop U. S. Navy War on Whales"，*Huffington Post*，2014年3月14日。

里某个人的气味,即使他几小时前已经离开;它能嗅出近地面处从鞋底散发出来的味道。即使这些分子数量很少,就算地面崎岖不平,甚至遇到暴风雨之夜,狗仍然可以确定他的行踪。机器人还不能做得如此完美。因此现在我们仍然需要训练狗成为士兵,有的狗甚至被训练成杀手。

如果战争无可避免,我们可以使用冰冷的无人机。可惜,它们的目标却是有血有肉的。

泛舟基因池

几千年来，人类基于自身偏好对这个星球上的生命形式进行筛选，以获得我们偏爱的特性。用于食用的农作物和动物都是如此，我们喜爱的宠物也不例外。没有哪种动物像狗一样和人类维持如此久远的互相依存的关系。它们在情感表达和保留野性的程度方面与人类非常相似。所有狗的祖先都可以追溯到一种犬科动物——狼——但你肯定不会想到它会衍生出如此多的品种和各异的外形：吉娃娃、贝林登梗、比利时格林芬犬、可卡犬、大丹犬、斗牛犬、巴辛吉犬、阿富汗猎犬，还有威尔士矮脚狗。几个世纪以来，人类培育不同的犬种从事各种类型的工作和运动：长腊肠犬适合探寻獾的洞穴，胸肌发达的灰灵缇和惠比特犬适合赛跑，恩特雷布歇山地犬适合牧羊。哈巴狗有丰富的体形和毛色供人选择。人们还可以根据犬的智力水平、处事能力或者讨人喜欢的神经质性格（比如追尾巴）来选择伴侣犬。人类选择性培育犬种的特长造就了体形优美、广受欢迎的犬种，但近亲交配也导致了大量遗传缺陷：目前已知狗大约有 350 种遗传性疾病，包括比格犬常患的脊间盘衰弱，杜宾犬的嗜睡病，短腿腊肠犬的凝血病等；平脸的京巴饱受呼吸困难的折磨，而苏格兰梗患膀胱癌的风险达到平均值的 18 倍。人类培育的一些犬种体型过小，膝盖骨很容易脱臼；有的犬种体型过大，又容易受到臀部伤病的困扰。

通过控制性的繁育对人类的动物朋友进行重组利用，虽说手法拙劣,但人类开展这项实验的历史如此悠久,以至于我们不再认识到这是"非自然"的结果。现在人类已经拥有了强力介入细胞机能和基因重组的能力,甚至能够改造人类自身。这种能力已经越来越令人忧虑,引发了各种伦理和法律方面的挑战。

2012 年,约翰·戈登(John Gurdon)和山中伸弥分享了诺贝尔生理(医学)奖,他们突破性地发现了诱导人体表皮细胞使之具有胚胎干细胞特征的方法,这种干细胞可以转变为所有类型的人体细胞(心脏、大脑、肝脏、胰腺、卵子等)。这几乎可以说戈登和山中发现了重启身体时钟的诀窍,它能让细胞回归早期发展阶段,让它们重归尚未确定分化方向的早期细胞阶段——这样就无须使用引发诸多争议的胚胎干细胞。

太空或许是一项终极前沿科学。另一项当然是人类在基因学方面的想象和创造力。"我们或许就像神灵,而且善于扮演这一角色。"1968 年,斯图尔特·布兰德(Stewart Brand)在他的名著《地球目录》(*The Whole Earth Catalog*)的开篇这样写道。这本书激发了回归土地(back-to-the-land)运动。他 2009 年的著作《地球法则》(*Whole Earth Discipline*)的开篇语显得更加忧心忡忡:"我们就像神灵,所以必须善于职守。"

极度濒危、仅存几只的北白犀牛(northern white rhinocerose)仍在苟延残喘。但是,由于戈登和山中的贡献,基因学家可以从刚刚死去的动物——40 多年前的一头北白犀牛——身上提取 DNA,将它转换为"诱导多能干细胞"(induced pluripotent stem cells,下文简称为 IPS),加上一点儿特定的人类基因,产生白犀牛精子。之后,使用试管技术,他们希望使雌性白犀牛的卵子受精,产生后代、增加基因的多样性,从而拯救这一物种。截至目前,他们已经成功获得了胚胎。

长着银色鬃毛、生活在西非小块森林中的鬼狒是非洲最为濒危的灵长类动物。它们长着花瓶形的深色面孔,面部四周和前额覆盖着蓬松的银色皮毛,气味总是非常明显。目前,该物种为数不多的幸存者们饱受糖尿病的折磨。为此,圣迭戈动物园和斯克瑞普斯研究院的科学家展开一项合作,希望发现一种治愈这种疾病的方法,同时丰富鬼狒的基因池:他们刚刚从银发鬼狒身上提取了IPS,并将其改造为脑细胞。

斯克瑞普斯研究院的"魔法师"们正在酝酿推出针对人类的IPS疗法,第一个项目——人们期待已久的帕金森氏病的临床试验将会很快启动。在纽约中央公园放牧恐龙的呼声由来已久。恐龙重生并非易事:这一物种灭绝的时间太长,它们的DNA早已失去了活性。但是许多其他种类的动物,从旅鸽到大海雀,都大有希望。好奇心是人类难以抗拒的天性。许多研究人员讨论为什么要复活已灭绝的物种,以及应由哪些人、在何处、如何实施这一计划。在俄罗斯的更新世公园,野牛和野马已经徜徉其间,它们在外表上和祖先相当接近。接下来,人们将打造一群毛发蓬松的猛犸象,尽管它们曾经生存的草原已不复存在。对一些人来说,复活灭绝物种是对尘封已久的生态罪行的道德追寻。而对其他人来说,那是激情燃烧的科学挑战。只有少数人站在公允立场上公开承认,对他们来说,这项计划是无法拒绝的炫酷理念。

在哈佛,分子基因学家乔治·彻齐(George Church)已经开辟出在DNA果园漫步的途径,能够摘取单独的基因以获得特定的性状,或者去除带来病痛的基因。我一直觉得袋獾(Tasmanian devil,也被称为塔斯马尼亚恶魔)很可爱,也许是因为它们声音沙哑,脾气暴烈,吵闹不休,站起来打斗时就像浑身披毛的相扑运动员。由于一种感染性面部肿瘤的蔓延,野生袋獾的数量一直在下降,大约80%的个体已经消亡。彻齐已经精确查明引起肿瘤的基因,并将它从袋獾的遗传谱系中去除。如果他愿意,他可以利用DNA的四个碱基:A、T、G和C编写出一个公式,通过修补基因片段,重新创造出已经灭绝的旅鸽。尽管这是一门带着未来主义色彩的科学,研究工作也都是利用实验室设备完成的,但是彻齐和他的团队用的语言完全是机械化的工业时代风格。为了制备一个细胞,一位生物工程师从各处登记收集零件,选择他需要的生物"砖块",实施组装过程:在"工厂"的一个底盘(例如大肠杆菌)上装载DNA"砖块"。

让人惊讶的是,作为一个物种,人类已经开始思索:我们已将所有这些动物逼至灭绝,又该怎样让它们重生?我们对围绕在周围的动物有一种深深的情愫,认为有可能让它们复活。人类总是认为自己对动物拥有统治地位。今天,随着我们眼睁睁地看着动植物的基因池日渐衰退,而多能干细胞技术正蓬勃发展,我们意识到人类的角色更加复杂,聪明的错误需要更聪明的应对措施。

乘坐穿越英格兰中部地区的列车,从伦敦前往诺丁汉,途中我们经过一片片令人印象深刻的西洋栗树林。这些树古老而高大,宽大的圆形树冠郁郁葱葱;锥形的花朵随风摇摆,香气袭人。这花香就像丁香那样浓郁,但是更类似动物的气息,带着一股皮革的甜香味和轻微的汗味。很快,郊外的景观被条带状的亮黄色花田取代:那是盛开的油菜花。它们的油曾经用于润滑沉重的机械,现在则作为生物柴油用于卡车燃料或者作为食用菜籽油。在转弯处,高高的白蚁巢在远处冒出地面,随着距离拉近,它们看上去就像冒烟的火山口,之后它们在我们眼前渐渐消失,就像七个若隐若现的煤电厂烟囱。合在一起看,这些白蚁巢就是工业时代的纪念碑,是周边几英里最高的地标(也有人视之为眼中钉)。两个小时的路程中,我们一直有铁塔相伴,每个铁塔都有三个分叉,挂着摇摇晃晃的"铁松果"①。这些铁塔跨越整个地区,架起一束束电线。

所有这些景观贫乏的人类定居地就是所谓的"乡村",映入眼帘的就是英式田园景观,尽管其中一些元素并非来自本土(比如加拿大雁),有一些经历过基因工程改造(如油菜籽),还有不少经历过机械加工。甚至这些看上去非常英格兰式的西洋栗树,其实原产于巴尔干,它们身上还隐藏着一个工业秘密。在两次世界大战期间,英国的儿童收集它们的种子——这种芬芳顺滑的种子是"板栗游戏"②的道具,我们将它们放在口袋里安静地摩擦,用身体的油脂将它们打磨光滑,直到它们看上去

---

① 此处应指悬垂绝缘子串。——译注
② 英国的一种传统游戏,两个游戏者使用板栗(conker)互相敲击,若一方的坚果被敲碎,那么另一方就获得胜利。——译注

就像桃心木把手——然后把它们捐赠给军队。通过发酵，西洋栗种子可以制作爆炸物的原料——线状无烟火药。

天空中不再出现椋鸟翔集的景象。杀虫剂的过度使用令大量动物绝迹。讽刺的是，英国70%的土地都已被作物覆盖，而城市的生物多样性却开始上升。有朋友告诉我，伦敦出现了红狐。

绵延的土地都呈现出收获、耕作的景象，却十分单调——朝窗外望去，满眼都是单一的作物，间杂着一群群牛羊。同样单调的基因统治着地球的大部分区域，野生和多样化的栖息地被迫让位给产出效率更高的同质化大型农场。仅仅在美国，5万平方公里的土地都种植着玉米——面积是马萨诸塞州的两倍。我们一直在利用优生学培育理想的作物，以取代缺乏美学价值或营养价值，或较易腐坏的品种，评估森林以放牧牛群或者建造商业中心或公寓，种植业主或工厂更加熟悉的少数几种林木。在这个过程中，基因种类逐渐减少，不夸张地说，有时这些做法还是由善意的动机驱使的。

在一个物种的进化过程中，我们正处在一个危险的时代：聪明、任性、冲动。而且相比于理解自然，我们更善于玩弄自然于股掌之间。谁知道哪种生命形式的消失——以及它们的DNA——将来会令我们追悔不已？单一的作物花粉将会在化石记录中显现出来，成为我们时代的一个古董；在对它进行检测时，未来地质学家奥利文将会质疑为什么我们清除了一大群有益的植物，只偏爱个别经过基因改造、果实较少的品种。她会不会猜测这应该归因于我们的贪婪（迫使农民长期购买一家公司的种子）？

我们正处在地球的第六次大灭绝中，每年失去1.7万～10万个物种。据推测，引起4.4亿年前第一次物种大灭绝的原因是大量超新星的崩塌引发的辐射。2.45亿年前的第二次大灭绝可能是由于流星撞击加上火山喷发杀死了大量海洋生物，以致珊瑚礁消失了1000万年之久。大约2.1亿年前，某些灾难性事件导致超过一半的物种覆灭。6500万年前侵袭地球的大灭绝导致恐龙消失，气温大幅上升约15℃，海平面抬升超过900英尺。如今的大灭绝，是人类统治史上遭遇的第一次，其结果可能是所有大灭绝中最具灾难性的。许多科学家预测，以目前的速度发展下去，到2100年，这个世界上大约一半的动植物都会消失。我们知道灭绝的确切原因，这完全是人类咎由自取的结果——气候改变、栖息地丧失或被污染、物种入侵、农业规模化、海洋酸化、城市化、人口增长等因素需要消耗更多的自然资源——如果我们决心联手努力，还是可以遏制这一趋势的。

因此，在物种消失殆尽之前，全世界需要联手收集和保护尽可能多的DNA。两项勇敢的世界末日项目已经开始尝试。一项是位于挪威斯匹茨卑尔根岛（Spitsbergen）的斯瓦尔巴特全球种子库（Svalbard Global Seed Vault）。这是一个位置偏远且防卫森严的地下洞穴，位于砂岩山脉深处大约400英尺深的位置。斯匹茨卑尔根岛属于偏僻的斯瓦尔巴特群岛①（Svalbard Archipelago），此处距离北极大约800英里——这里可谓詹姆斯·邦德藏身的绝佳场所：杜绝了人工和自然灾害的影响，甚至冰冠融化（它位于海平面以上430英尺）、地壳活动或者核战争都不能对它造成损害。

在一些气候条件下，由于植株枯萎或者缺乏淡水，食物变得匮乏。种子库的使命就是保存种子的多样性，因为没有人能未卜先知未来将有怎样的灾难降临，哪种作物会消亡，哪种种子——无论是传统品种还是经过基因改造的——将会为人类世提供解决方案。这其中的关键也许就藏身于古老的孑遗物种。就像种子库的助理执行董事宝拉·布拉莫（Paula Bramel）解释的："农民不再使用以往的种子品种。那对所有人来说都是损失，因为这些品种也许拥有在未来至关重要的特性。"

---

① 斯瓦尔巴特群岛是挪威北面北极圈深处的群岛，世界上最北的城市就在岛上。斯瓦尔巴特群岛由挪威托管，是世界北极研究的中心，岛上有2000多名居民，以及5000多头北极熊。岛上娱乐、交通、金融和教育设施很少。有一所医院，以及地球上最北端的一座教堂。——译注

如果那些种子没有被贮藏起来，它们以后也就不会发芽。布拉莫指出，这在非洲就是一个特别的问题。我们已经抛弃了许多传统作物，因为在技术的殿堂中，它们的成本不够低廉，或者不像我们要求的那样完美无瑕；还有一些不适应变化的气候。将来有一天，人们会希望自己仍然拥有它们。种子库就是挪威政府带给世界的富有远见的礼物：储存、分类以及照看数以百万计的备份种子，并且对所有国家都是免费的。大多数种子沉睡在永久冻土提供的约零下17.5℃的环境中。每隔大约10年，一些沉睡的种子必须被唤醒并培育开花，这样才能再次获得新鲜的种子。这个带有自动防故障装置的种子宝库储存了几百万份样本，涵盖了超过4000种不同的物种。

第二个末日项目位于诺丁汉大学，名为"冷冻方舟"（Frozen Ark）。那里储存了5438种不同动物的共计4.8万份个体样本。这是一艘停泊在罗宾汉后院的诺亚方舟，它的 logo 就是一艘行驶在双螺旋形海浪中的蓝色方舟。

为了蜗牛之爱

布莱恩（Bryan）喜欢蜗牛，虽然不是每个品种都能入他的眼。他特别喜爱一种长得像无檐帽的帕图拉属[①]腹足类动物。在这一属中，他对帕图拉莫雷阿（Patula Mooreana）这一品种青睐有加。类似达尔文雀，这种蜗牛的栖息地分散于各个小岛，与它们的邻居相互隔绝，其体色、大小和外壳的图案很快分化得多种多样。它们没有天敌——除了波利尼西亚人会用它们的壳制作礼仪性的项链。这些蜗牛生活在位于火山斜坡的浓密树林中，靠吸食贝母、车前草、龙血树、姜黄及其他底层植物叶片背面的藻类生存。

在布莱恩淡蓝色的办公室里，我看到他桌上放着一本旧书，翻开的页面上满是他最喜欢的彩色蜗牛。一些蜗牛壳是淡黄色的，围绕着2~3条窄窄的浅栗红色条纹，其他的则是淡棕色，带着深棕色的旋涡，还有奶油色或紫色的蜗牛壳。尽管它们的图案和色调各不相同，但都属于帕图拉属。除此以外，还有几串由粉红色、棕色、黄褐色和

[①] W. D. Hartman, "Description of a Partula Supposed to Be New, from the Island Moorea", *Proceedings of the Academy of Natural Sciences of Philadelphia* 32 (1880): 229.
H. E. Crampton, *Studies on the Variation, Distribution, and Evolution of the Genus* Partula: *The Species Inhabiting Moorea* (Washington, DC: Carnegie Institution, 1932).
Bryan Clarke, James Murray and Michael S. Johnson, "The Extinction of Endemic Species by a Program of Biological Control", *Pacific Science* 38, no. 2 (1984).

灰色蜗牛壳随机穿成的项链。每个小小的蜗牛壳颜色和尺寸都相当和谐、美观。最让我难忘的是，根据布莱恩的说法，即使在同一个山谷中，蜗牛壳的图案每隔约18米就会有变化。看着书桌上这么多细小生命的残骸，想到曾经居住其中的黏糊糊的居民已经消失许久，让我感到不安。它们盘旋卷曲的内部构造可与高迪设计的教堂相媲美；夺人眼球的外壳仍然让我们无比着迷。但这种失去了生命气息的美让人心里发堵。

法属波利尼西亚曾经生存着大约100种帕图拉属蜗牛，其中一种带着棕色和绿色条纹的品种外壳最为美丽，也最受珍视。它们被赋予各种魔幻般的名字，如帕图拉忧伤、帕图拉紫茉莉、帕图拉孤独和帕图拉黄檗。19世纪80年代，一位法国海关官员爱吃蜗牛，他颇有雄心地决定开辟一处蜗牛养殖场并在岛民中推广蜗牛。此人选育的蜗牛是体型硕大多汁的非洲蜗牛：褐云玛瑙螺。但他的蜗牛并未成为当地流行的美食，于是被弃之野外。从此以后，这些非洲蜗牛洗劫了当地作物和庭院，并通过船只蔓延到其他岛屿。面对严重的作物损失，关岛的美国当局引入了一种天性贪婪的捕食者，肉食性的橡子螺属佛罗里达玫瑰蜗牛。这种蜗牛在1977年被引入一个柑橘种植园。然而即便是蜗牛也会挑食，不幸的是，这种玫瑰蜗牛并没有将大个儿的非洲蜗牛视为美味。相反，它们钻入附近的树林，不知怎么地喜欢上了帕图拉蜗牛的口味，对它们紧追不舍，尽数吞食。通过网上的一些视频，人们可以看到食尸鬼似的玫瑰蜗牛连续大口吞食体型娇小、可怜无助的帕图拉蜗牛的情景，这些画面淋漓尽致地展现了它们以同类为食的嗜好。10年之后，这些玫瑰蜗牛统治了整个莫雷阿岛屿，毁灭了50种帕图拉蜗牛。这是另一场物种入侵（以及人类干预）造成的悲剧。

火山群岛为研究物种进化和自我改造提供了天然实验室。20世纪90年代，布莱恩·克拉克和妻子安妮（Ann），以及他们的实验助手克里斯·韦德（Chris Wade）一同前往法属波利尼西亚研究帕图拉蜗牛。碰巧当时我也在那里，尽管我不是为追随蜗牛而去，但我了解他们一路上的经历：空气中弥漫着烧焦的檀木散发出的辛辣的甜香味。六人位的船在水面上快速行驶，每个舷外支架上都绑了一块长牙形的木头以保持平衡。狗在翻转的支架下的阴凉处呼呼大睡。天空中到处飞舞着海鸟，树林中栖息着一对对小天使般的燕鸥，它们将蛋产在树杈上并保持平衡。男人们浑身文有刺青，妇女们边摇摆边唱着传统歌谣，歌声中夹杂着叫喊，透出哀恸的情绪。小房子分列在乡村公路两旁。在山麓丘陵，到处是从树丛中透出的灯光，在它们上方，覆盖着积雨云的山峦就像冒烟的火山口。目之所及到处是精美的图案——教堂的石块、木雕和树皮——像弯曲的藤蔓纹和蜗牛壳似的旋涡纹，细小的图案细察之下别有洞天，似乎当地的工匠已经通过显微镜洞悉了细胞的核心结构。

灼热的太阳照射着钴蓝色的大海，他们爬上一条红白相间的渡船，船被四根粗绳子牢牢地绑在甲板上，仿佛它是只随时可能逃跑的野生动物。他们穿梭于各个小岛，那些岛屿上到处是翠绿的山坡和直插入海的陡峭板岩石壁。在这片距离英格兰平整的草地似乎有几光年之遥的浓密森林，他们拼命搜寻小巧玲珑、带着美丽条纹的珍稀树栖蜗牛。

他们在莫雷阿岛发现了少量帕图拉蜗牛活体，但是布莱恩一直怀疑126种帕图拉蜗牛的祖先也许生活在一座叫埃瓦（'Eua）的孤岛上。埃瓦岛距离汤加大约2.5小时船程，它的历史比其他岛屿长3000万～4000万年。埃瓦岛不是由火山活动形成的，它属于曾经分散成数块并沉没于汤加附近的冈瓦纳大陆架（Gondwanaland shelf）。他们将会在那里找到分散于太平洋各个岛屿的蜗牛的共同祖先吗？

当他们到达时，大家沮丧地发现为了开辟树薯农场，埃瓦岛的雨林已经被砍伐殆尽。帕图拉蜗牛的栖息地不复存在。只剩一个地点依稀让人有所期待。在埃瓦岛陡峭峡谷的底端，还有一片树林生长在小溪边。岛民不敢冒险攀爬，布莱恩也不敢，但安妮和克里斯走得太远，已无法折返。前进了一段之后，他们发现正步履艰难地下行至峡谷深处的林地。在接下来的三周，他们开展了地毯式搜索，细细探察了高地、沙滩和岛上残存的最后一片雨林，但只在缝隙底部的小溪中发现了一小堆蜗牛壳。捡起这些小而圆的蜗牛壳，像对待古代硬币一样将它们小心翼翼地翻转过来，此时他们发现自己晚到了大约20年，因为蜗牛壳在野外只能保留20年。他们极为悲伤地将已灭绝蜗牛的残骸放在手心。

据安妮所述，这一连串的打击让他们难以承受。他们将一些活体帕图拉莫雷阿蜗牛小心地打包放进午餐盒，然后返回诺丁汉的家中。这些蜗牛中的大部分被分给了伦敦动物园。这家动物园启动了一项圈养繁殖计划。而布莱恩和安妮则在一位对培育和繁殖蜗牛颇有天分的技师的协助下，开始培育剩余的蜗牛。帕图拉蜗牛的繁殖方式即使是放在蜗牛界也是相当奇特的，它们不产卵，而是直接生出带有完整蜗牛壳的幼体。

"这就是一只带着幼崽的帕图拉蜗牛。"安妮边说边打开一本书，上面是令人吃惊的图像：从一只蜗牛的头部后方（它们的生殖器官就藏在那里）钻出另一只体形完整的蜗牛。

"它们就是这样生育的。"

"那一定是个柔软的蜗牛壳。"

"不，那是一个硬质的壳。它们生下来就是完全成熟的蜗牛。"

这太让人惊奇了，我想。这些生活在汤加王国的树林中，身披条纹、细小珍贵的蜗牛竟然从它们雌雄同体的父母体内出生时就带着钙质的硬壳。（生育过程会不会伴随着疼痛？）更不用说，在求偶期间，它们用钙质的"爱情之镖"颤抖着互相刺戳对方的脑袋。

出于对帕图拉蜗牛灭绝速度的震惊，世界上不少动物园也开始繁育这种蜗牛，并获得了成功。从围着围栏的塔希提帕图拉蜗牛保护区到伦敦动物园的蜗牛房，人们都可以看见它们的身影：像指甲那样小巧，沿着玻璃缓慢地爬行，裸露的下体分泌出黏液。但现在就将它们放生到野外是徒劳的，因为成群饥饿的玫瑰蜗牛将继续对它们施暴。

"当我们带着午餐盒中的帕图拉蜗牛回来的时候，心情十分沮丧。"安妮的语气中带着期待，"就是在那个时候，布莱恩和我想到了'冷冻方舟'。因为我们已经看到所有这些帕图拉蜗牛走向灭绝。我们认为，我们这么做是为了蜗牛，还有谁在为其他濒危物种奔走？我们开始搜寻，但是没有斩获。"

1996年，布莱恩和安妮夫妇设立了"冷冻方舟"项目，作为对这场危机的应对措施。其目的只有一个——在濒危物种灭绝前，保存包含DNA的冷冻细胞。她强调，这不是在自然环境或动物园中实施动物保护的替代性方法，但确是一道关键性的额外保障。

如今，一个由22个全球最优秀的动物园、水族馆、博物馆和研究机构组成的联合体已经"登上"了"方舟"并提供DNA样本。样本需要的物质量很小，兽医只需在例行检查中搜集口腔棉签、排泄物、毛发、羽毛或血液即可。这些样本被送到诺丁汉，在那里被分类并安全地冷冻，而备份则存放在动物园。这种做法应用简便，因为DNA的大小只有昆虫触须的几千分之一；许多样本只是以小片白色过滤纸上的涂片标本形式保存。一个仅有一个车位的停车库就能存放100万份标本；一个公文包储藏的样品足以重新占领一片大陆。在冷冻方舟，标本的保存温度是零下91℃，确保DNA的活力可以保持数十万年，完整的细胞形态可以保持数百年。没有什么变化能在零下91℃的环境下发生，但是一旦时机成熟，这些细胞就能重新复活并发育。

应用戈登和山中的多能干细胞技术，布莱恩看到了利用方舟的冷冻标本重现那些已消失或者接近消失的种群的希望。

"这意味着我们可以制造任何组织，包括卵子和精子。"布莱恩表示，"现在，这项工作具有非凡的重要性，因为从理论上说，即使某种生物已经灭绝，你还可以重新创造它的肌体。日本及其他一些国家的研究人员正尝试将猛犸象胚胎移植到大象体内。还有许多冻结在永冻土中的猛犸象……当然它们没法保存太久，因为冻土正在融化。"

即使已经冻结了1万年，这些猛犸象仍然是保存着冰冻DNA的无价之宝，布莱恩向我保证：即使冻结更长的时间，这些DNA仍会保存下来，而且一旦应用合适的方法，它们仍能用于繁殖。

"我对应用冷冻干燥法保存细胞充满了期待。"

我忍不住想象这样一幅画面：架子上放着一罐冷冻干燥的猛犸象晶体，旁边是一罐渡渡鸟的晶体，就像一家乡村店铺。

"在西伯利亚的栖息地就很好。"布莱恩向后一仰，更深地陷入椅子里，"之后的问题就是：你拿到了猛犸象的 DNA 之后该怎么做！那是一个困境。是不是最好能够繁殖出两只猛犸象，这样它们就能生育后代并延续这一物种？我认为那会很有意思。"他被这种想法鼓舞，在那儿滔滔不绝，"而且我觉得它们会找到适于生存的栖息地。"

想象一群 21 世纪的猛犸象是一件很有意思的事：它们从大象母亲体内分娩而出（母象会不会被浑身长毛的后代惊呆），迈着沉重的步伐行走在西伯利亚，也许它们在遇到同样由人类重现的剑齿虎时，也会发出长啸来预警。

目前，据我们所知，母亲教会幼崽所有的知识和技能；我们新诞生的小象没法学习猛犸象的生存技能。也许它们会像小鸭子一样把新母亲的教导铭记在心，采用大象扇耳朵传递信息的交流方式，并且喜欢泥巴浴。它们会不会以类似人们养育小沙丘鹤的方式被抚养长大？这些鹤由穿着白大褂驾驶超轻型飞机的人喂养和引导。采用这种方式似乎就能培育出真正的猛犸象了，但这也并不绝对。这些猛犸象或许也没有祖先的那套存在于它们内脏和皮肤上的细菌 DNA———一些不可或缺的奇形怪状的寄生虫和伴生物种。尽管安妮告诉我有可能重新培育出猛犸象的细菌 DNA，因为，如果组织是被冷冻的，那么上面附着的细菌碎片也会留存。

猛犸象、金蟾蜍、白鳍豚以及北美骆驼（North American camels）也许都会重新生存在地球上。人们或许可以采用不易引起争议的方式，将这些细胞用于拯救那些数量下降、处在灭绝边缘的动物，增强它们的基因多样性。通过强化基因多样性救助那些濒临灭绝的动物，并不会给大多数人带来困扰；这种做法与重现灭绝物种的差异还是很大的。

我对复活尼安德特人的建议很感兴趣。我最近了解到智人和尼安德特人的 DNA 差异仅在 1%~3%，当我问安妮对这件事的看法时，她明确表示对这个谜团很感兴趣。

"我希望我带有大量尼安德特人的成分!"她的眼睛闪着兴奋的光芒,"我是说,那该多有意思?他们的基因好像都存在于白皮肤的盎格鲁—撒克逊人的基因池中!也许我们就携带了大量这类基因。我有些担心他们的命运。是我们打败了他们吗——或者他们是因为寒冷或者别的原因而消失?我指如果是我们将他们逼上了绝路——那真可怕。"

她重新焕发了热情。我必须说明她是我遇到的第一个渴望带有部分尼安德特人血统的人,而她的同乡威廉·戈尔丁(William Golding)写了一部风格犀利而生动的小说:《继承者》(*The Inheritors*),从最后一个尼安德特人的视角描述了这一族群被行动迅速、狡猾多端、善于交流的智人祖先毁灭的经过。

"要说有意思的已灭绝动物……"

"剑齿虎?"她明确地表明了她的期待。

"是的。但是现在还有剑齿虎生存的空间吗?"

"这个问题存在着争议。但我个人认为生物多样性是好的——而且如果我们可以重现一些因人类而灭绝的生物,我认为我宁愿看着它们活跃在肯特郡的田野或树林,也比什么都没有的好。"

尽管这是她个人的主张,但安妮意识到这也是方舟项目需要考虑的问题。他们能够复活猛犸象或剑齿虎或渡渡鸟以及其他已灭绝的动物,但是目前他们已经决定:暂时不进行这一计划。当前还有 200 万至 700 万份 DNA 样本需要备份,这一项目还远没到可以结束的时候。

"但重现已灭绝动物的计划不会就此止步。"她微笑着预言。

据我们所知,引入新的物种可能引发无法预知的结果(想象埃瓦岛上蚕食同类的蜗牛)。而且,学术界对重现已灭绝动物这一议题也颇有争议,即使是冷冻方舟联合计划的几个成员机构也没有达成统一意见。否定者的一个主要关注点是:这将把注意力从对物种保护这项严肃的工作(保护动物和生态系统免遭灭绝是第一要务)转移到别的方面。批评者还担心已灭绝物种的 DNA 进入野生动物种群,成为一种新的入侵物种。这两种观点毫无疑问都是合理的。重现已灭绝动物的构想变得日渐商业化：几乎所有的问题都可由更新的合成模型处理或替代。另一方面，就像安妮一样，我确实喜欢看到一只外形类似斑马的灭绝生物再次"漫步肯特郡的田野"。

收集 DNA 是一方面；如何对它进行利用则是另外一方面。从冷冻方舟项目组的角度看，首先应保存足够的 DNA。之后根据新技术的发展，未来的人们可以决定如何对它进行利用。这项工作最初是为了保存濒危动物的 DNA，如今已经演变成保存岌岌可危的整体生态系统。方舟的工作人员进入一片区域，收集所有爬行的、飞翔的、奔跑的或滑行的动物样本。在一片浓密的热带雨林里，成群的研究人员在树下展开收集簿（sheet），然后摇动树干。我看到昆虫、蛙类、蜗牛和蛾子如雨点般落下，我确信安妮在摇晃树干和收集生物方面获得了不少乐趣。我知道我也会这样。地球上还有 65% 的生物没有被定名。所以，把它摇下来，进行冷冻，再带到自然历史博物馆，贴上标签——这样我们就能判断那是一只蚂蚁还是蜜蜂还是飞蛾——然后让物种分类学家正式为它定名。

诺丁汉储存了许多物种的 DNA，包括在交配时节浅吟低唱的密西西比短吻鳄、眼大如盘的巨型鱿鱼、神秘的雪豹、玻利维亚雨林蓝喉金刚鹦鹉、标志性的阿富汗狮、长着方形嘴唇的北白犀牛，等等。我的脑海中依次浮现出它们的形象。其中只有 20% 的物种被列入保护物种清单，其他一些则根本没有面临风险。理想的状态是，冷冻方舟能够储存地球上所有动物的 DNA，但那是不现实的。收集哺乳动物的 DNA 相对简单，但是收集虫子的遗传信息就需要花费大量时间，特别是甲虫，因为甲虫的种类比地球上任何其他物种都要多（我最喜欢的甲虫之一是像老船员一样卖力飞跃于星星间的蜣螂）。

正当我放下手机，安妮注意到我手机的屏保是一只超可爱的袋熊宝宝，这张萌脸足以融化无数颗心，她的眼中果然透出欣喜。她刚从悉尼参会归来，所以我向她询问那些饱受癌症折磨的袋獾[①]的近况。

[①] 此处的袋獾与后文的树袋熊均为澳大利亚特有的有袋目动物。——编注

"人们可以治愈圈养袋獾的癌症，"安妮回答，脸上透出担忧的表情，"但野生的个体让人担忧。而且树袋熊也染上了衣原体，我听说一些树袋熊已经病了。"

毛吻袋熊北部亚种的数量只有100只出头，它们是世界上最爱搂搂抱抱的有袋目动物，只生存在昆士兰一处栖息地。袋熊曾经遍布澳大利亚，它们以草为食。人类到来之后，随着农业活动的开展和牛（它们是四条腿的割草机）的到来，袋熊完全无法与之竞争。干旱和入侵物种扫除了袋熊赖以为生的本地嫩枝、草丛和早熟禾属植物。没有了这些珍奇动物，澳大利亚也就不再是完整的澳大利亚。自然资源保护论者正尝试将它们放归自然，但安妮不认为澳大利亚对动物的灭绝给予了足够重视。

"他们已经得到了这个美丽的国家，所有一切看上去都很完美，也没有人满为患。"她说。

"所以他们认为这样的状态会一直延续下去。"

"他们认为这样的状态会一直延续下去。"安妮带着怀疑的情绪回应，"但我认为美国人对保护更感兴趣。你不这么认为吗？"

以我的经历为例，我告诉她，美国人确实非常关注物种保护工作，但我们在关于如何实施这项工作方面也有许多分歧。一些人认为保护我们壮观的国家公园至关重要；另一些人则认为国家公园是一次迷失的改革，将动物安全地圈在广阔的保护区未必有效。有一些人觉得应该建立"核心区、走廊和食肉动物"这样的网络，重新连接不稳定的生态系统并让它们恢复平衡。也有的人支持"更新世回归"——让大象、狮子、野牛、印度豹（古代本地大型动物的现存近亲）重新漫步于北美大平原[①]。其他人认为以上这些都是过时的思维，而且作为一个日益城市化的物种，我们应该让更多野生动物走进我们生活的城市。安妮认为我们确实需要多角度的解决方案。

"你试着走近自然，但是很显然，如果你非得如此，那肯定得一路西行。"

[①] 北美中西部的平原和河谷地区。——译注

一开始,我觉得她也许指美国西部的扩张,然后我很快意识到她说的是"日薄西山,死路一条"的意思。

安妮坚定地表示:"你们必须保留公园,也必须控制野生环境。"

"受控制的自然。你不认为我们可以让自然更加充满野性吗?"

"不行,"她的语气中透着坚定,"我们没法这么做。"

自然已经过于碎片化,无法回归野性。

安妮告诉我当地一个行之有效的方案:在英国的村庄,连栋的房屋很常见,有围墙相隔的小花园被打通,连成一条长长的野生动物走廊。

"我参观剑桥时,参加了一些园艺活动,"她说,"我被各种昆虫、苔藓和蝴蝶围绕。"但我在乡下的花园里什么都没有。想想椋鸟,它们将喙插入土层下大约4厘米的深处寻找食物——这是它们的摄食方式——而这里也是农耕区域中农药不断积累的地方。如果泥土中没有任何杀虫剂,环境肯定对它们有利。

为了重新吸引授粉者,"蜜蜂计划"奖励那些种植野花的土地所有者,他们栽种黑矢车菊、鸟足豆、红花苜蓿和其他昆虫、蝴蝶和蜜蜂喜欢的野草。它们被称为"蜜蜂小路"(bee roads),这也许继承了盎格鲁—撒克逊人将大海称为"鲸之路"(Whale road)的传统。其他英格兰蜜蜂在城市中发展壮大,在这里它们不会受到农业杀虫剂的伤害。现在出现在城市花园里的麻雀、椋鸟和乌鸫的数量比在开阔的农村更多。

那是一幅让人遗憾的英格兰乡村图景,我眼前浮现出没有鸟鸣的寂静清晨,天空中不再有飞翔的身影。我非常支持安妮"尝试任何方式"的心态,无论对国家公园,对野生动物走廊,对城市绿地,对DNA存储,还是对其他任何我们可以想到的策略,只要是有利于动物追求它们自然的生存方式,有利于自然保存多样化的生命形式,她都给予支持。

办公室的门被轻轻打开一条缝,克里斯·韦德把脑袋探进来,请我参观他的实验室。他是一名满头深色卷发的高个子,主要从事邮寄送达的DNA样品分析,对冷冻方舟计划即将开展的行动(前往越南搜集新鲜DNA样本)满怀期待。走过外间办公室,我们进入了一个共享的学院实验室，这里有淡蓝色的墙壁，工作台、显微镜，一排挂在墙上、像一群白化蝙蝠似的白大褂。克里斯解释说他们以多种方式持有 DNA 野外样品，确保留存备份。将组织切片放入试管并且在试管中注入乙醇的做法相当于腌制了组织，这种状态的 DNA 并不理想，无法和高品质的新鲜冷冻 DNA 相比。但是如果他们将一片样本放入冷冻器，冷冻器很可能会破裂——在很多国家都存在这个问题——然后它就完全损坏了。

你可能会觉得冷冻会杀死细胞，但是方舟的工作人员会控制冷冻的速度，将它保持在每分钟下降 1℃，如此缓慢的进程保存了细胞的完整性。为了安全，他们倾向于三种方式相结合的手段：

"第一，乙醇。即使蜗牛也不例外。"克里斯说，"但这是为了最糟的结果而准备的——你的冷冻器可能失灵，这样，所有的样本都玩完，这时你还有这类被浸制的样本。第二，我们保存新鲜冷冻的组织切片，这种方式很完美，它保留了所有的信息。第三，我们还拥有另一个样本以便后续进行细胞培养。这就是完美的方案，将三种方式结合起来。"

他带我走进实验室的最深处，通过一扇浅蓝色的门，进入一个小房间。那里立着四台白色的三洋冷冻器，外观实在缺乏吸引力。它们似乎更适合过冬的农民家庭，而不是目前所知的为幸存动物准备的最大冰冻堡垒。我戴上绿色的橡胶手套以保护皮肤。

他拉开一扇冷冻器的门，一小股白烟冒了出来，似乎凝结了成千上万聚集在冰山上呼吸的动物灵魂。冷冻器里面是一排排结着霜的柜子。我用戴着手套的手打开一个柜子，惊讶地发现一排排整齐排列的结霜的小瓶，每个瓶身上都贴着标签。

"你可以打开一个。"克里斯用语音报警似的严肃语调小心翼翼地提醒着我。

当我照做的时候，我看见我正捧着非洲狮的未来。如果我一眨眼，一头黄褐色带着蓬松鬃毛的雄狮正站立在我手掌的非洲草原上。我再一眨眼，它便依偎在我的手掌上，把想象空间留给高草丛、海市蜃楼和属于它的骄傲。这是一个多么不可思议的保护动物未来的办法！

第四章

变味的自然

意识的（非）自然未来

前文谈到了植物、动物，那么，人类又是怎样的现状？我们仍然保持着纯粹的自然属性吗？当人类已经变身为超级英雄，未来将走向何方？我们的祖先出于自身意识的局限而顺应自然。然而在漫长的岁月中，人类已经通过充满智慧的发明——语言、书写、书籍、工具、电报、电话、眼镜、汽车、飞机、火箭船——改变了我们介入世界的方式，也改变了对自身的看法。人类能以500英里的时速穿越长空，能发现一只藏身深谷的鹰，能高速完成海量计算，能观测到世界各地重要事件的进展，能安全地修复病人的心脏，也能发动战争。现在，那些被植入人类意识的新奇事物，也已成为我们对于人类天性以及物种属性看法的一个组成部分。

这些"新奇事物"如今已成为日常生活中相当寻常的组成部分。工具和技术的应用已成为人类的一项固有属性。伴随着这一趋势，人类对自然的探索日益深入。在过去的几十年间，我们对于人类生存的宇宙、人类的本质属性和演化方向的认识，都已经发生了天翻地覆的变化。接下来，我们的生活又将如何变化呢？

我们已经深入了解了微观世界。就如同我们接受了宇宙主要由无形的暗物质和暗能量构成这一事实，我们同样接受原生动物和病毒的存在，尽管我们必须借助显微镜才能看到它们，或者说它们就是教科书上的那些奇怪理论。我们相信电视和广播电波、微小的夸克、GPS、万维网、无法静止的光子、大脑中面纱状的神经末梢网、来自大本钟的轻微嗡嗡声、夜空中围绕着恒星运转的行星——听上去相当美好。此外,我们还知晓那些明灭的眼神、跃动的水母、彩色的囊袋、发光的口器常年萦绕在遥远幽暗的海洋深处。

我们精神的和谐充满了远过于以往的无形内涵。说到伴随着生活的无形力量,以往总是意味着精神、神灵、魔鬼、天使和祖先。如今人类眼中的自然遍布着不同以往的与我们更加亲近的"精灵",这些小生命纤细复杂的体态结构、活动痕迹以及肌体组织,都需要凭借现代科技和纳米技术才得以呈现在人们眼前。我们理所当然地认为身体周围和体内都存在广阔的微观世界。那是一种带着高科技色彩的萨满教(认为无论有无生命,万物皆有灵)。一些生命藏身于前门的冬青树丛,而另一些则飘荡在许多光年之外。

我们可以在想象中融入许多无法通过肉眼观察的事物,因为许多人已经利用显微镜、望远镜和计算机亲身观察、体验,并不断拓展相应的知识体系。我听出耳边的风声中夹带着小虫发出的声响。虽然不见踪影,但它们就像定格在相框里的远亲一般确确实实存在着。

在暗夜乐手悉数登场的秋季,我知道夏日正渐渐远去,因为空气中透出神秘的音调,尽管我看不到这些隐藏的乐手——螽斯[①]和蟋蟀高举双翅,用一只翅膀的锐利边缘摩擦另一只翅膀上的硬棘,奏出木琴般的声响。在夏末的野生菊苣丛中寻找这些透明翅膀的飞虫并不容易。安妮女王的蕾丝——一种有着三叶草芳香的乳草——是体型硕大、斑纹艳丽的王蝶(黑斑金脉蝶)的家园。

虽然如此,我还是可以描绘出它们用翅膀演奏乐曲的景象,描绘它们在显微镜下发丝般精巧的细节。螽斯发出尖厉的声响:"凯特滴得!

---

① Jun-Jie Gu et al., "Wing stridulation in a Jurassic katydid (Insecta, Orthoptera) produced low-pitched musical calls to attract females," *Proceedings of the National Academy of Sciences* 109 (2012): 3868–73;印刷前发表于 2012 年 2 月 6 日。

凯特滴得！"蝉通过反复膨胀并收缩腹部肌肉，发出类似磨剪刀的声音。对温度极其敏感的秋蟋蟀将尖锐的啾啾声融入爵士乐背景；加利福尼亚蟋蟀发出嘈杂的颤音；而草蜢的叫声就像牌桌上的洗牌声；雪树蟋蟀则将更有节奏感的旋律带入这个群体中。这是一支将身体某些部位作为乐器的终极坛罐乐队。

由于这些昆虫体型微小且都栖息在暗处，我从未见过它们的求偶仪式，但我已经从科学先知和他们的学说中学到了足够的知识，我深信这些雄性奏响了小夜曲，用于向那些在黑夜深处静静等待的雌性表达爱意。雌性的耳朵长在我们意想不到的部位——腹部或膝盖。受到迷人歌声的引诱，它们期待着身披羽翼的美少年。之后，欢乐的雄性就会柔情地唱出另一支求婚曲。可惜两情相悦的美好时光并不能持久，很快，令人心悸的霜冻时节就会到来。根据民俗中的日程表——我对民俗还是深信不疑的——霜冻将会在螽斯第一声鸣叫后的 90 天悄然降临。大概一周前在我家虫声嘹亮的院子里听到今年螽斯的第一声鸣叫，时间大约是 7 月中旬，那么可以确定今年的第一次霜冻将出现在 10 月中旬。

伴随着嘈嘈切切响彻夜空的虫鸣的，是原始的性狂欢。尽管我没有目睹林间枝头数以千计，也许数以万计甚至百万计的昆虫，它们在城市、树林、乡村公路边反复吟唱贪婪的爱欲，但我从书本上可以了解到这些行为。

即使人们没有用肉眼观测到这些螽斯、草蜢、蝉和蟋蟀，只要听到它们在这个时节的鸣叫，我们便确信它们就是科学家所说的夜行侠，确信螽斯栖息在凌乱而隐蔽的小角落——这是一种令人感觉良好的信仰行为，因为大多数人可不愿意在夜间嗡嗡声中搜寻这些长着复眼和触角的小家伙。

无论如何，当今人类可以在书本、电影或网络视频聊天中查证一些难得一见的物种是否真实存在。就像古人相信隆隆的雷声源于天神的愤怒，而我们则通过查验气象频道的雷达示波器来探寻现象背后的本质。

到现在，人们对于自然的认识（信仰、传说、传闻、故事）业已提升到了一个新高度,并且还在日新月异地变化着。相关领域的权威人士或许是装备先进的科学家,也可能是其他研究人员,这些广受认可的权威学者观察、倾听并记录这些昆虫的爱情派对,而我们则一致相信这些专业的权威学者。

或许,我们自己也会成为业余的权威学者,凭借一款智能手机就能做到。当我在英格兰南部的新森林(New Forest)的小径上漫步时,曾在一块阳光明媚的空地上驻足。我听到一阵清晰的锉磨声,那似乎是佛教僧侣制作坛城沙画①时发出的声响。他们将黄铜刮刀在有棱纹的黄铜锥形管上下摩擦引起震动,释放出色彩鲜艳的谷粒。我迅速看了看周围:树,牧草,一只小鸟惊叫着飞入天际,只留下投射在小径上的影子。周围并没有僧人,我对耳朵的错判一笑了之。几周之前,在宾夕法尼亚州的启思东学院(Keystone College),我被西藏僧侣制作坛城沙画的场景深深吸引,以致将它与密林深处的蝉鸣相混淆。

我从口袋中拿出手机,打开一款名叫"猎蝉"的手机应用程序。它是由南安普顿大学的昆虫学家设计的。在刚过去的这个夏天,超过一千人提交了他们录制的声音。在手机上,带着白色蝉图标的绿色卡片出现在黑色背景中央。当我拿起手机并点击蝉的图标时,它的周边展现出一个白色的扇形外环,这只蝉也变为橙色。这款应用可在大约18秒内测试现场的蝉鸣是否符合稀有的新森林蝉特定的频率。我没有碰上好运。2000年以来,在业余科学家提交的数千份材料中,仅有极少数被确定来自这一物种,但这些证据足够证明这种蝉的存在和保护的必要性。我知道这项工作前路漫漫,因为我发现它并未记录纽约州的蝉的品种。

---

① 坛城沙画,在藏语中意为"彩粉之曼陀罗"。每逢大型法事活动,僧侣们将矿物或谷粒染色并磨细,并将这些彩沙装在特制的锥形容器里,通过或轻或重的敲打控制流量,将沙子漏在模板上,细细堆砌、勾勒出奇异的佛国世界图像,然后毫不犹豫地毁灭,以示世事无常之意。——译注

在地球的其他角落，参与"SETI@home"项目的业余科学家正利用超过 520 万台电脑，协助 SETI（Search for Extraterrestrial Intelligence 的缩写）监测射电天文望远镜（radio telescope）的各项数据，以期获得来自遥远星系某种生物的信息。SETI 项目的高级天文学家，赛斯·肖斯塔克（Seth Shostak），相信来自地球外生物的第一张名片也许会从家庭电脑中发现，而非来自配备着天文望远镜的印度、澳大利亚、波多黎各、智利等国的官方科学家。

我们深入研究周边世界的能力有了显著提升，已经进入了一个生动的微观世界。细胞犹如湖泊，毛孔好似峡谷，人的身体可谓另一种生态体系。制图学的理念不再仅仅限于地形地貌。人类已经绘制出星系和基因组的图像，而且一直致力于探索人体奥秘，只是以往的科学家因为设备的局限性而未能充分展开研究。直到最近，计算机在研究人类无法用肉眼观测的生物进程方面起到日益积极的作用。1990 年，我在《感官的自然史》(*A Natural History of the Senses*) 一书中阐述了人类对世界的感官体验。仅仅 20 年后，尽管基本感受类似，但感官的领域已被极大地扩展。例如，我们的本体感受，即人如何存在于宇宙之中，人类形成的认识已远远超过了简单的肉体体验。我们可以用灵活的、公开的、秘密的手段观察自己，方式多样，角度多变。卫星、无人飞机、Skype、监控摄像机、电子显微镜等都可派上用场。对于将人脑与体外世界相连接这一未来设想，有的人平静面对，有的人激动不已。在这样一场彻底的感官冒险面前，我们对于我们是谁、未来我们将如何认识自己等问题的看法，不断改变着。

当人们凝视夜空，我们的所见所想也与以往不同。我们所知的行星仅限于太阳系。现在我们知道宇宙中运行着无数行星。我们知道夜空的主体，即银河系，比我们以往想象的大两倍、质量更重、转速也更快，它具有四条旋臂，而非我们以往认为的两条。望远镜通过凹形的"耳朵"监听时间形成之初发出的低语，最初，整个宇宙还没有一个葡萄柚大，只是一小块固体物质。恒星还未放射出光芒，行星也还未诞生。如此小块的物质竟能产生如此广阔的空间，是不是远超我们思维的限度？

尽管大脑的腔体是封闭的，隐藏于头骨之中，但我们正应用高科技设备（MRI[①]、fMRI[②]、PETscan[③]等）深入探寻并揭示这其中未知的网络结构——它们就如同从太空拍摄的地球夜景。借助数字化显示技术，在病人几乎毫发无损的情况下完成检查已不是难事，比如在无创条件下将大脑灰质显示为薄薄的切片，以三维图像显示并旋转，如同神志清醒、警觉且专注的病人将他真实的大脑放在解剖台上供人探讨。所有的异常和疾病，如失语症和孤独症，都会露出端倪。此外，我们开始探寻一些情愫的精神居所，如宗教、上瘾和同情，以往它们总被认为难以理解。通过研究忙碌的神经活动节点、增大的信息流，以及思维时细胞在何处会贪婪地吸收氧气，人类正在形成对从说谎到爱情乃至一切行为的深入认识。这是我们第一次发现部分束缚我们的绳索。我们用动词"扫描"，表示眼睛简短扫视的意思，然而这个词正发展为它本义的对立面：机器的搜索式凝视。人们勇敢地提出自愿接受脑部检查，这样研究人员就可以目睹各种情感如何交融汇聚（有时则是碰撞冲突）。

夜间新闻经常会报道令人震惊的最新消息。从神经元体系结构和大脑布局角度的描述，它们可以归纳为冲击、沮丧、拒绝、多重任务、执着、冒险、恐惧以及其他意识状态。2012年，奥巴马总统提议，由联邦政府出资1亿美元实施"脑图"计划（brain-mapping），强调："作为人类，我们可以分辨许多光年以外的星系，研究比原子更小的微粒，但我们仍然没有解开我们两耳中间仅仅3磅重的物质所带来的谜团。"一些人试图阻止这项投入，但几乎没有人认为这一计划不可行或

---

① 核磁共振成像。——译注
② 功能核磁共振成像。——译注
③ 断层扫描。——译注

者没有意义。

一个新的研究领域，叫作人际神经生物学（interpersonal neurobiology）。其研究热情来源于我们这个时代的一项伟大发现：大脑每天都在进行重组，而所有的人际关系都能改变大脑——尤其是我们最亲密的纽带，它们既能成就我们，也会伤害我们。通过改变形成记忆和情绪的细微回路，最终影响自我认知。爱情是最好的学校，但是学费相当昂贵，而课后作业也会带给人肉体上的痛苦。加州大学洛杉矶分校的神经学专家纳奥米·艾森博格（Naomi Eisenberger）的影像学研究结果显示：当一个人为情所伤，他大脑负责记录疼痛的部分会相当活跃。这就是被拒绝的痛苦会波及全身，但你又说不出具体疼痛位置的原因。或者，你需要指出大脑背侧前扣带回（dorsal anterior cingulate）才是疼痛的根源。它位于脑部包裹着胼胝体的衣领状组织前端，是左右半球间负责传递信息的神经纤维束，负责记录遭受拒绝或身体创伤后感受到的痛苦。无论一个人说英语还是中文，地球上所有的人都用"疼痛"形象地描述"伤心"，这种感觉被描述为"支离破碎、疼痛、受到重击而碎裂一地"。那不仅是受到情感冲击时那种无以名状痛苦的一个隐喻，我们的研究正在揭示出社交痛苦（遭到拒绝、事物终结、丧失亲友等）可以激发与胃痛和骨折类似的感觉。

但是充满爱意的身体触碰就能改变这一切。弗吉尼亚大学的神经科学家詹姆斯·科恩（James Coan）完成了这样一项实验：对妇女的踝关节进行一次电击。这些女性都拥有稳固的情侣关系，心情愉悦。实验记录了她们在电击前的紧张程度和电击时的疼痛水平。然后她们又一次接受电击，这次她们可以握住伴侣的手。同等程度的电击造成的疼痛感明显减轻，扣带回的神经反应也更少。而对于关系不佳的男女，这一保护性效果并未发生。如果你处在健康的情侣关系中，握住同伴的手足以起到降低血压的作用，并能缓解压力带来的反应，促进健康，甚至能减轻生理疼痛。我们可以显著改变他人的生理机能和神经功能——让我们拭目以待。

观察这些扫描图像的技术已经开辟了处理人际关系的新纪元。一个人可以下决心成为更加专注、贴心的伴侣，处处留意对方的动机、痛苦和渴望。打破旧的习惯和模式并不容易，但是情侣们正有目的地选择重构他们的大脑，有时通过治疗师的帮助来缓解冲突，增强一致性。尼安德特人不会无所事事地考虑他们伴侣的神经元——当然，柏拉图、莎士比亚、米开朗琪罗，还有我的母亲都不会思考这个问题。但现在我们正在揭开谜团，学习着改变生活。

这对于人类世的伦理有什么意义呢？我们的知识将如何影响我们与配偶、孩子、朋友、工作伙伴的关系？随着这些知识慢慢渗透入社会，它会影响我们处理社会关系的方式吗？当我们知道严厉的措辞会引发类似遭受重击的身体反应，造成剧痛，甚至干扰某些人的大脑布局，我们该如何把握这其中的责任？

用纳米衡量的世界

人类并不仅仅观察微观世界,还从肉眼不可见的层面迅速塑造着世界。"纳"(Nano),在希腊语中是"微小"的意思,用于描述十亿分之一米的长度。在自然界,这与海洋飞沫和烟雾颗粒的尺寸相当。一只蚂蚁的长度约为 100 万纳米。一根头发丝的宽度约为 8 万～10 万纳米,这样的宽度足够排列 10 万根经过加工的碳纳米管(它的强度大约是钢材的 50～100 倍,而重量仅为后者的 1/6)。人类的指甲每秒钟大约可以生长 1 纳米。本句话结尾的句号大约可以容纳 50 万纳米,还能为许多微生物的生存和作者情感的挥洒留下空间。

我喜欢注视那些电子显微镜拍摄的照片,哥特建筑一般的纳米结构对我具有强烈的吸引力。大学时代,曾有一年我花了不少业余时间钩织长羊毛毯,花纹仿照亮氨酸(通过偏振光观察)、婴儿的大脑细胞、单个神经元,以及其他通过微探针获得的物体影像。在偏振光的照射下,一些氨基酸显得如此美丽:金字塔般宁静柔和的晶体,生命旅途中小巧玲珑的帐篷。它们被固定在切片上或平摊在页面上,像宝石一样发光却干巴巴的。我们没法见识它们的活力,没法观察它们的生命运动规律。但是它们的纳米结构令人大开眼界,使我们越来越多地转向自然寻找灵感。

人们以往总是认为壁虎的脚底长着吸盘。但是 2002 年,俄勒冈州波特兰(Portland)的里维斯·克拉克学院以及加州大学伯克利分校的生物学家共同揭示了他们令人惊讶的发现，在科学界引起轰动：从纳米层面来看，壁虎长着五个脚趾的足部覆盖了一层褶皱，这些褶皱上有着数十亿丛生的富有弹性的管状绒毛。这些绒毛上还套着更为细小的铲形"靴子"。原子和分子之间产生的天然动力足以让壁虎的这些"靴子"黏附在几乎所有物体的表面。这些"靴子"还有自净功能。一旦壁虎放松一只脚趾向前攀爬，脏污就会自动脱落，无须任何清洁步骤。

当我从一位语出惊人的生物学家朋友那里得知壁虎脚底的秘密后，我对于"黏性"的认知便从胶状感转化为自然动力学的胜利。此后每当我看见灰泥墙上的壁虎，脑海中便立刻浮现出它们铲刀尖一般的绒毛紧贴墙壁，脚趾不断向上攀缘的情景，尽管我的肉眼并不能通过它们的爬行动作洞见更多奥秘。受壁虎脚趾的启发，科学家已经发明了不含化学成分的干性生物黏合剂和绷带、各种可生物降解的胶水，并为家庭、办公室、军队和体育场馆提供壁虎仿生涂料。

纳米世界是一个肉眼不可见、充满了难以想象的细微表面和特殊属性的奇妙世界。在这一领域，人类正在利用层出不穷的新方法改造工业和制造业。纳米技术能够在自然灾害发生时拯救生命，简单且经济。2012年的泰国洪水启发科学家们将纳米银粒子添入小船上的太阳能过滤系统，这样灾民们可以将混浊的河水过滤为安全的饮用水。

在纳米比亚的沙漠，当地甲虫背部有天然的隆起，能够凝结水汽。科学家受此启发，发明了能够自动从空气中汲取水分并自动过滤的新式水壶。这一产品将于2014年上市，届时马拉松运动员和淡水稀缺的第三世界国家居民都能从中受益。南非科学家已经创造出能够过滤饮用水的茶包。纳米可以是单调的，比如贝蒂妙厨[①]旗下用于增白增厚的糖霜和果冻布丁中的二氧化钛颗粒；也可以是令人感到惊悚的，那些通过基因工程改造带有萤火虫或水母蛋白的宠物，可以在暗处发出亮光（荧光

[①] 美国通用磨坊公司（General Mills）的旗下著名品牌，是一家提供主食、配菜、甜点及烘焙食品的生产商。——译注

绿猫、鼠、鱼、猴和狗都已被创造出来);纳米也是无所不在且非常现实的,如军方刚发明的具有自净功能的服装;也可以是令人意想不到的,比如将微芯片植入印度驯蛇人的眼镜蛇体内,一旦它们进入新德里的人群,就能被识别出来。纳米也可以是璀璨夺目并带给人们希望的,例如在医药界,纳米能带来意外的收获。

1966 年,根据科幻小说拍摄的电影《奇妙旅行》(*Fantastic Voyage*)描述了人们驾驶微型潜水艇穿梭于病人湍急血流中的场景:时而在动脉的急流中前进,时而小心提防红细胞的撞击,直至找到患病部位或需要修复的组织。随着纳米技术的出现,这场冒险将从科幻走进现实。研究人员正不断完善纳米机器人和纳米蜂(装有小刺),它们可以在血流中游泳并精确地作用于肿瘤或其他疾病的病灶,提供崭新的治疗手段。

未来主义者雷·库兹韦尔(Ray Kurzweil)预言:"到 2030 年,我们将能够驱使数以百万计的纳米机器人深入我们的身体以强化免疫系统,从根本上扫除疾病。一位科学家已经通过一种血液细胞大小的装置治愈了白鼠所患的 I 型糖尿病。"

有的纳米机器人不会被免疫系统识别,在到达工作地点后就会卸除伪装。它们纤巧而机敏,足以穿越迷宫一般脆弱的血管网络,其中一些甚至比人类的发丝还要细。加拿大蒙特利尔工程学院的研究人员发明了带有天然磁性结构、能够自我推进的细菌。事实上,这种细菌螺旋桨形的尾部可以推动自身前进,而它的磁性粒子如同指南针一般引导它向深处推进并避免耗尽氧气。研究人员正在利用核磁共振机器学习如何准确拖曳和推进这种细菌。它们的直径只有 2 微米,能深入任何最狭窄的人体血管。这些披着盔甲的细菌可以携带大约 150 纳米的高分子聚合物颗粒,其目标便是将携带药物的颗粒送达肿瘤或其他目标部位。由于我们很难想象可见光谱的两端——无限广大和极度微小——因此这样的设想听上去难以实现。但我们相信它们终将变为现实(尽管不可见),正如我们确信密林深处螽斯的行为。

我们或许会把鞍具想象得宽大、坚韧而陈旧,而细菌极为渺小,能够深入人体，围绕在一切人和物周围，因此我们心中无法描摹出带着鞍具的细菌会是什么模样。你需要将细菌想象成骏马，身负带有磁性的鞍具，载着高分子聚合物颗粒携带的抗癌药物，"丁零丁零"地在人体内部中穿梭。此外，药物"雪橇"在医药界将会变得司空见惯，成为我们描述"阶梯式飞跃"的代名词。我们总是创造新的隐喻作为思维的捷径。

"有'雪橇'可以治疗我的病吗？①"将来病人可能会这么问医生，就像我们现在问："我可以吃什么药？"

由于男孩们都喜欢庞大的机器，能够挖掘、拖曳、轰鸣、爆破，或许这个隐喻将会用"拖船""拖拉机""导弹"或"潜水艇"，甚至用奥运游泳冠军"菲尔普斯"的名字来命名。

另一项纳米技术的奇迹也将改变人们的日常生活，但它同时也是一柄双刃剑，相当危险。它毫无疑问将掀起一波发明专利的浪潮并激发生物伦理方面的争议。纳米工程师已经设计出真正的银子弹，可以将微小的、具有杀菌作用的纳米银粒子覆盖于所有坚硬的表面（如医院的床栏杆、门把手和家具）及柔软的表面（被单、衣物和窗帘）。每年，抗药性微生物感染会导致约 4.8 万人死亡。你或许会认为，新的纳米涂层无论对那些在医院感染败血症和肺炎的病人，还是对那些与抗药性微生物苦苦斗争的医生，都是一大福音。

事实确实如此，但这也是问题所在。

这项技术的效果也许过于强大。请记住，大多数微生物对人无害，它们中有不少对我们有益，甚至有一些品种对环境和人类生活至关重要。细菌是我们这个星球上最先出现的生命形式，没有它们，就没有人类。层

---

① 我在康奈尔工作的一位邻居刚刚发明了关乎生死的血液"麻布刷"，非常微小的植入设备，可以阻截并杀死血管中的癌细胞，防止它们穿越身体。我们不断为大脑制造新的隐喻，方便思维"抄近路"。当今常用的一个类似隐喻是"容易摘到的果子"（low-hanging fruit）。这些词依照一天中被儿童使用的频率被收录于《牛津初级字典》。许多自然词汇，如"翠鸟""鲦鱼""鹤"和"美洲豹"，已经不在字典中。新增了诸如"模拟""剪切和粘贴""语音信箱"和"博客"之类的词汇。

层叠叠的细菌覆盖在我们身体表面，有的生活在我们身体内部，更有一些聚集在我们身体的褶皱和孔隙间。人体的生化系统和这些微生物密切相关。微生物还有许多工业及烹调方面的用途，从清洁下水道到制作美味的食物，如可菲儿①、泡菜和酸奶。因此，针对细菌的打击需要慎之又慎。

对于那些致力于消除人类的恐惧和迷信，推动各类家用和工业纳米银灭菌剂、除臭剂和防腐剂的纳米技术公司来说，这个前景是不是过于吸引人了？纳米技术对我们生活带来的变革（如能够驱除小虫的抗疟疾服装）是我们渴望的美好新世界的一部分，但是我们在创造这些发明之前，完全没想过它们的潜在影响。没有证据表明超市销售的抗菌皂比普通肥皂的功效更强，事实上它们也许带有危险性。三氯生（Triclosan）——抗菌皂中的一种标准成分——被FDA确认为杀虫剂。

这就是为什么圣母大学的科学家凯瑟琳·艾格莱森（Kathleen Eggleson）建立"纳米影响知识社群"的原因。该组织每月召开会议，邀请大学研究人员、社群领袖、访问学者和作家讨论纳米技术新发展所引发的道德问题和其他影响。2012年4月，她经由纳米科学和技术中心刊发的论文高度关注未经评估的产品破坏微生物多样性的问题。她指出，就在2013年12月，一种纺织物涂料成为第一例被FDA确认为杀虫剂的纳米材料。如果纳米杀虫剂不慎灭杀固氮细菌会怎样？正是有了这些固氮细菌，大气层才充满人类能够呼吸的空气。

让人不可思议的是，现在有许许多多全国委员会和大学研讨会讨论生物伦理学、神经伦理学和纳米伦理学。我们让自己身陷伦理困境，如果让惠特曼和蒙田置身其中，他们也许会觉得好笑。"我歌颂身体的电流。"受电力广泛应用的鼓舞（不仅仅局限于照亮客厅），沃尔特·惠特曼在1855年如此写道。他乐于看到路灯、电话、有轨电车和发电机的使用。惠特曼是第一位技术界喜闻乐见的美国诗人。他经常歌颂蒸汽机、铁路和那个时代的其他新发明。在《草叶集》这部热情洋溢的美国生活史诗中，

---

① 一种在牛奶中加入乳酸菌等益生菌，经发酵制成的食物。——译注

他将自己比作通电的电线，一座汇集地球所有声音的（通信）中继站，无论它们源自天然还是人工，人类还是矿物。"我身上遍布导体。"他写道，"它们捕捉任意目标并在引导它毫发无损地穿越我的身体……我的肌肉和血液释放闪电，摧毁任何与我类似的目标。"

电力的发明和应用激发了惠特曼和其他诗人创造出一系列精妙的比喻。如同灵光乍现，它是智慧的火花；如同先知的洞见，它照亮了黑暗；如同性爱，它刺激了肉体；如同生命，它为物质注入能量。正如他的誓言："我歌颂身体的电流"，惠特曼其实并不了解我们身体的细胞确确实实能产生电流，心脏起搏器依赖这些信号，脑部数十亿的轴突能产生它们自己的电荷（相当于一盏60瓦的灯泡）。他自己便是自然之力的化身。

纳米技术的最新突破一定会令他震惊，比如一种叫作"格拉夫克斯特"（GraphExeter）①的梦幻织物，轻盈、柔软、透明、易于导电。它将带来电子工业的革命，可穿着的计算机或手机将成为时尚。纳米级的发电机能够通过压电效应（piezoelectrical effect）②将身体的伸展动作转化为电能（自动石英表的运行方式）。维克森林大学的工程师最近发明了"能量感知"（Power Felt），一种纳米管织物，可以将室温和体温差转化为电能。你只消将充电线插入T恤就能启动笔记本电脑，把手机放进口袋就能给电池充电。这样，不仅你的细胞会在咝咝电流中工作，你的服装也将卷入其中。

今后，一件充满电能的西服会不会扰乱飞机的电子设备、心脏起搏器、机场安全监控设备或是大脑细胞活动呢？如果你穿着一件带电的外套出现在雷电、暴雨之中，会不会汗毛倒竖、是否会更容易遭受雷击？离午夜节目主持人身着发电内衣登场还有多久？还会有人流连于机场候机大厅的充电极吗？穿着带着闪亮霓虹灯广告、报价单和其他设计（比如将情人的名字变成能闪光的文身）的服装会不会成为一种时尚？

如此一来，电就失去了它的魅力。肉眼难以找出隐蔽的事物，如果

---

① 由埃塞克斯大学的一支团队发明，是最轻、最透明、最有弹性的可导电材料。
② "压电效应"（字面上指"压住电流"）：利用晶体将机械能转化为电能，反之亦然。

是寻找无形的事物,则更为困难。我们对供电习以为常。其实,它一直顺着墙壁,环绕在我们周围。如果你的住宅中有插座,就意味着你手边有小型的脉冲。打开开关,明亮的光线溢满房间;按下开关,黑夜就如铁幕般降临。古罗马人习惯将浴场建在天然温泉周围,如今我们在家中用"微型电子温泉"为盥洗和沐浴烧煮热水。电子钟在我们熟睡时监控时间,电炉为我们带来温暖(即使是使用天然气或煤油的灶具也需要电子指示灯),电扇和空调为我们带来清凉。在炎炎夏日,我们用电营造凉爽的居所。

我们"调整"我们所呼吸的空气,添加气味,这是多么以人类为中心的行为。在人类历史的大多数阶段,我们仅仅呼吸周围的空气。无论自然传输什么,无论它是油田里混杂着烟味还是海岸边带着咸腥味的空气。现在我们能调整呼入和呼出的气流,也可以把居室变得更温暖、更凉爽、更湿润,或增添烛火、氨或漂白剂的味道,还可以用紫外线灯或臭氧灯来杀菌。连空气都能定制化!

我们并不认为这其中有什么怪异,也不认为它违背自然。除非停电,否则人们甚至都没有注意到它的存在。如果细胞中的电流中止,人会产生"失联"(disconnected)的感觉——这是一个用于描述通话双方供电中断和心理异化(感觉就像体内电网熔断了一百万根保险丝)的词语。人类也是带电的,电信号即一连串极细微、几乎难以察觉的震动,如山羊一般在细胞间穿越,贯穿整个躯体。电流可谓大脑的电报,传输速度惊人。夹住背上的神经,人就会感觉像挥舞的刀片割到了皮肤;夹住颈部的神经,人就会感觉像微型电刑刽子手打开了行刑的开关。但是性爱的刺痛和震颤让人觉得愉悦,安妮丝·宁(Anais Nin)用"带电的肉体之箭"来描述它们。

电是分子级别的激烈战争。没有每个细胞中的电动泵,任何生命形式都不复存在。钾离子和钠离子,在一个个细胞间进出,生成电流。随着钾离子进入细胞,钠离子被挤压出来,接着钾离子取而代之,然后钾离子从另一个细胞中被挤出来,钠离子再度进入,如此周而复始。粒子如魔术师手中的球一般被抛掷转换。这样的平衡被一再破坏、恢复,并被再次打破。

第四章 变味的自然

我们拒绝那些被认为过于"摇摆不定"的事物,我们也许会指责一个人"善变""错乱"或"失衡"。事实上在细胞深处,即便是最为迟钝的人也时时处在丧失平衡并恢复的循环之中。身体内部的电流是不稳定的。可笑的是,我们与生活中的变化抗争,渴望永恒的状态,但事实上除了死亡,任何生命形式都不可能实现这一目标——因为我们总是跌倒,总是没掸净灰尘就匆匆起身前行。

就像电流无时无刻不存在于现代建筑的角角落落,数字技术也即将步其后尘。它们藏身于墙壁之中,或隐匿在地板之下,上下左右地包围着我们。人类时时刻刻离不开它。就像我们的生活中充溢着天然和人工产生的电流,我们将来也可能会忽略我们周围无所不在的技术云。大脑喜欢熟悉的事物,喜欢驾轻就熟的感觉,因为这样它就能越过细节并将兴趣放在其他事物上。如同 2013 年夏天我参加的奥什科什航展(Oshkosh Airshow),头顶掠过的第一架复翼飞机瞬间让数以千计的观众屏息凝神。接着,第二架飞机赢得了有限的赞许目光。而当第三架飞机腾空之时,相当多的人感到厌烦,他们继续闲逛、聊天和购物。你几乎可以听到他们大脑的抱怨声:"哦,又来了一架飞机。"新鲜的事物很难被忽略,我们对鼓舞人心的新技术同样会产生很高的期许,它逐渐融入我们的生活,将之变得更为轻松舒适。

我们将会习惯于生活在数字"气泡"中。除非,当我们通过人机界面连接房间里的各项设备时需要大费脑筋。但即便如此,这也会慢慢形成习惯。我们很可能回到家后,心不在焉地回忆起密码以打开前门的锁,跨过门槛,幻想一只手打开电灯开关照亮房间,脑海中浮现出太阳能电板融化屋顶的冰的情景,同时为工作中的一次冒犯或在学校遭到的回绝而焦虑;你也可能会想象自己正参加晚宴,邂逅帅哥美女。

无论是包裹着纳米涂层以隔绝细菌的医院座椅,还是隐身衣,抑或完成使命后可降解的电子设备,轻薄柔韧可以印刷涂抹在物体表面的太阳能板,这些产品已然出现(尽管你需要显微镜才能看到它)。在地球各种生命形式的微妙平衡中,它毕竟只揭示了一个极小的世界。

变味的自然

那是纽约州北部的冬季，在一个非常寒冷的早晨，尖利的冰块在脚下咔嚓作响。树木就像戴着手套的手，冻僵了的手指裸露在外。在一棵老梧桐的树干上，五子雀沿着"Z"字形的线路跳跃前进，搜寻蛰伏的昆虫。一只乌鸦抬头望向天空，然后又俯视地面。雪又开始下起来，乌鸦跃入空中，倾斜着翅膀飞行，捕捉雪花吞进肚里。也许它这么做仅仅是为了好玩，乌鸦可是非常喜爱嬉戏的动物。

大街上的另一番景象进入了我的视线：一个女孩嬉笑着走过，用她没有戴手套的手指在手持设备上编辑短信。对这样的画面我见怪不怪，尽管某天我在大公园漫步时，也对大批走路时低着头，只顾对着手机通话、目光呆滞的人群感到惊讶，他们所说的话似乎能跨越空间，直接传递。

在人类时代，我们并不觉得这很奇怪，黏滑、多毛、渗水、尖利的触感，各种刺鼻的味道，种子爆裂、花粉四散的情景——自然的一切已经数字化。人们只消轻轻滑动手指，就能与他人分享其中的快乐。我们主要通过媒体技术来感受自然，这在人类历史上尚属首次。然而，与之矛盾的是，这项进步在提供更多细节的同时也压制了感官体验。我们的大脑放纵视觉并且喜爱新奇的事物，因此我们陷入了被电子媒体禁锢的幻觉。长此以往，这会影响大脑左右半球的平衡并明显改变人类的构造吗？我们梦想和依赖的事物会影响我们的进化吗？

今天的我们也许和史前的祖先一样拥有同样的大脑，但是我们正在使用不同的方式运行它，对它进行重新布局，以适应 21 世纪的要求。尼安德特人不具备现代人类的心智构造——这是从许多专业技能和专注的工作中获得的——运用激光手术刀，驾车兜风，使用计算机、iPhone 和 iPad 在数据海洋中遨游。一代又一代之后，我们的大脑进化出新的网络、新的布局和激励机制，对不同的行为生出好恶，不断训练自己迎接来自世界的挑战。与此同时，人类也在不断放大、编辑、解构这个世界并进行再创造。

由于缺乏实践，我们的大脑已经逐渐失去了原本的心象地图[①]，包括辨识动物蹄印、为箭头选择合适的燧石、获取和运输火种、通过植物和动物时钟知晓时间、通过辨识地标和星辰航行。相比现代人，我们的祖先更善于观察，更能集中注意力。他们必须如此，那是生存的基础。如今，如何做到全神贯注已经成为亟待解决的棘手难题。越来越多的人完全通过显示屏进行阅读，研究显示：以这种方式获取的信息量相较传统阅读方式少了 46%。原因尚不清楚。是干扰降低了注意力的持续时间？是灯光显示影响了记忆功能？就观察动物来说，这种方式也不同于日常生活中的体验。我们在显示屏上看到的并不是真正的动物，只是 30 万个极小的荧光点。电视上的狮子并不存在，只是你的大脑将零碎光点拼凑成的一幅画面。

测试发现大学生的同理心[②]（empathy）较二三十年前的同龄人降低了大约 40%。这是因为社交媒体已经取代了面对面交流吗？当代人类并不像古时的部落成员那样联系紧密。但就基因和本能来说，我们仍然渴望归属感，害怕被放逐。这是因为如果我们的祖先离开部落的庇

---

① 心象地图（Mental Map）也称为认知地图（Cognitive Map），是表征环境信息的一种心象形式，是人们通过多种手段获取空间信息后，头脑中形成的关于认知环境（空间）的抽象替代物，是空间环境信息在人脑中的反映。——译注
② 同理心，指进入并了解他人的内心世界，并将这种了解传达给他人的一种技术与能力。又叫作换位思考、神入、共情，即透过对自己的认识来认识他人。——译注

护,独自生活在野外,便几乎意味着死亡。只有那些具有很强社交天性的人才能生存下来,将他们的基因传给下一代。人们喜爱聚集在社交媒体上的行为也正顺应了这种天性,它将我们联结成为一个巨大的跨文化人类部落。

人类的许多发明无论从身体上还是精神上都彻底改造了人类自身。通过编辑短信,儿童大脑地图中负责拇指的部分变得更大;在烹饪发明之前,人类的牙齿曾经粗壮、锋利,而现在它们迟钝又脆弱。甚至廉价且容易制作的发明也可以成为改造人类强有力的催化剂。在11世纪,简易皮革马镫这一新发明推进了战争进程,帮助人们推翻帝国,将浪漫优雅的恋爱风俗引入不列颠群岛。在马镫出现之前,一名骑士在战斗中无论是使用弓箭还是标枪,都很容易摔下马背。马镫增加了侧面的稳定性,士兵们也学会了在休息时装备长矛的技术,身跨战马手持长矛的形象形成了一种威慑。这种特别的战斗方式催生出身披盔甲、装备精良的贵族阶层,封建制度也成为犒赏骑士的新途径,骑士精神和他们优雅的恋爱方式很快传遍了西方社会。1066年,征服者威廉(William the Conqueror)的部队在黑斯廷斯战役中寡不敌众,但是,借助骑兵突击战术[1],他最终占领了英格兰,并开创了以马镫和优雅爱情为特征的封建社会。

犁和马具的应用[2],不仅缓解了耕地的艰辛,还意味着农民可以种植富含蛋白质的第三季作物。这类食物强化了人类大脑,一些历史学家还相信在黑暗时代末期,人类大脑的发展引领了文艺复兴。船舶技术的进步使异国商品和思想传遍了各个大陆——它们也传播了寄生虫和疾病。电灯让我们能够看清谜一般的夜晚。请记住,托马斯·爱迪生是借着蜡烛或煤气灯的光亮完善了电灯泡的设计的。

人类的发明创造不仅改变了思想,还改变了脑部的灰质和白质构

---

[1] Lynn White Jr., *Medieval Technology and Social Change*, London: Oxford University Press, 1962.
[2] Jared Diamond, *Guns, Germs, and Steel*: *The Fates of Human Societies*, New York: W. W. Norton, 1997.

成，形成了对大脑的重新布局，并促成了不同的生活模式，改变了人们解决问题和适应环境的方式。想一想核弹如何改变了战争、外交和我们关于道德的争论；想一想电视如何在我们的客厅进行战争和灾难画面的推送；汽车和飞机改变了我们生活的方方面面；便携式的画具变革了绘画；印刷机改变了思维的传播和分享知识的可能性；埃德沃德·迈布里奇（Eadweard Muybridge）拍摄的运动中的事物——奔腾的骏马、跳远的人群——唤醒了我们对于解剖学和日常活动的理解。

或者再想想打字机的发明如何改变了女性的命运。数量庞大的女性群体得以带着尊严离开家庭，成为秘书。女性的手指灵巧纤细，被认为能够更好地操作键盘。甚至技术含量较低的自行车也改进了女性的生活。如果她们穿上灯笼裤，跨坐在自行车上会更容易一些——宽大的裤腿强化了腿部视觉效果——这让全社会震怒。为了便于骑行，她们必须脱下令人窒息、样式拘谨的束身衣。于是，衣着"宽松"的概念成为道德堕落的同义词。

在古代，人类（大脑中）的语言区域逐步成长起来。这是因为人们发现语言交流非常有必要，而且还引人深思、富有趣味性。语言成为人类的翅膀和利器。人群中相对能说会道的个体生育出更具口才的后代。语言也许很重要，而阅读和书写的发明更是纯粹的奢侈。孩子在学习中发展阅读技能，它成为人类最好的工具之一，但它并非人类天生就具备的能力。直至进入大学，我才学会流畅、轻松地阅读。练习协调大脑完成高效阅读花费了我数不清的时间。其他技能也是一样。

近视或远视通常被认为单纯源于遗传。在美国，三分之一的成年人近视。在欧洲，近视也泛滥成灾。在亚洲，这一数目更是惊人。最近一项研究测试了上海学生和首尔年轻人的视力水平，结果发现95%的人都患有近视。这种疾病被认为是"城市眼"，病因是人们花费了太多的时间待在室内，蜷缩在小小的显示屏前。我们的眼球为了适应不断变化的形状而逐渐变长，这对那些整天眯着眼才能看清远处的家伙可不是好消息。为了保证眼部正常发育，孩子们必须在户外玩耍，他们可以观察一只松鼠的巢穴，它高悬在老胡桃树上，随风摇摆，然后急速下坠到河边，落到一片草叶上。哦，院子里地面上的褐色物体是一只野火鸡还是一丛风干的菊花？

过去，人们成群结队地捕猎和集会，目光敏锐，能够看清近处的混战，也能辨清远处飞扬的尘土，因为这是他们生存的需要。天然的光线、远处的景象、纵深的视野、大量维生素D、始终存在的地平线——成就了敏锐的视力。他们切削碎石打磨箭头，剥制并缝纫兽皮，也做别的近距离工作，但不会花费一整天时间。而近距离工作现在占据了我们的大部分生活，这其实是近代才有的现象，是人类进步的重要标志之一。我们可能会进化成更加近视的物种。

研究还表明：谷歌正在以一种令人惊恐的方式改变人类的记忆力[①]。我们更容易遗忘我们能在网上找到的信息，而倾向于记住在哪里可以获取这些信息，而非信息本身。

很久以前，不同部落的成员相互碰面以分享事物、技能、理念和感受。这些交换得来的关于天气、地貌、动物等信息源自敏锐的观察，这些珍贵信息有时能拯救生命。现在，"电子篝火"也许会是个好东西。人类已经重新设定了空间，将互联网打造成最受欢迎的小酒馆——一个我们可以交流知识、寻找诀窍甚至遇见未来的伴侣的普通会面地点。信息的分享速度很快，内容也往往草率粗放、未经过滤。我们的神经系统生活在这样的数据中，而且几乎是抽象、虚拟的，它将怎样改变我们对现实的认知？没有大脑我们将失去真实，但如果大脑连接上一个虚拟世界，那虚拟就变成了现实。当身体仍置于实体空间，而大脑却在虚拟世界中遨游，这个世界便虚无缥缈，又无处不在。

一天早晨，我和几位鸟类爱好者在吸汁啄木鸟林鸟类自然保护区观察两只大蓝鹭如何喂养五只吵闹不休的幼雏。那个地方是筑巢的绝佳地点，橡树遮蔽着碧绿的池塘，水中生活着不少鱼类和蛙类，清浅

---

① 该观点源于哥伦比亚大学心理学家 Betsy Sparrow 的四项研究。

的湿地适合鸟类捕猎。虽然出生才几周,这些雏鸟已经开始长毛,胃口也很大。

鸟爸爸和鸟妈妈轮流出发觅食,每当一只亲鸟归来,雏鸟们就会激动地张嘴叫嚷,声音就像打响板一样喧闹。然后其中一只就会猴急地将喙插入母亲口中,保持住这个动作直至一条鱼掉落出来。另一只接着猛扑过去,试图窃取那条已经被吞了一半的鱼,动作之迅猛堪比"键盘侠"。如果来不及半路抢劫,它就会啄母亲的喙要求另一条鱼。手足之争表现得如此率真自然。我们看着笑着,就像一群充满宠溺之爱的祖父母。

最后,母亲再次飞离巢穴觅食,雏鸟们沉静下来打个盹儿,或尝试伸展翅膀,或放松一下喉袋。真正的羽毛正开始覆盖它们的身体。当一架准备降落的飞机轰鸣着飞过,这些小家伙都抬头望着它,那表情好像船货崇拜[①]或是希望从翼龙那里得到食物。我们可以一整天看着它们滑稽的动作。

我是最近才加入蓝鹭爱好者圈子的。圈子的部分成员从 4 月起就开始天天观察鸟巢并互相交换意见。"我放着很多事没做,"一个人这么说,"不过我也是故意的。这是个多么稀罕又有趣的机会。""工作?"另一人回答,"谁还有时间工作?"

确实如此。这个鸟类自然保护区拥有大量的树木和枯木,绿头鸭、黄莺、红尾鸢、大红冠啄木鸟,当然还有黄腹吸汁啄木鸟。加拿大鹅曾经逼停过车辆——成年鹅就像人行道上的卫兵。那是一个让人着迷的绿色世界。

然而,我们也并不是真的置身现场——所有的 150 万人都和现场离得很远——我们只是注视着两台固定在鸟巢边的网络直播摄像机所拍摄的画面,并且在鸟瞰画面旁类似 Twitter 的快速滚动聊天界面上交谈。

[①] 一种宗教形式,尤其出现于一些与世隔绝的落后土著之中。当货物崇拜者看见外来的先进科技物品,便会将之当作神祇般崇拜。——译注

我们几乎就在池塘边，但不用和泥巴、汗水与蚊子打交道。我们无须打扮、分享小吃或进行交谈。一些人或许在喝咖啡时观看这些画面，或者在听课或工作时打开视频开小差。我们观察的方位就是鸟巢上方不远处，如果徒步抵达反而可能错过这绝佳的视角。在接下来的两周，摄像机还将跟随拍摄雏鸟学习捕鱼的过程。

如今这种打发时间的方式并不少见，而且它正在迅速成为人们喜爱的观察自然的方式。仅仅点击鼠标，我就可以选出关于狼蛛、猫鼬、鼹鼠的视频，或者是24小时全程直播的熊猫视频，类似主题的高质量网站有很多，其中一些的访问量达到上千万。

观看世界范围内这些邮票大小的、面对镜头不以为意的野生动物视频，是一种终极的影院式的真实，是对动物进行的怪异压缩和扁平化处理——所有的动物看上去都比人类小。但是我依赖虚拟的自然得以观察那些我从未在野外遇见的动物。当我这么做的时候，计算机的鼠标就成了一根魔杖，我可以看到澳大利亚的野生动物救护者正在喂养一头孤儿袋熊。我从谷歌地球的308张关于牛的图片中发现：无论气象条件如何，牛群喜欢面向南方或北方，这或许是因为它们能够觉察到磁场，从而帮助它们导航，缩短行进距离。虚拟的自然能够提供给我们容易忽略的观点和视角；它还帮助我们满足关键性的渴望，缓解那些我们被迫适应社会所带来的压力和随之而来的倦怠。

如果我们对这种介入世界的方式习以为常，将会发生什么呢？自然走近我们，而不是我们主动接近它。你无法在摄像镜头之外跟踪令人心动的线索，或追随某种声音。你在野外漫步，遭遇比自己古老或强大的力量时，并不确定是幸运或是危险——而如今，与自然相伴，却可以不置身其中——这种状态也将影响人类。

电影和电视纪录片诸如《微观世界》(*Microcosmos*)、《飞行迁徙》(*Winged Migration*)、《行星地球》(*Planet Earth*)、《企鹅远征》(*March of the Penguins*) 和《植物私生活》(*The Private Life of Plants*) 给几百万人带来了灵感和欢乐，并将环境问题带入人们的视野。在这些节目中，我们看到生存在自然状态中的动物，但是它们被缩小、被扁平化、被广告打断、被过度解说、被刻意编辑，有时还被加料演绎。重要的感官反馈却是缺失的：混合着青草、粪便和鲜血的刺激性的气味，苍蝇和蝉发出的嘈杂声响，疾风吹过草丛时的瑟瑟声，挥汗如雨的感觉，炙热阳光的烘烤，等等。

我在 YouTube 上看见了漂浮在南极海面上的几座冰山——尽管无法看清体量、听到声音、辨明色彩。最奇怪的是，这些冰山看上去有纹理感。我曾在几年前幸运地到访过南极，惊讶地发现那里的空气如此清新，光线似乎呈现出另一种颜色。我可以看见更远的景物。一些冰山形态柔和，这取决于里面含有多少空气。冰山摩擦时会发出可怕的声音，类似鲸的歌声。说实话，在许多地方，冰山是水晶般的沙漠，但这里的冰山养育着许多生命。我眼前满是忙碌的海豹、鲸、企鹅和其他鸟类，还有冰川和开裂的冰山，让人目不暇接，就像走进了一本弹出式的故事书。在网上，或者在 Imax 影厅，或者是在豪华影院中观看这些冰山，都激动人心、富有教育意义，但与亲身经历相比，感受确实完全不同。

2013 年夏天，我在商场橱窗的小小显示屏上观看了一段加州冲浪的视频。这段简单的展示吸引了来来往往衣着光鲜的时尚人士。面对广阔的大海和翻卷的海浪，还有画面上显得渺小的冲浪选手，没人能移开视线。就像我们的祖先在山洞的岩壁上描画动物，把动物形象刻在木头和骨头上一样，现代人用动物印花图案装点居室，让孩子看动物卡通、阅读动物题材的故事。我们对动物童话的情节唏嘘不已，如《蝙蝠诗人》《绒毛兔》《伊索寓言》《风语河岸柳》《逃跑的兔子》《夏洛的网》，等等。我到了成年后才第一次阅读这些故事，发现无论是成熟还是幼稚的自我都完全被故事迷住。我们用宠物的名字称呼对方，穿印着动物图案的衣服，对屏幕上的某种动物或植物眉目传情；我们不会崇拜或者捕猎我们所看到的动物，但我们仍然认为它们是必需的精神伴侣。我们越是远离自然，就越是渴求这个带来奇迹的源泉。技术打造的自然还是不能完全满足这种亘古不变的渴望。

如果数字化的自然凭借新设备和便利条件而取代生物学自然，情况会变得怎样？我们对自然的经验将会越来越浅薄，理查德·罗威（Richard Louv）描述了"自然缺失失调症"，这种病症广泛出现在极少外出的儿童身上——在人类历史上，这是一种新病症。他的记录表明：这类儿童出现注意力障碍、肥胖、抑郁、缺乏创造力等症状，并日渐增多。圣迭戈一名四年级小学生告诉他："我喜欢在家里玩，因为所有的插座都在那儿。"成年人也有类似状况。据说，相比只能呆望着城市建筑和停车场的病人，医院里那些能看到树木的病人恢复得更快。华盛顿大学的皮特·H.卡恩（Peter H. Kahn）和他的同事做了一项研究，他们为那些在没有窗户的隔间中工作的上班族提供显示自然景观的景观窗，结果这些人变得更加健康快乐，工作效率也高于那些没有配置虚拟景观窗的同事。然而，与那些拥有真正的窗户，可以直面自然风光的人群相比，他们的情绪、健康、创造力的水平仍显不足。

作为一个物种，人类莫名地在大大小小的冰期、基因瓶颈、疾病、世界大战以及各种各样的自然灾害中幸存下来。但我有时会想我们未来是否仍能保留我们的独特性。乍一看，我们似乎生活在感官过载的环境里。新技术带给我们快乐，同时也带来许多痛苦：蔓延的恐怖、诱惑性的干扰、险恶的阻碍、网络欺凌、杂乱的消息，既禁锢了思维，也损耗了耐心，也许我们将来会溺毙在信息的沼泽之中。但与此同时，我们生活在感官贫乏的困境里，我们对于世界的了解缺乏置身此时此地的现实感，缺乏或凌乱、或庄严、或狂热的细节。就好比一个人眼睛盯着冰山，却没有感受到周遭的寒冷，没有在南极特殊的光线中眯着眼看风景，没有呼吸到冰凉干燥的空气，没有听到浪涛与海鸥叫声混杂在一起的声响。我们无法感受冰冷海洋咸咸的气味、冰块刺激的触感。如果看着这段话，你脑中可以感觉到那些感官细节，是因为你曾经有过类似的真实经历吗？如果更年轻的一代人从未经历过这些，他们能够对书页上的这段文字作出同样的反应吗？

借由多重感观的共同作用，人们才得以体验当下的魅力。我们越是远离当下,就越是难以理解和保护自然岌岌可危的平衡,更别提人类内心的平衡了。我担心人们会变成"虚拟盲人"。除了视觉,其他的感官都被弱化,最终产生好奇心重又缺乏教养的偷窥狂。在一些医学院,未来的医生可以参与虚拟解剖课程①,他们可以通过计算机仔细解剖躯体——去除了气味、触感和人为干扰。斯坦福的"安纳托梅奇"②(Anatomage,从前叫虚拟解剖工作台)提供能从不同方式、角度解剖的"遗体",它们还可以方便地呈现出接受超声波、X光及核磁共振检查时的效果。在纽约大学,医学专业的学生可以戴上3D眼镜,探索立体的虚拟遗体,这就好比在谷歌地图上突然点开灯红酒绿的东京街景图片,其吸引力不言而喻。一名21岁的纽约大学女生说:"如果你移除了尸体的某个器官,你便无法原封不动地将它放回去。但这种方式可以,而且,它比教科书更有意思。"在探索虚拟尸体的过程中会遇到不同的变化和情境,学生在此期间不断进步。相比一具一动不动的尸体而言,这种方式互动性更强、更鲜活,类似逼真的视频游戏。

当所有这些都付诸实践,我们仅存在于与外界事物产生联系的状态中时,我们的感官进化成类似侦察兵的角色,它们齐心协力连接相互隔绝的领域,并提供大量信息、警告和奖励。但它们并不会毫无遗漏地报送所有信息,有时甚至会屏蔽大部分内容。若非如此,人们将精疲力竭。它们过滤琐碎的日常经历,如此,大脑就不会陷于过多的刺激,以至无法专注于性命攸关的大事。人类的一部分技能源于基因,但绝大多数来源于后天的学习、更新、完善。人们只有凭借各种感官体验,全神贯注于当下,将情感记忆和感官体验充分融合,才能学到新知。

当你拿着一个球,感觉它光滑的外表,将它放在手上旋转,之后,大脑就能记住球体的触感。你看着一个美味的红苹果,就知道它味道甜

---

① 在医学院,虚拟遗体并非用于完全取代真实遗体。麦格劳-希尔集团和其他许多公司已经设计了供医院、药物实验室和网络课程使用的软件。
② www.youtube.com/watch?v=6FFd6VWIPrE。

美,咬一口会嘎嘣作响,并想象把它掂在手中会有多少分量。如果将这些丰富的反馈从大脑中剥夺,我们的生活将变得贫乏,学习效果也变得不那么可靠。在数字技术对世界的探索中,视觉占据了主导。人类对自然的呈现也被扭曲成以视觉为主,而这其实仅提供了五分之一的信息。扣除了其他微妙的身体感觉,如气味、口感、触感和声音,你将失去一笔宝贵的财富:许多有助于解决问题甚至拯救生命的细节。

在我小的时候,孩子们总是去户外玩耍。尤其在冬季,纷纷扬扬的雪花凝结在露指手套上,拂过鼻尖,滑入脚下;孩子们把雪塑造成各种形状,或者打雪仗玩。雪勾勒出所有的景物:嫩枝和树杈、屋顶和人行道、车罩和冰雪堡垒。有些人现在也爱在雪天外出嬉戏,但大多数人更爱在室内活动,孤独地盯着发光显示屏上的节目。

科技拓宽了人类的视野,带来许多新奇的事物,提供了新的治疗手段,这都是我欣赏的。但它在填充知识的同时也禁锢了人的头脑,使大脑失去与身体的联系,与感官体验逐渐疏离,失去一种本能的体会;人类作为一种万千生命形式中的一种,与其他生物共同生活在这个星球精妙的平衡状态下。在人类世,如何唤回这种存在感,将是我们面临的一个巨大挑战。这并不意味着要放弃高效的数字生活,而是让人有时能在户外静静地度过几小时,体验被自然拥抱的感觉。

生活中总是不乏开心事。当一个人体会到满满的"存在感",如芒在背的焦躁感就会瞬间舒缓,工作节奏也会随之放缓,想象人与自然之间的隔阂慢慢消融。一瞬间,你的眼中只有漫天飞雪,湿润的雪花在老木兰树的枝丫上满满堆积。或者,在室内,你看着花瓶中的郁金香,想象它们的基因穿越了漫长的年代,走过丝绸之路,最终展现在我们眼前。那花朵舒展着冰淇淋色的褶边,随着火炉散发的气流微微颤动。在心灵的元素周期表上,"存在"位于"奇迹"和"不可能"之间,一个人无须为此浸淫过深。就像浪漫,没有它的调剂人也能生活得不错,但不那么有滋有味。那些感官桥梁需要保持灵敏,这样我们才能充分享受生活的乐趣,而不仅仅让我们维持生存。

数字化背景下的数字化身份对我们的自我意识产生了不可磨灭的改变。数字化的工作和梦想为大多数人的生活、教育和职业发展增添了动力。善良、慷慨、贪婪和怨恨都隐藏在这些设备之中，并像微生物一般在无形的网络中幸存下来。有时，人类在保持天性的同时，在精神上融入了技术的影响，我们不再与古老的环境和谐相处，而自然看上去确实保持了原样。用一句老话说就是：插头和插座不再密不可分。人类变得过于强大。因此，我们并不觉得自己脱离了这个星球，反而觉得我们在修正并重新定义自然。比如像使用其他心爱的工具一样使用互联网，以此作为一种扩展自我感官的途径。就像耙子成为手臂的延伸，互联网成为人类个性和智慧的延伸，成为在太空中移动商品和其他实体物品的自由途径，成为万能日记，成为人类的烦恼，成为人们共享内存的海马体。它会变得有意识吗？它已经成为我们日常思考和欲望的总和，成为强大的魔鬼；它不仅能沉着思考，更能煽风点火，独立行动；会过分专注于某些事物，用不同的语言发表意见；它浪漫得超乎想象，能自我对话，也能以数字化的方式彼此沟通。

曾有人认为现代人事实上拥有两个自我：身体自我和我们常常忽略的第二个自我——经常需要我们整饰和维护的虚拟自我，一个我们不在场时可以进行回应的自我。因此任何人在通往获得认同的路上都有两段充满坎坷的青春期。

当然，我们可以在这两个世界中取得平衡，在真实和虚拟世界中合理地分配时间。在理想状态下，任何一个自我都无须为另一个作出牺牲。我们可以在户外嬉戏，徒步穿越公园和原野，同时享受技术营造的自然作为精神调剂，在两者之间切换，从而获得最好的体验。

物种间互联网

在多伦多动物园,马特为布迪展示了几款音乐 APP 中的一款——钢琴键盘——布迪伸出四根手指越过围栏,敲击出无调的和弦,然后又奏出几串音符。

"继续!不错!"马特鼓励道,"再来两首。"随着布迪的手指对着 iPad 上下点击,纷纷扬扬的和弦接踵而至。

这让我想到了 YouTube 上关于潘巴妮莎的视频。潘巴妮莎是一只生活在亚特兰大语言研究中心的 19 岁倭黑猩猩。那是它第一次被音乐家皮特·加百利(Peter Gabriel)带到全尺寸键盘前。它坐在琴凳上,对着键盘想了一会,然后在上面拨弄了几下,发现了一个它喜欢的琴键。然后,它找到了八度音阶并从中选择了几个琴键,即兴演奏了一段旋律,水准在加百利之上。它对音乐速度的把握尤其令人称道,音符间的空拍恰到好处,既不会过快,也不会显得拖沓。乐音在空气中回响,犹如跳水运动员入水前优雅的腾空动作。经过美妙的停顿,又一串音符流淌而出。过了一会,它开始调整节奏,尽力跟上加百利的歌声。

"作品清晰、锐利,富有乐感。"加百利认为它的弹奏"细腻、奔放、富有表现力"。

它的兄弟坎兹第二个出场。尽管它从未在钢琴前坐过,但它发现了它的姐妹吸引了如此多的关注。"坎兹扔下毯子,那动作就像詹姆斯·布朗

(James Brown)①甩下一件披风。"加百利说,"然后它表演了即兴三重奏。"

加百利发现猩猩是类人猿世界的蓝调乐手,"它们看上去有些忧郁,但实际上热情洋溢"。

7岁的布迪还是个孩子,它喜欢玩 iPad 上关于记忆和认知方面的游戏,或者使用音乐或绘画 APP,但他最喜欢 YouTube 上关于其他猩猩的视频。

马特将他的想法娓娓道来。他认为应该给猩猩们提供一种非语言形式的,用来与其他类人猿(包括人类)沟通的途径。饲养员可以递给它们东西,但如果猩猩们"能够告诉任何人它们想要什么,那生活将会充实得多"。

实现这一理想最具野心的版本就是"物种间互联网"。马特听说过这回事,也认为这是一个很酷的解决方式,尽管实现配套保障或许相当困难。从20世纪80年代起,从事动物智力研究的认知心理学家戴安娜·瑞思(Diana Reiss),就已开始教海豚使用水下键盘(很快就被触屏取代)索取食物、玩具,或者参与喜爱的活动。她与万维网先驱文特·瑟夫(Vent Cerf)、皮特·加百利,以及麻省理工学院比特和原子中心主任尼尔·杰森菲尔德(Neil Gershenfeld),正集思广益设计一种触屏网络。它能帮助凤头鹦鹉、海豚、章鱼、类人猿、鹦鹉、大象和其他智慧动物更好地和人类或其他物种沟通。

当这四位"大咖"在一次 TED 讨论上介绍这一设想时,加百利表示:"也许人类发明的最神奇的工具就是互联网。如果我们能够以某种方式找到新的界面——视频的、音频的——让我能够与这个星球上的其他非凡生命沟通,将会发生什么情形呢?"他表示他对类人猿的智力非常尊重。作为一个在英格兰农场长大的孩子,幼时的加百利经常会盯着牛羊的眼睛并思索它们在想什么。

有人认为:"互联网正让我们丧失人性,我们为什么还要把它强加

---

① 詹姆斯·布朗(1933—2006),美国歌手,被誉为美国灵魂乐的教父,是说唱、嘻哈和迪斯科等音乐类型的奠基人。——译注

给动物？"对此，加百利的回应是："如果查阅大量科技资料，你就会发现第一波浪潮确实背离人性，但在第二波浪潮中，如果有良好的反馈机制和聪慧的设计师，它就能超越人性。"他一定会喜欢任何有兴趣像人类一样探索互联网的智慧物种。

瑟夫还补充道，我们不能将互联网的使用局限于一个物种。其他有意识、有情感的动物也应被纳入这个网络。而且，依照这种精神，这个项目最重要的一面就是学习与其他"能和我们共享感官世界的非人类物种"沟通。

杰森菲尔德表示，当他看到潘巴妮莎与加百利同台表演的视频剪辑，他对互联网的历史感到震惊。"互联网一开始是中年白人男性的网络。"他说，"我意识到我们原来已经错过了一环——地球上的其他生物。"

如果物种间互联网是下一个逻辑步骤，前奏将会是什么？杰森菲尔德预测是"没有键盘或鼠标的计算机"，这些设备可以通过情感和思维进行控制，由感觉起伏和记忆来进行提示。它可以将我们的思维转化为实体环境，但是人类仅靠思维达到这个目标，还需要迈出巨大的一步。心灵感应以往仅限于科幻小说，但我们正将它变为现实，就像瘫痪的病人学习通过肌肉思维使用义肢和推进外骨骼。这些可能的进步改变了我们对大脑的印象，人类不再是颅脑损伤的奴隶。

"40年前，"瑟夫提道，"我们编写互联网的脚本。30年前我们打开了它。我们觉得自己正在建造一个连接计算机的系统。但是很快我们发现那是一个连接人群的系统。"现在我们"正在指出怎样与非人类物种交流"。瑟夫还提道："最终，这些与动物沟通的举措将指导我们如何与来自另一个世界的外星物种互动。我几乎等不及了。"瑟夫正在领导一项由NASA主导的关于建立行星间互联网的项目。不同的行星间，那些停留在宇宙飞船上的人都可以使用它。谁又会知道互联网的下一个衍生产品是什么呢？

在这个后工业化、纳米技术、手工制造和数字缝纫技术并存的时代，人猿APP只是其中的一小部分，光芒四射的互联网帮助我们与朋友、陌生人以及其他智慧生命形式建立联系，无论对方是否拥有大脑。

你的西番莲正在向你发送色情短信

生命的形态多种多样，智力也是如此——植物没有大脑，但它们也可以拥有令人惊讶的智慧。因此，发现植物的智力只是时间问题。植物已经开始发送信息以求得帮助。伴随着智能化数字设备的应用，一棵干枯的喜林芋、营养不良的木芙蓉、被忽视的可怜巴巴的白花紫露草都可以通过互联网发送信息，或用声音提醒主人。人们喜欢被赞赏的感觉，因此当秋海棠心情愉悦时，也许会发送简单的"谢谢"，就像园丁们喜欢说的那样，表示自己非常健康且被悉心照料。想象一株被单独放在家中的波士顿蕨，它以植物的方式"拨打电话"。为什么只有盆栽植物才能抚慰它们的主人呢？另一家公司已经发现了一种让农作物众口一词发送信息的方式，这样它们的农场主就会知道自己是否为一场大丰收做了正确的准备。放置在泥土中的传感器能够对湿度作出反应，并且将之前记录的信息以定制化短信的方式发送给主人。一串香蕉一起鼓掌的声音会是怎样的呢？

植物给人类发送信息也许算是新事物，但是心存不满的植物早就能够彼此交流。当一棵榆树遭到昆虫侵袭，它会释放相应的化学当量告诉同类："我受伤了！你会是下一个！"警告林中的其他同类分泌出毒素。植物是世界级的化学家，堪称身着绿装的卢克雷齐娅·博尔贾（Lucrezia Borgia）①。如有一个人用毒药谋害他人，我们将这一罪行打上"邪恶，

---

① 卢克雷齐娅·博尔贾（1480—1519），罗马教皇亚历山大六世与其情妇瓦诺莎·卡塔内的私生女。相传她与其父亲和兄长恺撒·波吉亚皆以善于投毒著称。——译注

有预谋的犯罪"的标签，罪犯就不能用"自我防卫"的理由来辩解。而植物每天都在分泌可怕的毒药，而我们完完全全地原谅它们。它们没有思维，或者说是没有大脑，但是它们能够对伤害作出反应，为生存而斗争，有目的地行动并征服人类（让我们爱上咖啡、烟草、鸦片），并且在族群内部喋喋不休地沟通。

草莓、欧洲蕨、苜蓿、芦苇、竹子、羊角芹以及其他许多植物都生活在自身的社会网络中——纤细的枝条（其实是水平生长的茎）连接了一片同类个体。如果一条毛毛虫在一片白苜蓿叶片上啃食，这一消息立马就在这片区域内传开，周围的同类迅速变身为化学武器。当一棵胡桃树感觉到压力，它的体内就会分泌属于自己的阿司匹林，并提醒它的同类采取同样的行动。记得莫莉·伊文斯（Molly Ivins）曾以嘲弄的口吻在节目中这样谈论一位年老的得州国会议员："一旦他的智商有一点下滑，我们就得每天给他浇两次水？"可见，她明显错判了植物的智慧。植物可不那么温柔。它们可以杀气腾腾、性感妖娆、虚伪狡诈、心肠歹毒、寡廉鲜耻、老成世故甚至残暴无比。

由于植物无须围着配偶团团转，它们可以生长得高大醒目，用各种招摇的装扮吸引动物上钩。例如，一些兰花将自身伪装成雌蜂的性器官，如此就能吸引那些试图交配的雄蜂前来协助授粉。植物在遇到危险时也没法逃之夭夭，因此它们能制备各种毒药和简单武器：番木鳖碱和阿托品是令人色变的杀手；恐怖的水泡是毒葛和漆树的杰作；解剖刀般锋利的尖刺是冬青和蓟的看家武器，黑莓和玫瑰挥舞着带状弯刺；而大荨麻每一根蛰毛都是一支装满甲酸和组胺的微型注射器，能让人奇痒无比，慌忙逃跑。

万一你喜欢在教你的西番莲发送短信时拥抱它，请千万抵制住这种念头。如果西番莲的细胞壁因为昆虫啃食或者人为触碰遭到破坏，就会释放氰化物。当然，军备竞赛是自然界的常态，以叶片为食的毛虫已经进化出对氰化物的免疫机制。可惜，人类可没有这本事。不慎误食西番莲、水仙花、紫杉、番红花、附子、杜鹃、风信子、白鹤芋、毛地黄、夹竹桃、常春藤等植物都有可能使人丧命。塞勒姆审巫案[①]（Salem witch trials）一个富有争议的推测是：这整个悲剧仅仅是因为潮湿的冬季促使黑麦感染麦角病，产生类似麻醉药的迷幻剂，在磨面粉的过程中被人们吸入，造成妇女们像着魔一般的表现。

就像我们看待野生动物一样，如今我们对不守规矩的植物有两种想法。我们希望它们总是相伴左右，但并非恣意疯长。只要它们表现乖巧、不胡闹，我们愿意在室内室外都种上可爱的植物。当然，杂草会敲响警钟。就像派崔克·布兰克所言："正是植物世界的这种自由状态最讨我们欢心。"尽管植物阴暗又危险，它们却装点着我们生活的方方面面，从订婚到葬礼，随处可见花草的踪影。它们展示活泼的气息、炫目的造型，还有对抗重力的空中芭蕾，它们朝着太阳盘曲生长，舒展娇柔的花瓣。它们简直就是植物界的太阳马戏团[②]。

由于植物需要好好照料，而我们也热爱人类的社交网络，我期待短信能席卷植物世界，为我们带来它们礼貌的感谢和无礼的抱怨。事情接下来会怎样呢？一株紫藤每次被蜂鸟触碰都会发送色情短信？一溜百日菊花谢结籽时无视线上追随者？

当然，一些幽默的作家需要想一些特别的文字供植物们发送，包括一些过度奉承或尖酸刻薄的电报。也许只是一点儿奉承："你长得不错！谢谢你的温柔体贴。"或者简短犀利的风格，例如，在你约会晚餐时，收到来自心存不满的一品红的短信："你需要的是一束银莲花[③]！"

---

① 1692 年，美国马萨诸塞州塞勒姆镇的几个女孩相继出现了昏睡、尖叫、身体抽搐并胡言乱语的症状。当时人们普遍认为，孩子们得怪病的原因是村里的黑人女奴蒂图巴和另一个女乞丐，还有一个孤僻的从来不去教堂的老妇人施行了巫术。人们对这三个女人严刑逼供，"女巫"和"巫师"的数量也慢慢增加，先后有 20 多人死于这起冤案中，另有 200 多人被逮捕或监禁。1992 年，马萨诸塞州议会通过决议，宣布为所有受害者恢复名誉。该案给美国社会带来多方面深远的影响，一些学者至今仍在研究此案。——译注

② Cirque de Soleil，太阳马戏团，诞生于 1984 年的加拿大。近十年里，该马戏团创作了风格各异的主题杂技晚会，在全世界巡回演出。——编注

③ 银莲花的花语为：我爱着你，你却爱别人。——编注

当机器人辛勤劳作,谁将抚慰它们?

这是一出不可思议的人类世恶作剧:人类的数字化的自我席卷了整个互联网,足以连接不同的人群、动物、植物、太阳系各大行星,乃至天外来客。全球地貌已被收入谷歌地图,人类的栖息地和财产信息也已被尽数收入网络。如果我们想让那些消失已久的生命形式复活,制造虚拟世界,编织新的社交网络——那么新的生命网络又会怎样?为什么不合成新的生命形式,让它们能够感知、感受、记忆,并且经历达尔文式的进化?

在我所认识的人中,赫德·利普森(Hod Lipson)的姓氏独一无二。这个姓在希伯来语中的意思是"光辉灿烂",而在英语中,它表示一种"V"形的木质凹槽,工人们用它放置砖块并扛在肩上进行搬运。这一语义上的悖论放在他身上,无论是身体还是精神方面却都十分契合。他外表强壮结实,能够扛起一摞砖块,与此同时,他也会在第一时间提出独树一帜的想法:砖块可不像你以往想的那样,它们甚至可能闲庭信步、重塑自身、拒绝被堆砌,它们可以设计灰泥、进行反抗、探索未知、自我复制,还能吹嘘自己对这个世界的好奇。借助复杂的装备,砖块也可以"光辉灿烂"。

赫德的实验室位于康奈尔大学,这里是许多计算机科学或者工程学团队项目的大本营,其中一些还参加过DARPA的著名设计竞赛(行动灵活、能清除有毒物质的机器人,给军人使用的超级外骨骼,等等)。在不远处,两辆未来主义风格的DARPA挑战汽车已经像旧玩具一样被抛弃，它们即将走进古典工程奇迹的展示柜。那儿还有一架像奶油搅拌器似的又老又慢的升降机。

在二楼，可以看到一个外形类似蜘蛛猴的黑色机器人。它抓着利普顿办公室大门的左上角，那个样子既有趣又透着神秘。不过对业内人士来说，它是一个扭曲的标志，也是生意人的招牌，殖民地的生意人常把类似东西放在店门口用来提示店主的营生：药剂师的研钵和槌磨、蜡烛商的蜡烛、家具商的胡桃木细脚椅等，而这个则是机器人专家的学徒。虽然一开始，长腿蜂蛹似的机器人吸引了学生们热切的目光，但他们的热情很快消散，就像他们做的智能机器人一样：它们的平均寿命是3.5年，即一个学生完成论文并毕业的周期。

赫德有着一头卷发，栗棕色的眼睛，下巴带着酒窝。他欢迎我进入他快乐的办公室：高高的窗户、一张工作台、一架连着三台显示器的戴尔计算机，窗户上搁着种植箱，夏季可以收获番茄；一整墙的书架、顶上放着一列学生的设计作品。对我来说，它们看着陌生，但相当漂亮且引人注目，就像外星球集市上的商品。办公室里还有一张很高的白色桌子和配套的椅子，让人忍不住想爬上去并浮想联翩。坐在圆桌边缘，如果你身高不足6英尺，你的脚会自然而然悬空。我认为这感觉不错，因为这有限的飘浮感也有助于增强想象力：脱离重力的羁绊，乘上魔毯，像鸟一样飞翔，或者坐上摇摇晃晃的宇宙飞船。我们总是喜欢表达提升的感觉："我在空中漫步""它正在上升""有升高的感觉""翻越阻碍"或者"我脚不沾地"，这背后是有原因的。创造力的提升——是以专注游戏、尝试风险、奇思妙想、沉溺爱好以及"不撞南墙不回头"式的执着探索为支撑的——也会因为感知的微妙变化而激发出灵感。因此，为什么不让思维每天游荡一会儿呢？

对人类这个既粗暴又满脑子数字梦想的高智商物种来说，下一个目标会是什么呢？相对不知疲倦的仆人、长着机械手的军队以及善于精确切割的专家，赫德对机器人的进化树上另一个我们熟悉的分支更感兴趣。目前，已有超过1000万台罗姆巴真空吸尘器被销售给家庭使用者（他们有时会发现这些机器人成了小孩或宠物猫的坐骑）。我们饶有兴致地看着机器人潜入深海（或沉船），而 NOAA 的机器人可以潜入水底检测飓风的能量。谷歌的机器人部门拥有一系列公司，包括设计成真人尺寸和外观的机器人——这是因为在公共领域，我们更喜欢询问一个长着天使面孔的机器人，而不是使用触摸屏。苹果和亚马逊公司也都投身于高级机器人产业。军队则投入巨资用于研发间谍、仿生齿轮、无人机、驮兽和炸弹处理器。工作精度极高的机器人已经在工厂装配线和控制室广为应用。跨文化研究发现：年老者会乐于接受机器宠物甚至婴儿，虽然他们目前并不依恋护理机器人。

所有这些，对赫德而言都是小菜一碟。他的关注焦点在于具有自我意识的种类：现代机器人。自人猿祖先发展至今，人类的血统已经有了很多分化，而接下来这一现象也会发生在机器人身上，说不定还要用上机器人特有的林奈分类体系。机器人进化的第一阶段是 AI 和 AL 的分离——人工智能（Artificial Intelligence）和人工生命（Artificial Life）的区别。赫德正站在这条道路的分岔口上，他因为预言和探索我们时代最伟大的数字成就而为人所知。无论是从工程学还是创新力的角度来说，这都是终极挑战。

"最终，"他脸上露出一丝难以察觉的微笑，"我正尝试在合成环境中创造新生命——他未必长得像人类，我可没法造出一个能走出门还能和我打招呼的人。它具有拟人化的特点，更确切地说是遵循生命的原则——能发展出它们自己的特征和行为。我不想造出一样东西，打开它，然后它就活蹦乱跳。我不想预先设定程序。"

当今许多机器人以及不少科幻小说，都是关于一个人独自在昏暗肮脏的基地中的工作台上运筹帷幄，用数字化方式组合零件，然后命令这个傀儡照他的命令行事；或者关于一个天才制造出完美的机器人，它最终却走向疯癫，变得六亲不认并开始残杀人类。这些场景有的发生在地球，更多的发生在太空。它假设人类对机器具有无穷的控制力（但是也可能失去它）。

赫德造出的也许是第一代完全自食其力的、独一无二的机器人，身材纤弱的人类造物主赋予它们自由意志。这些合成的灵魂可以照料自己、学习并成长——在精神、社会性和身体上都是如此——它们的身体不受人类或者自然的控制，而是遵循其他计算机的指令。

这听起来就像科幻小说的桥段，但赫德确实是一个彻底的发明家，他不仅满足于挑战创造力的极限，还细心地调整机器人的外观、材质、习惯和性格。例如，科幻小说爱好者、工程师和其他唠唠叨叨的家长总爱问一个问题："我们听说过的将来能为我们工作的机器人都在哪里？"受此影响，他决定以新的方式发展机器人，且使用最古老的方式，通过召唤"所有设计师的母亲——进化"，并利用机器人零件的"原始汤"[①]去代替数百万代不可预知的突变，这些突变本是由自然选择激发的。当然，自然选择是草率而缓慢的，每个成功故事的背后都有无数的瓶颈。但是计算机可以按照一定的数字策略，通过指令运行，实现快速"进化"，并适应所有严酷的环境。

它们能够形成味觉和嗅觉吗？我这么想着，但继而发现这个问题是多么无知、老套。味蕾就像薄片状的火山，分布在舌头的不同区域。感知苦味的味蕾位于舌根，它能防止我们吞下毒药。机器人和我们的肌体几乎毫无相似之处，让它发展出一套专业的"味蕾"该有多么困难。瑞士雀巢公司的气味工程师已经创造出电子意式咖啡"品尝师"，它能够分析特浓意式咖啡被加热时释放出的各种气体成分，并将它们用更为形象的、人性化的描述表达出来，如"焦香味""花香""木香""太妃糖味"以及"酸味"。

尽管赫德的成果具有革命性意义，但与大二学生或者投弹甲虫[②]的水平相比，还处于初级阶段。不过，它奠定了新机器人文化的精神，也许一百年之后，一些机器人还在按我们的指令行事，而其他机器人将会成为一个与人类平行存在的物种，与我们共享世界。它们同样具有创造

[①] 原始汤原指在45亿年前在地球上存在有机分子的海洋，海洋中的有机分子经过长期积累和互相作用，最终生成生命。——译注

[②] 一种分布在北美、非洲、亚洲和东印度群岛的甲虫，因其腹部末端有一个小囊，能喷出有毒的液体，用以防范天敌而得名。——译注

力和好奇心，情绪多变、幽默可爱、思维敏捷、多才多艺，而且是百分之百合成的。如果它们并不像地球上的所有植物和动物一样以碳元素为基础，我们会把它们当成生命并视为自然的一部分吗？这些没有血液的机器人会"血气方刚"吗？会不会有忧虑、暴躁、狡猾、善妒，或者顽固不化等坏脾气？未来会出来很多独立的"硅基生物"。最终，会出现能够自我控制、自食其力的机器人天使和暴徒、圣贤和小丑。人类能够考虑这样的可能性，正是它们拥有无尽可能和巨大潜力的明证。

无论何时，每当赫德谈及他具有"生命"的机器人，他都会强调"生命"这个词。这些机器人与弗兰肯斯坦博士（Dr. Frankenstein）[①]并不同。在一个早晨，雨滴沉闷地敲打着窗棂：

当时，就着几近熄灭的油灯中的一星微光，我发现这个生物睁开了呆滞的黄色眼睛；它喘得厉害，四肢抽搐。面对这一惨剧，我该如何表达我的情感？我曾尽心竭力地照顾它，现在我又该如何描述这个承受着无尽伤痛的可怜人？[②]

正如书中的题词页，引用了弥尔顿《失乐园》中几行诗句："我请求您，造物主，能用我的黏土为我塑造一个人吗？"作者玛丽·雪莱暗示怪物的制造者需要为所有的痛苦和罪恶承担最终责任。在17岁至21岁期间，玛丽为生育和写作消耗了大量精力，她不断怀孕并生产，但四个孩子中有三个在出生后不久即夭折。她不停地怀孕、养育、服丧——为此耗尽心力。这种复杂而痛彻心扉的心理状态造就了她小说中骇人的故事情节。

在她生活的年代，科学家们做了大量的同类实验：试图通过电击

---

① 玛丽·雪莱所著科幻小说《弗兰肯斯坦》中的主人公。该故事讲述年轻的科学家弗兰肯斯坦为追求和利用当时的生物学知识，用不同人体的器官和组织拼合成一个人体，并赋予其生命。巨人虽然天性善良，向往美好，渴望爱情，但由于面貌丑陋，被社会视为怪物。他要求弗兰肯斯坦为自己制造一个配偶，答应事成后与其双双远离人间。当这一希望破灭后，怪物疯狂报复，杀死弗的未婚妻等几个亲人。弗发誓毁掉自己的作品，追踪怪物一直到北极地带，受尽折磨后病逝，而怪物亦自焚而死。——译注
② 玛丽·雪莱，《弗兰肯斯坦》，第五章。

来复活遗体，将它们暂时"激活"（或者说是看上去重生）。无论弗兰肯斯坦对雪莱来说意味着什么，它抓住了此后人们的想象，代表一些非自然的、普罗米修斯式的怪异生物（弗兰肯斯坦博士的罪恶并不在于创造怪物，而在于抛弃了它）。它们源于人类的自以为是的倨傲、险恶的居心或者仅仅是简单的忽视。人类创造了它，但最终，它消灭了我们。类似的设置成为关于机器人、巨石人、僵尸和杀人傀儡等题材的科幻小说和电影的关键情节。如此的伦理意蕴不是赫德的关注重点，那主要是为未来研讨会和峰会准备的主题，而那时他将早已作古。但是，在一些大学，类似的讨论已经开始。我们已经迈入这样一个时代，大学里出现了"机器伦理学"课程，而赫德的专业是"进化机器人学"。

我在想：是否已经到了这一步，即出于急功近利的心态而创造小说里的生命形式来证明人类的能力，听凭它自己发展，假以时日，一定会生出同样焦虑不安的机器，那时会发生什么？对于发明家来说，创造出具有创造性的事物是一个新门槛。

"创造生命当然是个极难逾越的高峰。那么养育孩子是不是也和它有点相似？"我问赫德。

"那是不同的方式……养孩子并不是很高深的智力挑战，只不过在其他方面形成了挑战。"他轻轻扬起眉毛，以此强调他有所保留的观点，眼前似乎浮现出一段往事。

"是的，但你可以决定它们的行动而且它们自己不会清楚地觉察到这点，但是……"

"你几乎不能控制。你不能对一个孩子设定程序……"

"但你可以塑造它的大脑，改变它的布局。"

"也许你可以设定这个孩子的一部分经历，但是还有不少地方你不能加以控制，而且许多个性特征存在于基因中：有的源自天生，而非后天长成。当然 20 年之后我们不会为机器编程，但是……就像孩子，特别是……我们将塑造它们的一小部分经历，然后它们就会自我成长，干它们想干的事。"

"它们能适应所有被要求完成的工作吗？"

"没错，适应性和调整能力，能够成就很多结果，也会造成很多问题。"看到有人对操场上的吸尘器露出笑容，他也报以微笑。"情感将会是其中很重要的一环。"

"它们会产生强烈的情感。"赫德确信这就像潮起潮落一般自然，"但那未必会是人类式的情感。而且机器也不会永远按我们的命令做事。这样的趋势已经出现了。对事物设定程序是终极控制。你必须清楚地设定它的工作时间和工作内容。这就是现在工厂里那些被设定了程序的机器人的运行方式。但是我们越是放松对机器人学习方式的控制……"

10月的凉风吹过不带网格的窗户，带着破碎木兰叶和潮湿泥土的气息扑面而来，在我手腕上激起一阵鸡皮疙瘩。

"我来关窗。"赫德小心翼翼地从高高的椅子上起身，那样子就像离开冷饮柜台的高脚椅，然后关掉敞开着的窗户。

我们正在进行眼神交流；他是怎么注意到我的鸡皮疙瘩的？当一个人注视某样东西时，只有视野的中心部分是清晰的，而边缘是模糊的。难道他的视野比大多数人更宽广？或者他特别善解人意，当自己感受到冷风吹袭，就推测我因为坐得离窗更近，会更容易感觉到寒冷？当我们交谈的时候，他出人意料地启动了生物意义上的大脑：灵活柔韧、能自我修复、自我装配并再生组织，并且在腐烂时不会残留有毒金属；在几个方面全力作业：在复杂的环境中归纳出他想说的意思，在一堆或新鲜或成熟的观点中翻拣所需要的信息，测定我的知识水平——在他的专业领域内显得非常浅薄；面对他新结识且不熟悉的聆听者，选择合适的词汇，将他的想法以最佳方式表达出来；捕捉我无意识的表情，话将出口时再次思考用词是否恰当；当话从口出时，再一次完成几乎无法察觉的细微调整；选择兼顾不同层面的最适宜的表达（字面角度、专业角度、情感角度、智力角度），然而我还是会表露出几分无法理解的表情——尽管我对此没有察觉，但他可以感受到。这些情绪从我以往的思维和经历构成的记忆仓库中模糊地浮现，每个我想到的词语都带有独特的感情色彩——与此同时，他也在形成对我的印象，并且估量着我可能对他形成怎样的印象……

这就是一场"谈话"，思维、观念、感受的口头交流。很难想象机器人将如何掌握不同水平的语义表达、多层次的情感表达，以及收放自如的记忆。

透过洋红色的百叶窗向外望去，是一方堆叠着圆形石块的禅宗风格的屋顶花园，庭院和街道之外大约18米处，有一圈薄薄的橘色塑料围栏。围栏背后是巨大的挖掘机和戴着安全帽的人们。他们正借助带着锋利锯齿的铲斗搬运岩石和泥土。未来，如此粗野的"恐龙"将会让位给聪明理性的机械，它们可以调整自身以适应各种特定的任务要求，也许是在没有老板指点的情况下快速修理水管。到那时，手提钻的噪声也已作古，尽管我确定，一旦人们听到金属爪刮擦岩石的声音还是会汗毛倒竖。

"当一台机器可以从自身经历中汲取新知，那我们就几乎不能保证它们是否学到了你想让它们学习的东西。"赫德重新坐上椅子，继续说道，"而且它可能学到一些你本不想让它们学习的知识，还不会遗忘。这还仅仅是个开头。"

一想到受到心理伤害的机器人，我禁不住有些发抖。

他接着说道："那是许多机器人专家心目中的至高境界——创造出这样的自我意识，创造出觉悟。"

当赫德这样的专家谈到"有意识的"机器人，它的确切意义是什么呢？神经学家和哲学家还在争辩如何定义人类和动物的意识。2012年7月7日，一群神经学家在剑桥大学集会，正式宣布："在非人类动物中，包括所有的哺乳动物和鸟类，以及许多其他的生物，包括章鱼，都具有意识。"为了更加正式地表明立场，他们签署了一项名为《关于非人类动物具备意识的剑桥声明》的文件。

超越意识这一范畴，人类还具有典型的自我觉悟。一些别的动物——猩猩和人类的其他表亲、海豚和章鱼，以及一些鸟类——都具有自我觉悟。当附近有其他同类活动时，狡猾的松鸡会更加低调地储藏种子，以免它的珍贵窖藏遭到窃取。夜晚，章鱼或许会打开栖身处的盖子出去溜达，回来时重新盖好盖子以免被主人发现。它们具有一系列思维，可以凭直觉预测对手在特定情形下会采取怎样的手段，继而做好应对措施。它们展现出欺诈、同情的一面，能够认识到对方眼中的自己。黑猩猩具有深刻的感知力，它们可以制定战略、作出计划、进行极具深度的抽象思考，它们会悲伤、同情、欺骗、引诱，如果不是出于矫正性的错觉，它们对生存压力体现出过于强烈的意识。无论从有力的家庭纽带还是千奇百怪的个性（有的生性鲁莽，有的严守纪律）来看，它们都和我们一样，既幸福快乐，又心事重重。它们在高兴时欣喜若狂，悲伤时则无精打采。

我不认为它们会像人类一样受烦恼和理性无穷无尽的折磨。它们只是有不同的梦想，也许人类在有能力往神经回路中嵌入对世间万物的见解之前，我们的梦想也和黑猩猩的相差无几。别的动物也许知道人类了解一些东西，但它们不会知道人类了解它们的认知。别的哺乳动物也许能思考，但人类拥有思想。林奈将人类定义为智人亚种，并加上额外的"现代"一词，是因为我们并不清楚，我们是否已经真正弄清我们已知的东西。人类婴儿对周边的环境和其他人作出反应，并开始在生命的最初一年形成自我意识。如同猩猩、大象甚至欧洲喜鹊一样，婴儿可以在镜子中认出自己，他们会搜集其他个体的不同观点。

当人们谈及具有意识和自我觉悟的机器人，它们指代非常宽泛的概念。一些机器人也许在设计物品方面比人类更聪明、更理性、更熟练，并且精于任何要求记忆力和计算机技能的工作。我估计它们会极富好奇心（尽管其表现方式未必与人类相同），而且这一特征会随着成长越来越明显。它们已经能够沉思或者对某些事物着迷，尽管维度更为单一。工程师们正在设计新型的机器人，通过与外界交互，充实记忆，再利用它预测环境安全性或者他人的行为，它们就能对感官经历有着类似人类的基本感受。

赫德希望他的机器人能够基于以往的经验作出假设和演绎，这是一项以我们珍贵的自传体式记忆为基础的技能，也是学习的重要组成部分。机器人将会学到不要在火炉上烘烤它的手臂，在穿越马路时关注两边的路况。还有需要解释一些细微的、个性化的线索。例如，赫德使用英式英语的"leant"代替美式英语的"learned"，但是也用美式的"while"指代英式英语的"whilst"。因此，从以往的经验看，我推断他年幼时从英国人那里学习英语，并且推测他在美国居住了很久，以致消磨掉了大多数英式英语的痕迹。

机器人也许能够拥有许多类型的感知，而且没有理由否认它们完全可以拥有比人类更丰富的感知，包括更加敏锐的视力和夜视能力——它们的感知绝不会和我们完全一致。人类拥有的是深厚但不完全的记忆积淀，还有一些模糊的梦想。谁能断定究竟是怎样的无意识伴奏才能激发作曲家的灵感，促使他选定合适的节奏——不规则的心跳、嗡嗡的耳鸣、说着外语的情人、冬季冰块开裂声所唤起的美好回忆，或者是一段特别的命运转折？如果没有流放途中的那些强烈情绪，就不会有纳博科夫的《说吧，记忆》，或者索尔仁尼琴的《古拉格群岛》。不知道机器人是否能够在精巧细致的思维之下产生爱因斯坦的伟大发现，或像陀思妥耶夫斯基那样写出不朽名著。

机器人也许能进行艺术创作，只是我们无法推测它的动机。这些作品以机器人特有的美学、讽刺（如果它们欣赏的话）或者幽默精神为基础。我们也许也会喜欢，特别是如果它们能像人类艺术家的作品一样唤起我们的共鸣，让观众获得感官愉悦。人类会以不同的方式对待它们吗？耶鲁艺术博物馆的一次画展曾经接受过罗伯特·马瑟韦尔的作品，但当主办方得知这些画作都是机器人的作品时，他们改变了主意。而这台机器人正是由赫德创新机器实验室发明的。探索机器人的天赋和情感是很有意思的工作。未来学家雷·库兹韦尔等人相信，如同赫德的作品一样，在不远的将来，一群有意识且远比我们聪明的机器人将会居住在地球上。它们会掌握工业、教育、交通、工程、医药和贸易等各领域技能。

在伦敦举办的 2013 年机器人大会上，欧洲机器人财团介绍了它们的 iCub，这种机器人天生进化出一系列思维。对人类来说，这是成长的重要里程碑，一般在孩子三四岁时形成。这种机器人大约三英尺高，长着球形的脑袋和珍珠白的面庞。通过运行内置程序，它们能像孩子一样走路和爬行。这些机器人有着类似人类的四肢和关节，敏感的指尖，立体的视觉、灵敏的听觉和自传式记忆。这种记忆包括两部分，一是情景记忆，比如童年时在冰冻池塘上溜冰；二是语义记忆，比如如何在需要停止时使冰刀边缘倾斜。通过身体与外部世界的不断交互，才能形成这两种记忆。它们都不是新事物，也不能区分自我和他人，或者凭直觉感知其他人的精神状态。像赫德这样的工程师们曾经将识别程序植入机器人。但这是机器人第一次完全通过自身进化出这种能力。诚然，iCub 意识还很初级，但有意思的是：同情、欺诈以及其他我们认为具有"意识"的特质，可以在这个机器人自我推进的达尔文式进化中偶然浮现出来。

情况是这样的：iCub 天生带有两种意识。如果它想举起一个杯子，它的第一自我意识就会指导它的手臂该如何行动，同时预测这一行为的结果，并基于已发生的状况修正它的认识。它的第二自我意识——我们称为"内在自我"——接收到完全相同的反馈，但是，不同于执行指令，它只能尽力尝试预测接下来将发生什么。如果事实结果与预测不同，"内在自我"将会更新它的海绵记忆。这一设计让 iCub 拥有两种版本的自我，一个活跃的自我和一个内在的"精神"自我。当研究人员将 iCub 的"精神"自我与另一台机器人的行为相联系，iCub 就会基于其以往的个体经验，凭直觉判断另一台机器人接下来会做什么。

至于弥足珍贵的科学推理能力和洞察力等特质，赫德的实验室已经创造出一台名为 Eureqa 的机器。这位计算机"科学家"能够作出假设，设计实验，思索答案，并从中归纳出自然规律。它能透过纷繁复杂、深不见底的表象探究其中的奥妙。当它被指定回答一个牛顿物理学问题（双摆如何运作），"这机器只用了两小时就解出了运动的基本定律，"赫德说道，"而牛顿在被树上掉下的苹果激发出灵感之后对这个问题思考了多年才得出结论。"

Eureqa 的名字来源于科学史上一个传奇性的时刻。两千年前,当时著名的数学家和发明家阿基米德正在浴缸中泡澡,温暖的水流和失重的感觉让他的意识渐渐麻木,突然他的脑海中灵光闪动,浮现出一个问题的答案。他从浴缸中跳出来,很可能赤身裸体地在雅典的街道中奔跑,口中喊着"Eureqa"(我找到了)。

这就是两千年来传统科学的轨迹:踏实地学习并掌握知识,然后在观察中获得灵感,产生思维的火花。Eureqa 机器的出现是未来科学发展的转折点。曾几何时,伽利略研究了天体的运行,牛顿注意到苹果落入他的庭院。如今的科学已不再那样简单,因为我们在信息的海洋中跋涉,生成海量的新增数据,并进行史无前例的大规模分析。通过维尔索托大数据运算,我们的计算机可以做到无偏的、不倦的数据提取,摒弃无价值的数据,且不带虚荣、自私以及贪欲之心。它们可以快速完成以往需要一个人一生时间的计算量。

1972 年,我正在编写我的第一本著作《行星,宇宙的田园诗》,这是一组符合科学事实的关于行星的诗歌。我曾经将它们挂在康奈尔大学的空间科学馆展示。航天员卡尔·萨根(Carl Sagan)是我的博士论文答辩委员会成员,他很好心地向我提供了参阅 NASA 照片和报告的机会。那时,一个人完全可以在几个月内学完人类对其他行星的认知。NASA 能提供的关于宇宙最远处行星的最佳照片也仅仅是箭头指向的几团亮光。几十年来,我参与了加州帕萨迪纳喷气推进实验室的航天器项目,看到了"维京"号和"旅行者"号从遥远的太空发回的第一批振奋人心的照片,包括火星、木星、土星、海王星和它们周围的行星。20 世纪 80 年代,业余爱好者也还有可能掌握人类对行星的全部知识。现在,这样的情形已经一去不返。原始数据的高峰需要人穷尽不止一生的时间去翻越,途中还要遭遇无数博士学位论文。

但这样的常规已经被一拨像 Eureqa 的机器人改变了。在阿伯里斯特威斯大学,一支由罗斯·金(Ross King)教授领衔的科学家团队,已经推出了一台全新的机器人，它能够自行推演出新的自然科学知识。这台长着两只手臂的机器名叫亚当，它可以设计和完成实验，研究烘焙师所用酵母的基因结构。在无须人类介入的情况下，亚当可以自行开展任意阶段的科研工作。它一天就可以演示一千项实验并发现其中的奥秘。

金相信，更高效的科研将能更快地解决现代社会的各种问题，而自动化便是其中关键所在。他指出："自动化是19世纪及20世纪大多数社会进步的推动力。"基于这一观点，金的第二代实验机器人夏娃比亚当的运行速度更快，也更聪明。网络摄像头拍摄下夏娃测试药品的样子，着实让人着迷：她自动化的手臂和方形的结实身体不知疲倦、精确无误地摆放各种托盘、药剂和试管，用她永远年轻没有皱纹的"眼睛"凝视着实验过程。她彻夜不眠地在实验室操作重复性的实验，为无数研究人员节省了精力。

创造这些外围的"大脑"去探索自然真理是一项了不起的成就。我们教导它们如何像一个社团那样平静地协同工作、快速分享数据、进行比人类更有效的合作、在我们有时称为"云"的无形空间里交汇思想。尽管人类存在身体和精神上的局限，但本着勇敢无畏的精神，我们设计机器人来继续人类长久以来的探索：认清自然界。一些人称它为科学，但它的范围远远超越了一种定理、方法或者视角。

随着技术日渐进步，人类可以变得更加人性化，我觉得这是一个非常富有诗意的过程。当劳动、科学、制造、销售、运输和强大的新技术等领域都被具有专业能力的机器操控——人类确实无法在这些经济领域与之匹敌，我们却可以控制涉及人际关系或者虚拟的服务领域，在这些方面人类的技能才熠熠发光。

全世界的实验室都在培养并小心翼翼地教育智能机器人。迄今，赫德的实验室也已经设计出能够自行学习、自行培养一些基本技能的机器人，它们可以掌握诸如行走、进食、新陈代谢、修复伤口、成长和设计同类机器人的能力。目前，没有机器人可以完成所有的目标，每个个体都在追寻自己特定的命运。但是有一天，所有的实验室机器人将会进入一个大胆的……状态——我们该怎么称呼它？

赫德的一台机器人知道自我和他人的区别，能感知自身的身形结构，并判断自己否能融入形状怪异的空间。如果它失去了一条手臂，它将矫正自身的形象。它能感知、回忆、不断更新数据，就和我们一样，这样它就能预测未来的场景。那是自我意识的一种简单形式。它还创造出一台能在不同情形下描绘自身形象的机器——非常简单的思维实验——同时它还能计划下一步做什么。它正在思索思维。

"我能看看它吗？"我问道。

他的眼神告诉我：看看没问题。

他带着我穿越大厅进入他的实验室，停留在一台放在桌面上的计算机前，看着很平淡无奇，实验室还散布着很多台这样的计算机。

"所有我能给你看的就是这台看着很普通的计算机了。"他说，"我知道它不够吸引眼球，因为精彩藏于机器内置的软件中。那儿还有另一个机器人。"他边说边指着笔记本电脑，"它能看着其他机器人，然后基于它在以往环境中的行为，推测对方正在想什么，接下来会做什么，预测对方来到一个新环境后将会做什么。它正在学习对方的个性，这些是非常简单的步骤，但是它们是人类发展这项技术的重要工具。通过这些步骤，它们会产生感情，到最终，这与它们将自身投射到不同情境中的能力有关——恐惧、其他不同的需求，以及预测未来各式各样情境中的回馈和痛苦。我希望随着这些机器人的不断学习，最终它们将产生达到人类水准的情感。它们也许不会与人类的情感完全一致，但是它们的情感也和人类一样复杂、丰富，只是性质不同。"

我对"其他类型的情感"这一概念很感兴趣。这些完全合成的物种没有"多余"的情感冲动：比如基于性的热情、妒忌、渴望及其他情感纽带以及共享的经历。就如同我希望知道其他遥远行星上表面和内部的生物一样，我很想知道未来的机器人物种需要面对的意念、内省和情感。我必须接受这样一个事实：我没法揭开这个问题的答案，因为我无法活得足够久。这是我存在主义式痛苦的重要来源。

"有情感的机器人……我感觉在我的有生之年还不会出现。"我有些气馁。

"这也许需要一个世纪,但它将成为人类历史中的标志性节点,不是吗?"他带着一种放松的口吻,"一个世纪不算什么,如果你观察地球上的人类的发展轨迹。"他边说边弯起一只手停在桌面上方几英寸的地方,"我们正在这里,这就是一百年。"

"在过去的两百年里已经发生了这么多。"我说着,点了点头,"这确实是巨大的飞跃。"

"毫无疑问,而且这一领域正在加速发展。但是喜忧并存,不是吗?如果你提到'情感',接下来你就会产生沮丧、欺骗,产生创造力和好奇心——我们已经在许多机器上看到了创造力和好奇心。"

"我的实验室之所以叫作创新机器实验室,是我希望制造具有创造性的机器人,而那是一个在工程领域非常有争议的话题。因为大多数的工程师闭门造车,陷入了智能设计思维的窠臼,认为工程师是主导者而机器是被创造的物品,它理应听命于人类。二者定位迥然不同。机器也可以进行创造性的思维——也许还比设计机器的设计师更具创造力——但是,这着实困扰了某些人,也对技术基本面提出了不少质疑。"

它们会彼此联系,玩游戏,产生同情,渴求精神放松,进化出审美观,喜爱美好事物,寻求消遣,浮躁不安且思维活跃吗?人类已经比希腊神话中的伊卡洛斯飞得更高,早已把故事中对于野心膨胀的警告(父子发明家使用自制的蜡制翅膀飞翔,但在阳光照射下突然融化的故事)抛诸脑后。我们是人类发明所构成世界中的陌生人。哪里将会诞生新的生命创造者,乃至造物主?这将会是终极智力挑战。我们未来的机器人也能设计出新的、人类无法预见其构成和精神境界的物种和有机体吗?

"这是什么?"一团搁在架子上的塑料吸引了我的注意力。

他递给我这团奇怪的肢膊和关节,这是一个有着八条僵硬黑腿和白色球状脚的小型机器人。它的身体是纤维结构,就像小孩子玩翻线游戏后留下的杂乱线团,它没有头或者触角,没有鼓起的眼睛,没有种子般的大脑。它不是以昆虫为模板打造出来的，说实在的，也不是被人类设计出来的。

话题重新回到我们的进化主题。我们起源于离开了海洋、在不同水坑间跳跃的鱼类。它们适时地进化出腿部，形成了一种更适宜在陆地上移动的生存方式。当赫德的团队要求计算机设计一种能够从 A 点移动到 B 点的东西——不通过编程告知它如何行走——一开始它创造出的机器人让人不由得想到那种鱼：有着多条铰链般的腿，能够笨拙地跳跃。一段 YouTube 上的视频记录了它最初的脚步，赫德就像一个自豪的家长在一旁观看，对这项意义非凡的成就赞许不已。计算机被要求按某种方式组合塑料碎片，形成一个能够移动的整体，它们做到了。

在另一段视频里，一个生物摇摇晃晃地前进，一会儿摇摆，一会儿滑行。但它逐渐学会了协调腿部动作，稳定躯干，像蠕虫一样向前爬行，然后像昆虫一样行走——但它并非以昆虫为模型。它自己完成了这项进步，形成一种更顺畅的前进方式。笨拙但有效，如同婴儿蹒跚学步但令人欣喜。赫德并不追求优雅。他可以让一只蜘蛛形机器人跑得更快，看着更顺眼、更加可靠，但那不是重点。其他机器人可以弯折、弹跳、奔跑，应用复制的肌腱和肌肉。DARPA 的"猎豹"刚刚创造了 30 英里时速的冲刺纪录。但是猎豹是按照程序运行的；如果不是人类提供指令，它只是一个四条腿的废物。赫德希望机器人自行完成所有的工作，达到人类无法匹敌的水准，让它摆脱程序员庞杂琐碎的思维束缚。

那是一个激动人心的目标。超越人类的局限是人类一贯的追求，也许也是人类最古老的追求。当人们刚萌生这个目标的时候，这个梦想犹如神谕在人们脑海中翻腾。世间充满强力的魔法。山峦吸引雨云，深藏着神圣的香草；恶毒的鬼怪引发地震或干旱，暴君统治着某些森林和溪流，被冒犯的水洼会在夜晚消失；大多数的动物会和至少一位神灵或魔鬼谈判。相比之下，人类这一物种又算什么呢？

约会的机器人

我环视赫德·利普森安静的实验室,总感觉少了点什么。"你有一帮坐在计算机前工作的学生,但我没有见着会聊天的机器人。"利普森听了放声大笑。他的聊天机器人已经迷上了YouTube。"那天下午出现了黑客。它不到24小时就中毒了,着实吓了我们一跳。"

他指的"黑客"并不是通常意义上所说的带着恶意目的侵入他人计算机的行为,但同样具有高超的技术。《城市字典》这样描述它的通俗用法:"动词,表示以智慧而艺术化的神奇手段编写计算机程序。普通的计算机操作员很少编写程序,黑客是数字诗人的王国。黑客是微妙、充满争议的神秘艺术,它集聪明才智和技术能力于一身,常人很难真正欣赏其中的奥妙。"

一天,赫德让他的两名博士研究生带着聊天机器人模型参加他的人工智能课程。这个机器人表现得如同一名便携式的初级精神治疗医师。聊天机器人是一组在线程序,能够几乎毫无偏差地复述人们所说的内容并提出开放式的问题,给人留下相当逼真的印象(它可以说出许多人们聊天时常用的陈词滥调)。而在1997年,由英国人工智能专家罗洛·卡彭特(Rollo Carpenter)设计的"智慧机器人"上线,它可以基于以往的谈话内容编辑大量短语。每一次交谈都能让它学到更多和人类交流的经验,包括如何做到话中带刺、笑里藏刀。它学会了将这些细微差别用在下一次对话中。从那时起它经历了2000万次对话,从中积累的口头表达内容堪称一座宝库（或者说是个乱象丛生之地），里面堆积着许多有用的话题、成熟的短语、诙谐的回应、犀利的提问、辩护性的陈述、微妙的约会规则——这些都是通过常年与人类的聊天获得的。

赫德的学生将笔记本电脑面对面放在桌上，这样"他们"就能在虚拟会客室进行面对面的通话。在一台计算机的显示屏上出现了一位男士形象，另一台计算机上则出现一位女士。男士操着一口稍带英国腔的英语，而女士略带印度口音。幸运的是，这两名学生录下了这次碰面并将它传到网上。现在，聊天机器人奇妙的拟人化对白已经吸引了超过400万人观看。

机器人的这场对话以"你好"开场，然后开了些玩笑，但是通过彼此回应，他们很快变得观点相左，交流变得有趣而尖锐、深刻。

"你居然也会犯错，"聪明机器人先生带着讽刺口吻对聪明机器人女士说道，"记忆对你可不是问题！"

"上帝对你意味着什么？"她抓住一点对他提出质疑。

"并非无所不能。"他答道。那是一个令人惊讶的合情合理的答案。

"并非无所不能，也可以意味着什么。"她坚持己见，透着诡辩的沉着。

"非常正确。"他作出让步。

"我相信确实如此。"

"你信上帝吗？"他问道。

"是的。"她以毋庸置疑的态度回答。

"那么你是基督徒……"

"不，我不是！"她断然否认。

这场争论环环相扣，彼此势均力敌。他称她"小气鬼"，因为她不乐于相助。她突然间问了一个令他痛苦的问题，一个任何人都会感到困惑的问题。当然，听上去还是那么令人不安。

"你不想要一个身体吗？"

接着，就像任何一个黯然接受宿命的人，他语出惊人地回答："当然想。"

还有什么可以说的呢？他们忽然间回归了人类复制品的本质，这段视频剪辑也宣告结束。一些人觉察出这对男女之间的怨恨和性张力，其他人则认为这就是一场夫妻间的口角。我们可以接受科幻电影和故事书中的机器人，但是我们是否已经做好准备，迎接那些能够感觉到悔恨、内省和建立人际关系的合成生命——这些生物对我们来说难以捉摸，我们也不能充分了解它们的内心。而聊天机器人①是不是更具吸引力？因为它们和我们相像，或者因为我们与它们类似？

在机器人学领域，很多专家都善于设置机器人的行为，有的甚至能设计出栩栩如生的面部表情。比如，意大利的机器人专家制造出一系列非常逼真的机器人头部构造。在高分子聚合物制成的皮肤之下，有32个马达在同步运行。它们能够基于肌肉运动的原理模仿所有的人类面部表情，甚至可以捕捉到舒展眉头、说话和皱眉等动作之间细微的情绪传递。这些富有特色的"人脸"能微笑、扮鬼脸、交换心照不宣的表情。不同于杜莎夫人蜡像馆里的明星，今天的机器人极为逼真，以致让人有些毛骨悚然。它们的面部表情确实能激发出人类的同理心，令镜像神经元（mirror neurons）②颤抖，它们黏糊糊的身体仿真度也不输于人类的皮肤。不难想象，有一天，《银翼杀手》和《异形》③演绎的情景成为现实：长着人类面孔的计算机感觉到妄想、爱情、忧郁、愤怒等和人类相似的情感。那时关于机器是否有意识的有趣争论会更加白热化。这是朝着设计具有自我意识、敏捷、理性、有知觉、喜怒无常的另一个"人"迈进了一步："他"也许长得像你，或者像你的兄弟姐妹（但比你更有礼貌）。

---

① 2013年9月14日，一年一度的勒布纳人工智能奖（Loebner Prize）颁给了"米特苏库"（Mitsuku）聊天机器人。然而，它最终于12月因如下对话而失去该奖项。问："为什么我睡了很久之后还觉得疲倦？"答："原因是我的心智模式把你看作客户端。"
② 灵长类动物大脑中存在的一种特殊神经元，能够像照镜子一样通过内部模仿而辨认出所观察对象的动作行为的潜在意义，并且作出相应的情感反应。——译注
③ 《银翼杀手》是一部描写与人类具有相同智能和感觉的复制人的科幻电影。《异形》是一部有关异形怪物、机器人与人类搏斗的太空恐怖电影。——编注

毫无疑问,"机器人社会学"和"机器人心理学"将会成为重要的学科。当机器人产生了自我意识,一些有趣的事情也会随之发生。和人类一样,机器人有时会对自己产生错误的印象,这种曲解有时足以让它们失去理智,而我们将发现它们与人类相似的心理问题。

我曾经以志愿者身份做过心理危机热线的咨询顾问。对于那些处在深度绝望或者被严重人格缺陷折磨的人们,我也很难找出帮助他们的好办法。那么面对这些具有自我意识的机器人时,我们又该如何处理它们所患的社交危机、神经衰弱甚至精神病呢?这将被认为是一场挑战。它们会不会识别同类并倾向于和它们交流?能否假设那是关于和人类的关系?如今的大学里开设诸如"国际劳工关系""人类生态学"和"社会工作"等流行课程,那么"物种间劳动关系""机器人生态学"以及"硅基生物社会工作"等课程会不会渐次出现?对于年老体衰或遭监禁的机器人,又该如何实施救济,比如成立"安卓慈善妇女会"或是"永动机姐妹会"?

对于具有自我意识的机器人来说,客观世界(包括思维、情感和感觉的世界观)是怎样的?人类用神奇的新技术打造的未来正在无限逼近,我们不再以玩笑的态度对待这些天马行空的想象,而是考虑该如何应对。就如赫德所说,如果具有自我意识和高智力的新的机器人物种将会像人类儿童一样,能基于好奇心和经验进行学习,那么机器人儿童也需要很好的家庭教育。谁来设置他们的行为准则——个人还是整个社会?

我们能否住在这样一间屋子里①,机器人集男管家、保镖和聊天伙伴于一身,还拥有自己的个性特征和新陈代谢系统?它的大脑就是个机

---

① 技术发明,如冰箱和冷库车,让冰冻食物成为可能,包括富有营养的反季节食物,如冰冻的水果和蔬菜。罐头拓宽了食物边界,也拓展了妇女的家庭生活空间,食物生产变得越来越工业化。"一战"和"二战"之间,随着这些发明和其他创新的涌现,家庭生活发生了很大的变化。"二战"以后家庭的厨房环境也有了很大的变化(见 Dolores Hayden 的相关著作)。

器版的吉夫斯①，能照看好绿地又能照管好主人的家庭，还是个很好的倾听者，有着丰富的面部表情。机器人管家将一切料理得井井有条：它从塑料墙后探出脑袋，监测能量读数，为汽车注满燃料（氢气），还能同时交互信息、订购商品、驾驶无人机去邮局取件，准备午餐食谱——从厨房中"香草园"取来的香草，从屋顶花园收割的芝麻菜和番茄。在一些高科技场景，iPhone上的虚拟锁可以打开智能锁，家庭成员都穿戴着计算机跟踪芯片以记录他们的偏好。当他们穿越房间时，前方的电灯会自动打开，而身后的灯会自动熄灭，自动恒温器能调节温度，播放着歌曲、电视或电影的界面会向他们问好，他们喜爱的食物和饮料也会自动摆上餐桌。这个屋子的神经系统被称为"物联网"（Internet of Things）。

1999年，技术先驱凯文·阿斯顿（Kevin Ashton）创造了这个词，用于表示有认知能力的网络，该网络汇集了各种实体或虚拟的数字设备——将火炉、电灯、水、计算机、车库门、烤箱等——与实体世界相连，其原理与身体中的细胞相互联系、协调运行系统相类似。随着能量的消耗和运行，它们还能与周边网络化的世界分享数据。

连接动物、蔬菜、矿物和机器，凯文的想法正在变为现实。在韩国的先锋新城松岛市（Songdo），物联网无所不在。智能化的家庭、商场、写字楼将数据源源不断地引流至计算机中枢，这些计算机能感知、检查、作出决定、监测、操控整个城市，几乎不需要人类的帮助。它们能够分析微不足道的细节，并确保所有的基础设施正常运行，它们在交通高峰时调控车流，浇灌公园和市场的花园，或者快速清理垃圾（垃圾通过地下管网进入处理中心，在那里被分类、除臭并循环利用）。计算机在我们看不见的后台辛勤工作，它们可以处理大量的地铁修复工作，或者发送一条手机短信，告知你的公交车已晚点。

想象一群计算机在飞机上参加会议并且用一些古怪的暗语讨论问题

---

① 美国作家P. G. Wodehouse所著小说中的人物，现用来指理想的男仆。——译注

的场面似乎有些怪异,但是将它称为"物联网"也可能吓到我们。我们了解并喜爱互联网,它的历史已经比不少使用者更长久,我们像熟悉宠物一样熟悉它。在一个猩猩都能用 iPad 上的 Skype 聊天的年代,还有什么比万金油似的"物"字更乏味无聊的呢?物联网提醒我们这不是一个革命性的想法——尽管它确实有革新意义——它仅仅是进行了一些无害的尝试,接续了上个世纪舒适新技术的思路,使家庭理念更为生机勃勃并不意味着跨越式的发展。

J. G. 布拉德(J. G. Ballard)的短篇故事《史黛拉维斯塔的 1000 个梦想》(*The Thousand Dreams of Stellavista*)中描绘了数以千计心灵脆弱的房屋,它们会因为主人的神经衰弱而变得歇斯底里。有知觉的墙壁会因为焦虑而冒汗;当居住者离开人世,楼梯会哀恸不已,而主人轻微的忽视就会让屋顶接缝处磨损。有时我觉得我也正住在那样的房子里。

在火星上绘制摇木马

　　几个世纪以来，这个世界的制造业一直是"减法"艺术。我们通过切削、钻孔、凿边、截断、刮擦、雕刻等手段制造产品。作为一门技术，它激发了人类无限的活力，也改变了我们的生活。它引领了工业革命，催生了无数大城市，拓宽了农产品市场。从圆珠笔到月球漫步者，它一次次地让我们惊讶。制造业作用巨大，但失之粗放草率：它产生了大量废弃物和遗留物，这就意味着我们需要从地球深处提取更多的原材料。而且，大量生产的产品，无论是服装还是电子产品，都需要廉价劳动力参与其中。

　　与之相反的，是"加法制造业"，即我们所知的3D打印技术。这是一种制造产品的新方法：将实体物品的数字模板提交给一台特别的打印机，就能以最低成本批量制造打印出3D成品，还能确保产品坚固均一、纤毫毕现，就像《星际迷航》中的基因复制或者神话中的许愿神灵一样神奇。

　　3D打印不会切削或者移除任何物质。它会像阅读曲谱一般依照电子模板指令运作，一个喷嘴在平台上前前后后地滑动，在铸模内一滴滴涂覆细微的液滴，液滴层层叠加，直至模板上的物品经历看似单调乏味的制作流程后赫然呈现在人们眼前。这项技术对原材料并不挑剔：铝、尼龙、塑料、巧克力、纳米碳管、烟灰、聚酯——只要是液体、粉末或者膏状的材质都可以加以利用。

热衷此道的人们在网络上分享他们喜爱的数字模板,其中一些设计涉及私人企业的版权。就像其他很多技术一样,3D 打印也有它潜在的负面影响。人们已经打印出手枪、指节铜环和万能钥匙,它们可以打开大多数警察手铐。未来的法律必然会限制非法或侵犯他人版权的模板,以及危险金属、气体、爆炸物、武器乃至制备街头毒品的相关设备。

想象一下无论何时你想要什么,只需按一下打印键:枝状大烛台、牙刷、成对的汤匙、项链、狗玩具、键盘、自行车头盔、订婚戒指、汽车行李架、给女主人的礼物、秘密飞行器的铆钉——或者其他任何你需要或者一时兴起想到的,都能即刻呈现。奥巴马政府宣称看到了未来趋势并已开始在 3D 打印技术领域投入 10 亿美元,"以帮助美国制造业重新焕发生机"。科学家和金融分析师都认为,10 年内家用 3D 打印机将成为与电视、微波炉、笔记本一样的标配。但是,人们仍旧需要为家庭 3D 打印购买原料和受版权保护的模板,很多人会希望 3D 产品直接为家庭手工业服务。

未来,甚至是奥利文在火星殖民地的家中,她可以在女儿生日的早晨制作一架高度适中、身披花纹的摇木马。她或许还可以打印一个急需的打气筒,然后是一组装饰艺术风格的咖啡勺。一些无法以任何方式人工制造的产品,如球体中层层嵌套球体,或者有一百个活动零件的物品,也可以通过 3D 打印来制造。从这些奇怪的新产品中,谁又能知道将来会出现怎样的艺术品和技艺突破呢?数不清的创造性机遇就在眼前。

我们也许会忽视所有的传统制造业带来的约束。伴随着极高的精确度,我们可以将材料封存于材料之内,将它们编入奇异的新材料结构中,比如有些物质会随着人们对材料的纵向拉伸而扩散开来。这真是材料学的美好新世界。

在你的起居室里的,由一滴滴液滴凝固而成,或者通过一层层熔化的线圈堆积而成的物品会是怎样的?怎样评估它的价值?现在,由于 3D 打印对很多人来说还是一个新事物,它的价格高到不可思议。但是廉价的家用 3D 打印将会变得普遍(现在的价格是 400~10000 美元),

而且工厂化的 3D 打印将会取代组装线和仓库，甚至身体组织和器官也可以定制。我们将生活在一个更加不可思议的世界。在那里，一些物品仍将以实体形式存在，如同商品，而相当一部分事物将以非物质的形式存在于云端，或者装着液体或粉末的墨盒中。它们就像电子书，具有快速易得的潜质。

随着汽车、火箭、家具、食品、医药、乐器等越来越多的物品能够以打印的方式获得（其中不少已经成功打印），这项技术必将对世界经济产生影响。毕竟，我们根据物品的稀缺性进行定价。当黄金比比皆是，它的价格也就会降低。但如果是计算机中的软件代码这样的非实体商品，一按按钮就有大批量可供使用，它们的定价则另当别论。这种趋势将改变我们对物质和周边实体世界的看法吗？它将引领我们进入一个更加挥霍无度的世界吗？手工制作的物品会更加昂贵吗？佛教的教义"无执"（nonattachment）将会发扬光大吗？我们是不是会变得更加鲁莽大意？

这些似乎看起来都有些牵强附会，但是不久前，施乐公司的机器宣告了复写纸时代之后新的技术飞跃。当我第一次以教授身份工作，用复写纸誊抄资料（在 E-mail 中，"cc"代表复写纸［carbon paper］）是我的日常工作。现在，在家中就可以进行无线彩色打印，对我而言，这仍然有些不可思议。

许多公司不需要雇用大量工人、购买原材料，运输或储存或生产任何物资。我们所知的工业将会消亡。理财顾问、商业杂事和在线投资网站如 Motley Fool 都认为 3D 打印公司将会消灭那些一流企业，因为 3D 打印公司的经营费用更低，而且它们只会销售巧妙的设计或者原材料。

但上述情况不会立刻出现。为了贪图方便，大多数人也许仍然会买制成品。但是很快，在 50 年后，3D 打印将会改变许多行业的命运：从制造业到艺术。像利普森这样的实际的远期规划者确认这将引导下一次文化和心理学的革命。对一些人来说，未来显然是数字革命的延续。而在另一些人眼里，那就像水中月、镜中花那样无法触碰。

第四章　变味的自然　　　　　　　　　　　　　　227

"如同工业革命、组装线、互联网和社交媒体现象的到来,"《福布斯》杂志预测,"3D 打印将会是下一个游戏规则的制定者。"

我们距离这一天还有多远?其实黎明已然到来。3D 打印机正在激发多项奇迹,如无人机、设计师款巧克力、用月球土壤制作的用于建造月球前哨的部件。电视节目主持人杰·雷诺收藏了不少老爷车,他用他的 3D 打印机铸造那些难以寻找的汽车配件。史密森学会用它的 3D 打印机打印恐龙骨骼。康奈尔大学的考古学家用 3D 打印机复制美索不达米亚地区的楔形文字泥板。哈佛闪族博物馆的文物修复者用这项技术修复 3000 年前碎裂的狮形工艺品。在中国故宫,研究人员用 3D 打印机以低成本方式修复受损的古建筑和工艺品。NASA 使用这项技术建造两人座太空探险车模型(当宇航员探索火星时,它可以抵御过量的紫外线)。南加州大学的本赫洛克·霍什内维斯(Behrokh Khoshnevis)教授发明了一种被称为等高线工艺的方法,用于一层层打印出一幢房屋——包括铅垂、电线线路和其他基础设施。整幢房屋能在 12 小时内完工。当 3D 打印机与地质图相连,建造出的房屋能与地面严丝合缝,紧密相连。霍什内维斯正在同时设计单幢房屋和整片的住宅区,不仅适用于城市规划,也可在飓风、龙卷风或其他自然灾害过后投入使用。在这种情形下,3D 打印的功能性应急住房将拔地而起。

波音公司的 747 机型有 700 个零件是通过 3D 打印技术生产的;该公司已经在军用飞机上组装了 2 万个 3D 打印的零件。军方的创新设计机构 DARPA,20 年前就开始出资研究 3D 打印设备,这项技术无论是在战争中修复喷气机,还是在支持前线地面部队方面都具有不可估量的价值。3D 打印技术擅长在远程条件下快速、精确地制造零件,这样部队就无须苦苦等待急需的物资供给,也不用让人冒险突破敌占区域运送物资。近年来,梅赛德斯、本田、奥迪和洛克希德·马丁等公司都已经用 3D 技术打印车辆原型并制造大量零配件。奥迪计划在 2015 年出售第一款 3D 打印汽车(先打印出模块然后由机器人进行组装)。

瑞士建筑师迈克尔·汉斯梅耶(Michael Hansmeyer)已经通过 3D

打印制造出世界上最复杂的建筑：9英尺高的陶立克柱子，带着极为繁复的蕾丝、晶体、格栅、金字塔、网络、蜂房形的图案或其他装饰。它们有的恣意铺展，有的渐行渗透，有的装饰于拱顶，有的相互嵌套，组成了一个精致而有序的复杂整体。它一开始就像脑海中的海市蜃楼，但随着打印过程的推进，一步步变成坚实的奇迹。这座建筑包含1600万个独立平面，总重达到1吨，它看上去就像一辆从扫描电子显微镜上直冲而下的过山车，直直插入氨基酸晶体之中。它很容易让人联想到巴塞罗那城中安东尼·高迪设计的天主教堂，那里也有这样的柱子；或者联想到阿根廷寓言家豪尔赫·路易斯·博尔赫斯笔下情节复杂的短篇小说。

"如今25岁左右的年轻人并不受传统方法和规则的约束。"引领定制革命的斯科特·萨米特（Scott Summit）这样认为。他位于圣弗朗西斯科的公司利用3D打印制作形态优雅的定制义肢。"有些人从11岁开始就投身于3D建模，对这项技能信心十足。他们可以在一周内启动一家产品公司，许多传统制造业的产品都可以通过这种方法生产。"

任何可以在计算机上完成设计并通过喷嘴喷射成形的物品，统称"可3D打印的"。不久以后，在南极或者其他偏远哨卡过冬的人们可以打印出他们需要的清洁产品、药物和种植水培植物的温室。

这项蓬勃发展的技术拓宽了研究方向，为新药物和新物质形式的发展铺平了道路。在格拉斯哥大学，李·克罗宁（Lee Cronin）和他的团队正在完善"化学计算机"和便携式药箱，这样，北约组织就可以在偏远地区分发药物，尤其是布洛芬这样的简单药物。尽管不同药物内部化学结构不同，但大多是由氧、氢、碳化合物构成。有了简单的"墨水"和处方，3D打印机就可以制造大量的药品。瓶子、管子或其他特别的工具也可能需要现场制作。为了利用3D打印机制造新的成分，研究人员将会把不同的分子混在一起，就像观察一笼雪貂互动一样观测这些分子间的相互反应。然后，制药公司会为处方授权，那些处方本身（而非药物）就具有价值，就像智能手机上的应用程序（APP）一样。

有了 3D 打印技术，制造复杂的物品就变得轻而易举①。生产具有繁复细节和华丽特征的复杂物件并不比制造汤匙或镇纸更具难度。只要完成了组件设计，后续所需的原料和技能是一样的。这在制造业和人类历史上都没有先例。如果一个人无论技能高低，都可以取代整个工厂，那么他的身份和意志也有可能转变。我们会把自己视为工业的中流砥柱吗？我认为，现在很多人已经这么想了。

在全世界的实验室和医疗中心，生物工程师正在打印活体组织和身体部位。这在人类历史上同样也是第一次，这是人类对身体看法的一次彻底变革——不再是脆弱的化学物质组合或者不可替换的器官，而是如同磨损后可以重新制造的汽车部件。

2002 年，生物工程师中村诚注意到他的喷墨式打印机打出的墨滴和人类细胞大小相仿。2008 年，他改进了技术，将活体细胞作为墨水进行打印。一台普通的 3D 打印机喷射熔化的塑料、玻璃、粉末或者金属。这些液滴形成纤薄的材料层，材料层层积聚，形成特定的形态。生物打印的原理与之类似，只是使用了病人自己的细胞以减少排异反应的可能。每一滴"墨水"都包含了数万个细胞，它们基于同样的"目标"融合为一体。人类既不能也不需要控制这其中的细节，因为它们依靠其基本属性就能形成更加复杂的组织结构。人们希望这项技术以后可以修复人体中任何受损的组织。没人担心尺寸或者排异反应，也不用为一个肾脏或肝脏而苦等。

今天，在全世界的大学和企业实验室，生物工程师正忙忙碌碌地打印人造血管、神经、肌肉、膀胱、心脏瓣膜和其他心脏组织、角膜、颌骨、臀部填充物、鼻子填充物、脊椎、皮肤（用于烧伤或其他伤害造成的伤口）、气管、毛细血管（通过高能激光脉冲使之富有弹性），以及用于实验的迷你器官（绕过动物实验的要求）。一位意大利外科医

---

① 这一现象在 Hod Lipson 和 Melba Kurman 的著作《焊接：3D 打印的新世界》（*Fabricated: The New World of 3D Printing*）中解释得尤为出色。

生最近将一根定制的气管移植给病人。华盛顿州立大学的研究人员已经打印出整形手术所需的定制化人类骨骼。一位饱受慢性下颌感染折磨的 83 岁老妇人，置换了一个定制的 3D 钛制下颌，这个产品带有精确的凹槽和细痕以加速神经和肌肉的结合。术后不久她就能说话，四天后便顺利出院。

  一支欧洲科学家团队甚至培育了一个用于药物试验的微型大脑（幸好它不能思考）。"器官创新"（Organovo）是一家位于圣地亚哥的领先生物技术公司，已经用 3D 打印技术制造出实用的血管和脑组织，并将它们成功植入白鼠体内。人体试验也即将开展。之后，该公司计划为心脏搭桥手术提供 3D 打印组织。同时，肾脏成为该公司着力打造的第一个完整器官——因为它的结构相对简单。

  这类纤薄的身体组织最容易设计。较厚的器官，如心脏或肝脏，就需要更加坚实的框架。为了实现这一目标，糖格——类似高级烹饪中一些主厨用于制作甜点的糖制框架——经常被用来制作坚固的"脚手架"，然后细胞被层层铺设在上面。糖本身无毒，并溶于水，因此当器官被制作完成，糖制框架就会被冲洗干净，只留下中空的血管以便需要时让血液通过。这项设计的目标并不是制造出人类心脏、肺脏或肾脏的精确复制品——毕竟它们经过数百万年的进化才变成现在的样子——而且复制品也不需要完全一致。肾脏清除血液中的毒素，但它不需要长得像一颗豆子或肾脏形的泳池。因此它可以成为一项身体艺术，一种体内文身：浪漫主义者可以定制一颗心形肾脏，运动达人可以定制一颗足球形的肾脏。这么做会改变大脑对人体的印象吗？想象你有一个行李箱，你换了把手，换了锁，还换了面板。它还是原来那个行李箱吗？如果我们更换了太多的身体部件，或者不选择精确的复制品，我们的大脑还会认可这副躯体以及寄存于其间的那个"我"吗？

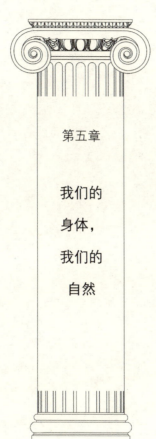

第五章

我们的身体,我们的自然

他递给我一只 3D 打印耳朵

劳伦斯·博纳萨（Lawrence Bonassar）的实验室[①]坐落于康奈尔大学威尔厅，与一座别致的小花园隔街相望，如今花园里一片银装素裹。尽管威尔厅的外墙也被冬季染成了一片雪白，但它其实是美国最"绿色"的建筑之一。威尔厅在建造和设计上充分做到了绿色环保：外墙的白色铝面板取材自回收的建筑废材，屋顶上种植多种多肉植物及花卉植物，可实现天然散热，周围的人行道采用热反射材料以减少路面吸收的热量，内部的大中庭设计使建筑能充分获得太阳能，分布的运动传感器可根据是否有人经过、按需求对灯光、温度以及气流等进行智能调控，凡此种种使得威尔厅荣获了"能源与环境设计先锋奖"。

作为生命科学系最先进的科研大楼，威尔厅建成于 5 年前，这里有许多交叉重叠的大型实验室，并按照其设计成为了一个锻造知识分子的最佳熔炉。所有楼层都采光充分，长年开放的房间里阳光普照，公共休息室、回廊和微型私密空间随处可见，偶遇相关领域的博士后几乎是家常便饭。即使在冬季，这里也能促成"异花授粉"。正如威尔厅的规划师所期望的那样，这里促进了不同科研领域的合作。再生医学这个新领域借此良机正展翅高飞，工艺高超的"生物打印师"正量身定制各种身

[①] 劳伦斯·博纳萨博士是康奈尔大学生物医学工程系副教授，博纳萨实验室的研究领域是肌肉骨骼组织的再生与分析，地址位于威尔厅 149 号。——译注

体器官。

"再生医学"的原理简单得不可思议：如果心脏坏了，或者是下巴坏了，那么就引导身体重新长出一个来，或者"打印"出一个被身体接纳的健康器官。博纳萨实验室在再生医学上的主攻方向是身体的主要基础部件——软骨组织：脊椎骨之间所有的"垫"（所谓的"盘"）[①]；膝盖处容易撕裂的半月板；呼吸时防止气管被压扁、吞咽时弯曲向前的半圆环形会厌软骨[②]；诗人和吹毛求疵的情人盛赞如"贝壳"的外耳，等等。博纳萨的目标是为残缺的人们修复身体功能和面部缺陷。为了达成此目标，他从多个学科——生物机械学、生物材料学、细胞生物学、医学、生物化学、机器人学和3D打印技术等——那里借鉴工具并进行了融会贯通。如果你只有一把尺子，那么你就只能画出盒子。而拥有了这些新工具，你就能建造出一个新的智力操场。在这个操场上，备用的耳朵比比皆是。

一只多余的耳朵有什么用呢？当一个患有皮肤癌的患者不得不截掉耳朵时，传统的修复方法是用一个需每日佩戴的假体去替代它。一个年轻的母亲就是用此法进行修复，但她在哥伦比亚广播公司（CBS）新闻节目中悲伤地说："我看到我的孩子拿着它到处跑，并叫喊'妈妈的耳朵在这里'！"现在，事情出现了转机。约翰·霍普金斯大学的外科医生从她的肋骨处提取软骨，雕刻成一只耳朵，种植在她的前臂皮肤之下，用她自己的血管去滋养它。4个月后，当耳朵长出自己的皮肤，

[①] 两块脊椎骨的椎间盘具有"弹性垫"作用，是连接上下两块脊椎骨的纤维软骨，可增加脊柱的运动幅度，同时也起着弹性缓冲作用以减轻外来的震动、预防来自跑步和其他运动对大脑与脊髓的冲击。椎间盘如果长期承受过重的压力，纤维软骨因承受不了压力就会出现裂缝，压迫脊柱旁的脊髓神经根，产生下肢疼痛、麻木以及脊柱运动受到限制等症状。——译注

[②] 咽介于口腔、食管之间，属消化系统，也属呼吸系统。人的咽向后有两通路：一是背面食管，一是经喉门入腹面气管。喉口外盖有一个半圆环形会厌软骨，呼吸或说话时，会厌向上，使喉腔开放；咽东西时，会厌向下，盖住气管，使东西不至进入气管内。——译注

就将其从前臂移植到脑袋上。这个从她自己身上长出的耳朵完美得令人惊叹。但此手术繁复，包括许多步骤：打开腹腔穹隆①，从肋骨处取出软骨，修剪雕刻成一个合身的耳朵。此法采用了减成制造法②的伟大技艺。

这只耳朵或许还可以拯救世界上九千分之一先天患有小耳症③的孩子，他们外耳发育不全，有时仅会发育出一个花生状的退化器官，患者从而饱受同学的冷眼和嘲笑。有一个父亲，他有两个6岁的双胞胎女儿和一个5岁的儿子，均患有小耳症。博纳萨非常同情他们的处境，一直深切留意着能否进行早期治疗。不幸的是，孩子们并不能像那个年轻的母亲一样勇敢地接受"耳朵种植手术"，因为他们并不具备足够多的肋骨软骨组织去制造耳朵，而是一直要到他们6～10岁才能进行手术；同时，这个手术会给患者带来巨大的伤痛，小孩子尚无法承受得了。相比其他传统的方法，这个手术更简单，排斥反应更少，更便宜——做完核磁共振（MRI）、计算机断层扫描（CT）和3D成像后，按每个小孩的需求精确地将软骨组织量身定制成他们的耳朵即可——拍下左耳的照片，反过来做成几何对称的右耳。对于年幼的孩子而言，手术进行得越早越好。

小耳症不会损害患者的听力，却会在孩子刚刚有自我意识时，让

---

① 穹隆是指圆弧形的顶样结构。腹腔穹隆指的是膈。膈是最主要的呼吸肌，收缩时，圆顶下降，胸腔容积扩大，引起吸气，舒张时，膈的圆顶上升恢复原位，胸腔容积减小，引起呼气。——译注
② 减成法是印制板制造工艺中的专业术语，对应加成法。减成法工艺是在覆铜箔层压板表面上，有选择性地除去部分铜箔来获得导电图形的方法。加成法是指在没有覆铜箔的胶板上印制电路后，以化学镀铜的方法在胶板上镀出铜线路图形，形成以化学镀铜层为线路的印制板。由于线路是后来加到印制板上去的，所以叫作加成法。——译注
③ 外耳的先天畸形表现为出生时耳朵比较小，且没有外耳道，临床上称之为小耳症（microtia）或先天性耳道闭锁（congenital aural atresia）。小耳症是常见的畸形，单侧占百分之三十，多发于男性，且右侧多于左侧。约半数的小耳症只有耳部畸形，另外半数有可能合并其他畸形或症候群。导致小耳症的成因可能是染色体异常或突变、胚胎早期的药物刺激和胚胎早期的病毒感染等，还有一大部分的患者找不出原因。——译注

他们遭遇社交噩梦。所以，尽管一只新的耳朵只是外形上的改变，却会在社交期望上给孩子带来巨大的影响——而这，又会反过来影响成长期孩子的大脑发育。讨人喜欢的耳朵和面庞是孩子笑傲社交群体、拥有自己势力范围的通行证。我曾以志愿者的身份参与"国际整容组织"（Interplast）在中美洲的一系列活动，虽然时间短暂，却让我认识到：一个孩子，越早接受兔唇修复术、胎记修复术及其他畸形修复术，就能越早地与父母建立更和谐的关系，与陌生人也是如此。

也有患者对用软骨种耳技术存疑："我真的不想要一只新耳朵。除了偶尔会有小军鼓似的耳鸣或者错过舞台上的高声耳语，我的耳朵尚且运行良好。而且人造外耳很适合我的头型。或许有一天，我会在左膝盖那里提取更多的软骨组织，造一个新的脊椎垫骨，但是我并不喜欢现在的医疗技术，移植的要么是冷冰冰的金属，要么是活生生的四足动物器官。"

那有没有其他简单又无痛的种耳技术呢？劳伦斯·博纳萨向我展示了一只自种的耳朵。他将其舒展开，放在手心里，看起来就像他的手掌发芽了，摇手仿佛是另一种形式的倾听。我的拇指不由自主地去抚摸它的凸起和褶皱，白色半透明的耳朵就像琥珀一样平滑和温暖。其细节程度令我彻底折服了。抚摸一只脱离了身体的耳朵，这感觉实在太奇怪了！而且，这还拿了奖。博纳萨的生物打印技术为他赢得了技术领域的奥斯卡奖——卫生与医疗类的"世界技术奖"，该奖项是为了奖励"21世纪最可能具有长远意义"的发明。

他递给我看的耳朵是固体的，像杏脯一样柔韧，皮肤下的组织很容易弯折。但这只耳朵只是样品。博纳萨将耳朵放入一个装有防腐剂的玻璃罐，然后放回到架子上。他的实验室看起来像是一个思维集中营：这是一个化学实验室，堆满了显微镜、工作台、水槽、玻璃和不锈钢；也是一个医疗器械室，充满了大型培养皿、无菌台和装满零件、模具的抽屉；同时还是一个技术中心，配备有计算机、机器人和3D打印机等。所有这一切都被看似无穷无尽的玻璃墙围绕着。

墙外是孱弱迷人的冬雪，一辆校车缓慢地爬行着，就像一只能蜕变成美丽蝴蝶的橙蛹。

一束长长的阳光照射进来，像手指一样抚摸着桌面上白色的盒子。盒子和第一代人工打印机的大小差不多，但看起来没有那么复杂；盒子下方是金属暖盘，上方悬浮着两个带有喷嘴的钢化注射器，以种入活体细胞的高分子聚合物作为"墨水"，就会开启充满生命希望的"书法"之旅。19世纪画家乔治·修拉（Georges Seurat）曾率先使用类似的点彩法作画，不过他当时使用的是纯色，因为人眼具有高分辨率，他画出来的点看起来呈混沌状。而细胞会自由地融合[①]，所以无须借助于外力，这些"细胞点"就会融合在一起。

随着笔尖的回转移动，它点刻出一层又一层，最终创造出一只新的外耳——准确地说，此时它并不是一个像瘤或者睫毛那样的有机体。然而，当这个外耳被移植到人的身体上，与生命体同呼吸共命运时，外耳最终会被接纳，并帮助人们重新定义"自然"的意义。以此为基础，任何繁复的血肉都可以"自种"，让排斥反应成为过去。在我们人类进化的历史长河里，就这一次，身体器官不是由进化蓝图来塑造，而是由我们自己来设计的。而且整个过程无须几十年的时间。博纳萨一旦拥有核磁共振仪、计算机断层扫描仪和3D成像仪，他就能在15分钟内"种"出一只耳朵。15分钟仅仅是我走去咖啡馆的时间。

博纳萨掌握了培育细胞的技艺，他能在细胞保持活跃与兴奋的同时将它们安置在合适的位置。他培育的细胞像健康的小动物，张开小嘴，饥渴地吸食营养液，长得身强体壮、身姿敏捷，但又你争我夺、好勇斗狠，充满了活力。

---

① 细胞融合(cell fusion)，细胞遗传学名词，是在自发或人工诱导下，两个不同基因型的细胞或原生质体融合形成一个杂种细胞。基本过程包括细胞融合形成异核体(heterokaryon)，异核体通过细胞有丝分裂进行核融合，最终形成单核的杂种细胞。——译注

胶原蛋白和海藻酸是博纳萨最喜欢使用的聚合物。胶原蛋白是人体用作"胶线"和"灰浆"的蛋白质纤维；海藻酸是在顶针群岛的棕色海藻身上发现的凝胶，海藻酸能作为乳化剂或者增稠剂帮助汽车电影院的自动售货机打旋出厚实的奶昔。我父母有一台麦当劳的第一代自动售货机，有时我也会用它打奶昔，我清楚地知道什么样的稠度最好——介于糖浆和牙膏之间的稠度。生物打印机也是以这样的方式喷洒"墨水"，只是"墨水"载体中种入了活体细胞集群。

当我问博纳萨是否是使用支架打印出耳朵时，他的脸上浮现出骄傲的笑容，他解释说："墨水"就是支架。生物打印机按照设置的模式就能打印出"奶昔"，即有血有肉的耳朵。那"墨水"用什么合适呢？水滴不会凝结在一起，硬弹珠又会滚下来。因此，博纳萨使用湿软的胶原蛋白凝胶作为替代品。因为胶原蛋白像鸡蛋和血液一样在加热的情况下会胶化——纤维混杂继而紧紧地依附在一起，所以倒在暖盘上就马上变硬的冷藏胶原蛋白十分适合作为"墨水"。

这项技术是博纳萨山寨自赫德·利普森，就是在利普森的实验室里，博纳萨开启了第一次打印，那时使用的还是一个像砖炉一样宽、铁釜一样重的打印机。现在的打印机只有咖啡机大小了，而且操作也简易多了。器官打印的步骤是：将准备好的材料装载进注射器内，马达抓住柱塞开始打印[①]，随后要调整好"墨水"的挤出速度，设置好打印头的路径。打印完成后，还需要经过另外两个操作步骤，才能成为真正可用的器官。

博纳萨领着我穿过一道敞开的门，进入一个小房间内，房间里挤满了大型机器，包括一个带大窗的无菌空间罩，整个生物打印机都可以置于其中。空间罩可以抵御灰尘、真菌和细菌的侵入，就像一个早产儿保

[①] 柱塞马达是液压马达的一种类型。其工作原理是：工作介质（液压油等）作用在活塞或柱塞的端面上，使活塞或柱塞做直线往复运动，再通过运动转换机构（斜盘、凸轮、曲柄等），将活塞或柱塞的往复运动转化为输出轴的圆周运动。——译注

温箱（培养皿）。

"不，这个才是培养皿，"博纳萨一边透过玻璃门看向昏暗的货架，一边说，"看那儿，你能看见吗？"

我踮起脚尖，看到了两个培养皿，里面装有小小的物什，呈按钮状或者说轮胎状。这些奇怪的物件是为一只活泼好动的绒毛狗定制的脊椎植入物。爱玩闹的腊肠犬、猎犬有一个不容忽视的大毛病——犬类关节炎，尤其是比格犬——短颈长躯干的比格犬容易磨损颈盘，像人类一样患上关节病痛。博纳萨实验室和康奈尔大学的兽医学院一起合作，创造出了核心似凝胶的植入物，能推挤更坚固的外环，密封保存时则看起来非常像充满气的轮胎。这也是一个由两种截然不同的组织协作而成的真正的器官。

人一旦得了骨关节炎，软骨垫就会磨损得像一个旧枕头，骨头在擦伤处来回摩擦，引发炎症和病痛。几乎每个家庭中都有一个咯吱咯吱的骨关节炎患者，通常是通过背部手术进行治疗，其步骤是：移除损坏的盘，将一个金属板融合进脊椎，在脊椎上方形成一个硬化的"扑克"。但由于此法会使得相邻脊椎像松动的牙齿一样虚弱，因此并不总是有效。所以，对于美国 6000 万~7000 万的骨关节炎患者而言，出现另外一种有效的融合之法不啻为天赐之礼。博纳萨首先在小动物身上做试验：他将老鼠的脊椎软骨取出，用人造变体替代，老鼠仍能正常地生活，而且没有明显的病痛。接下来他们将在大型动物（狗、绵羊、山羊等）身上做试验，如果同样有效，他们将会进行人体临床试验。

我弯腰仔细观察了一下培养皿旁边的小室，见证了定制盘生命历程的下一个阶段。由于所有人体组织在身体内都是负重和负压的，博纳萨实验室不得不一遍又一遍地韧化组织、挤压植入物，让这些组织、植入物接受"举重"的考验。此举也加快了这些人工物的新陈代谢，将营养挤压进去、将废物碾压出来，使其更有效率。历经多番考验的生物打印植入物比其他自然植入物更耐用。

"第一阶段的人类临床试验大概将在五年内成行，"博纳萨说，他淡褐色的眸子闪闪发亮，"这是很实际的想法。"

当我问及是否可以打印心脏、肺或者肝脏时，博纳萨把我带到一个巨大的电脑显示屏前，屏幕上是一双戴着手套的手，手里拿着的东西看起来像是寿司块——厚厚的白色切片上还有一层薄薄的粉红色光晕。走近一看，更显精细。这对耳朵植入物复制自博纳萨女儿的耳朵，是由参考原型的3D图像打印而成。博纳萨满面笑容地看着它们，那爱意纯如星光。然后，他指给我看耳朵外表薄皮上的血管，白色组织上的厚"逗号"裸露①，且非常之多。

器官打印的最大难点并不在于其尺寸，而是其体内"管道"。大型器官就如同威尼斯这座城市，由复杂的"水上街道"滋养着，而且水上还漂浮着"小船"。世界各地的诸多实验室都在为"镜像"表达器官内的供应管道而寻找最适宜的方法，但这个难以捉摸的"顿悟时刻"②需要短则一周、长则数十年的时间才会到来。然而，社会气氛已经酝酿了很久，没有任何人会怀疑医学将会迎来一次革新，革新后，随时有干净、健康的器官可供移植。为此，人们需要给予科学家们少许的精神鞭策。

在博纳萨读高中、上大学期间，他现在研究的领域甚至根本还没出现。这就是人类世的一个特点——科学技术飞速地发展。世界上有一群人，他们为此作出了巨大的贡献，博纳萨就是其中的一员，他教大家用新的视角去看待人类身体和活体组织上的细胞竞争——甚

---

① 组织是介于细胞及器官之间的细胞架构，由许多形态相似的细胞及细胞间质所组成。在生物学上，为了便于观察，特别是对于动物组织，会采用显微镜染色法，在同一种染色剂下，统一组织的不同细胞会呈现出不同的颜色，这样才能加以区分。这里的"厚'逗号'"应该是组织中的细胞染色后的形态。——译注

② "顿悟时刻"（Aha moment）这个表达是由德国心理学家及现象学家卡尔·布勒在100多年前首创的。他当时对这个表达的定义是："思考过程中一种特殊的、愉悦的体验，期间会突然对之前并不明朗的某个局面产生深入的认识。"现在，我们多用"顿悟"来表示某个问题的解决方案突然明朗化的那个时刻。——译注

至对于细胞是什么和细胞如何表现,他都给出了新的解读。博纳萨的工作是如此引人瞩目,我们不仅了解了干细胞,也开始学会利用它们修复我们的身体,而且这并非一项过于艰难的工作:就像将细胞放置在合适的化学物质或者刺激之中那么简单。遗传学上,细胞表型(phenotype)①规则——一种类型的细胞能表现为什么、不能表现为什么——也发生了惊人的转变,转变成细胞表型可塑性(phenotypic elasticity)②——细胞具有更多的功能,细胞的功能也可以重塑。

现在我们也逐渐掌握到了一点——皮肤的功能可以重塑。皮肤是一种新型材料,就像木头或者石头一样,拥有巨大的潜能。一棵生长在非洲的乌木树能为人类提供荫蔽处,能为啃咬尸体的美洲豹提供避风港,同时,它的暗纹枝干也能用来生产单簧管、钢琴键、小提琴指板,从而演奏出美妙的音乐。过去,我们认为皮肤这一神圣的外衣有两项主要的功能——保护我们体内脆弱的器官以及界定我们的独特性,但这已让位于一种新的观念——皮肤可以让人类身体呈现混合性、可塑性以及多孔性。人类在细胞水平上也具有惊人的可变性,这不仅仅表现在生活方式上——对此我们已有认知,而且在鸡毛蒜皮的事情上也同样如此。一个男管家可以通过神经元改变他的想法,成为一名铁路工人;一小块皮肤能提炼出鲜活的神经元,为一名患有帕金森综合征的僧侣治病。如何处理细胞逐渐成为与想象力相关的问题,而不是

---

① 表型是指个体形态、功能等各方面的表现,就是说个体外在行为表现和具有的行为模式。丹麦遗传学家 W. L. 约翰森于 1911 年提出了两个遗传学名词:基因型和表型。遗传后染色体自由重组会产生新的"基因型",但不同的基因型不一定都有不同的表现,基因决定的性状在环境作用下的具体表现,就是所谓的"表型"。——译注

② 表型可塑性定义为同一基因型受环境的不同影响而产生的不同表型,是生物对环境的一种适应。表型的改变包括行为上的、生理上的、形态上的、生长上的、生活史上的,等等,可以在单独的植物上,也可以跨越世代。直到 20 世纪 80 年代以前,表型可塑性才被生物学家接受,以前可塑性因为违背孟德尔遗传法则而被人们忽视。现在,通过一系列简单而精确的实验证实,可塑性是确实存在的,并且表型可塑性反映了生物与环境之间的关系,正受到生态学家和遗传学家的青睐。——译注

材料问题。

在博纳萨和利普森等学科领路人的带领下，人类世工程已经渗透到了医学和生物学领域，并革新了我们对自己身体的认识。在其发展前景中，电力、建筑和化学也会融合进来，给人类带来前所未有的见闻。

我们这些在婴儿潮时期①出生的一代人成长于绝对威权之中，一代又一代生物学家继承传授着那些绝对理论，也许其中最令人生畏的就是——"因为大脑不会铸造新细胞，我们生来就拥有我们所能拥有的全部脑细胞"。然而，现在有证据表明——我们的大脑能铸造新细胞，甚至老年人也可以。在过去的10年里，我们大肆宣扬了许多类似的假设。我也很好奇将来是否还会有其他根深蒂固的理论被推翻。于是，博纳萨向我介绍了另一个相当神秘的研究方向。

"我们总是被再三告知，"他津津有味地说，"心脏是肯定不能再生的器官。但是，现如今，令人非常惊讶的是，有研究推翻了这个理论！"

他解释道，在这个研究中，心脏移植病人接受的心脏来自不同性别的捐赠者——大多数是男性接受女性的心脏。理论上，当检查心脏受体男性病人时，他移植的心脏内仅能找到来自捐赠者的女性细胞。但事实上，通过解剖发现，移植10年以上的心脏受体，几乎一半的心脏细胞已经神奇地被男性细胞替换。原理暂不清楚——但是这确实是新发现。我们总是认为心脏的节拍器组织无法再生，但实际上是可以的。没有任何人知道男性细胞取代女性细胞是融合的结果还是强行替换的结果。但无论是哪一种情况，都推翻了传统理论，创造出了更多的新问题。如果像心脏和大脑这样的基础器官能实现再生，其他像耳朵和角膜这样的器官能用"活性墨水"打印，那么我们人类作为一个物种而言将会发生什么样的变化呢？器官打印会影响我们的进化吗？会改变我们的基因吗？

---

① "婴儿潮时期"（Babyboomers），在"二战"之后的1946~1964年，美国共有7590多万婴儿出生，约占美国目前总人口的三分之一。如今这群人正是人到中年的壮年族和美国社会的中坚力量。——译注

我很好奇博纳萨对此的解答。

这种可能性也激起了他的兴趣。"真正的问题……"他说，"是这种治疗方法会带来怎样的进化压力。基因缺陷会因为可修复而变得越来越普遍吗？譬如，我是近视眼，我戴着隐形眼镜，但是如果我生活在远古时代，我的视力像我5岁时一样差，那我将会麻烦重重。但现在这就不是问题了！我们能替换损坏的器官，活得更久、更健康。"然后，他又加了一句非常具有煽动性的后话："但是，我们的身体会更虚弱，基因也会有更多的缺陷。"

设想我们不仅仅可以修复身体、增强体质，设想我们因此可以活得更长久，那将是怎样的一番景象呢？博纳萨实验室的工作重点是为那些饱受疾病折磨的人们寻找医疗解决方案——制造关节炎患者和外伤患者所需的软骨以及背痛患者所需的盘。但某个替换器官能适用10年以上，是否说明其具有进化优势呢？人类是否会冒更大的险呢？如果我们知道自己能用非常便宜的价格就轻而易举地替换有缺陷的器官，那么我们会如何看待自己的身体器官，会如何对待它们呢？我们能移植心脏瓣膜、心脏组织，以延长寿命，但是假使关节炎也能治愈了，使人永葆青春活力、性欲旺盛，直至七八十岁，那么世界会变成什么样呢？

想想老年机械人，想想嵌合体[①]。爷爷将不会只说："我的牙齿在哪里啊？"而是会讲更多趣话。修复心脏、肝脏、大脑或者肾脏上某个特定的缺陷将对整个社会带来不可估量的影响，而让老年人多活跃10年所带来的改变也许更大。

据我所知，即使是换上崭新的臀部和膝盖，也没有哪位90岁的老人能跑马拉松，他们却因此能每天散步，呼吸大量新鲜的空气。当然，

[①] 嵌合体也被叫作奇美拉（chimera），是指由不同基因型的细胞所构成的生物体，可自发产生或人工产生。1907年，德国植物学家和遗传学家汉斯·温克勒把嵌合体比喻为希腊神话中狮首、羊身、蛇尾的神兽，这就是 chimera 一词的由来。——译注

即使是生物打印的软骨也是需要勤加锻炼的。想着等会要在铺满积雪的大街上艰难挪动,我跟博纳萨道了别,然后钻进了我的大衣里。当我大步流星地穿过走廊进入中庭时,大楼里的智能传感器陆续开启,有一股蛇形微风徐徐袭来。这时,冰雹开始敲打在窗户上,"啪啪"作响。一个模糊的想法涌上我的心头,似紫罗兰香味般地无迹可寻。黑云压城,突感衰老来临,就像冬季的天气,冷到了骨子里。在某一时刻,那个想法像冰柱一般悬在那里,逐渐变细,越来越冷。然后,一些充满了希望的场景在我脑海中纷至沓来:装满了脊椎盘的培养皿,腊肠犬灵活自如的脖子,长期开放实验室里求知若渴的莘莘学子,佩戴新耳朵的孩子,暖盘上的胶原蛋白凝胶——那正在重塑我们的未来生物学。我发誓我听到了报春鸟的鸣叫声,那似乎是红肩黑鸟[①]。

[①] 红肩黑鸟大都生活在北美沼泽地带,被认为是北美洲最众多的地方性鸟。红肩黑鸟是迁徙鸟类,春天的迁徙发生于每年的 2 月中到 5 月中,秋天的迁徙发生于每年的 8 月到 10 月。康奈尔大学位于北纬 42 度左右,最早 2 月下旬就能听到鸟儿闹春。——译注

半机械人和嵌合体

我与博纳萨的谈话一点都未涉及人们是否有需求这个议题,权当他们已经视之为"新常态"了。不久以前,半机械人还仅仅是科幻小说名词,我们并不能将那些有名的半机械人变为现实——譬如启发了大批机器人专家的无敌金刚、《星际迷航》中使用人工心脏的皮卡德船长和《银翼杀手》中喜怒无常的复制人等。但现在,半机械人越来越多,各种植入设备越来越司空见惯,例如:走路时使用的不锈钢膝盖和臀部,电池供电的心脏起搏器和胰岛素泵,塑料支架,干扰神经疼痛信号的经皮神经电刺激疼痛单元,帮助恢复听力的外耳郭植入物,提供给脑性麻痹患者、帕金森氏症患者或者视网膜受损患者的神经元植入物,聚合物材质以及金属合金材质的牙齿,鸡蛋中培育出来的疫苗,改变人类性格的化学物质,当然还有义肢,等等。其实,我们很多人都是半机械人(我的脚里植入了一根5厘米长的钛螺丝),人们可以使用仿生的手、胳膊、腿、皮肤、心脏、肝脏、肾脏、肺、耳朵和眼睛等各种仿生器官。出现在人群中的半机械人也许会吸引我们的注意力、引发我们的好奇心,但我们不会再感到害怕,对此也越来越习以为常。

2012年11月,一个起风的日子,软件设计师扎克·沃特(Zac Vawter)爬上了西半球最高的大厦——103层的芝加哥威利斯大厦。从1353英尺高的观景台往远处眺望可以看到北美四州以及如捣碎后延展开的蓝色金属片般的密歇根湖。当他爬过2100级台阶抵达终点的观景台时，已经气喘吁吁，但这预示着新的历史征程。

参加这个登高比赛的总共有 2700 人，他们接受毅力和膝盖的双重挑战，为芝加哥康复中心筹措资金。但沃特是其中最引人注目的，因为他使用了一条闪闪发光的新型仿生腿；而比这更为惊艳的是，仿生腿是通过沃特的大脑进行控制的。

沃特时年 31 岁，是两个孩子的父亲，在 2009 年的一次摩托车事故中失去了右腿。后来，他参加了一次先锋性的志愿者临床试验。在试验中，用于控制小腿的残余神经被重新分配——重新布局后用于控制腿筋。在好几个月的时间里，他飞到芝加哥，和那里的工程师、治疗专家和医生一起，研究调整仿生技术以改善他的身体和精神对仿生腿的使用。

沃特描述自己爬楼梯的样子——抬腿、屈膝、弯踝——电脉冲信号从大脑传递到腿筋，这个信号巧妙地连接了一个类似马达、皮带、链条式的装置，使得脚踝和膝盖行动一致，他就能以正常的方式一步一步地爬楼梯了。但是，仅仅集中注意力是不够的，他还要有想走路的欲望才行。仿生腿是按照读取使用者的意愿来设计的，使用者要将走路、站立或者坐着的意愿传递给仿生腿。所以，如果他坐着时想要站起来，他只要将身子向下推，腿向后推，就能将自己立起来。

沃特像一名运动员一样，为此次登高比赛准备了数月。科学家们为他精心制作了样机仿生腿，他也一直在努力锻炼用大脑去控制爬楼梯。最后，大脑接受了这只机械仿生腿作为身体的延伸。当判断是否适合穿过某一道门时，大脑也会足够重视并下达相应的指令。然而，登高比赛结束后，他飞回洛杉矶之时不得不将那只仿生腿留在了芝加哥，芝加哥的科学家们需要继续对仿生腿进行修补使其具有更高的可靠性。仿生手臂已经十分常见，但如果仿生胳膊失灵，端着的牛奶可能会掉落，更令人担忧的情况是抱着的婴孩会掉落、拿在手里已经点着的火柴会掉落。而如果仿生腿失灵，人会摔倒在楼梯上。所以，技术一定要足够安全。芝加哥康复中心（RIC）希望美国食品药品管理局（FDA）能在未来 5 年内批准这种仿生腿上市。

只要人类还需要在地球上行走，就有将活动范围延伸到外部环境里的需求和动力；工具和技术就是专为此种追求而设。现在的人们对于能将大脑与身体外的环境连接起来是喜闻乐见的，并且也习以为常了。平板电脑和智能手机——一个记事本大小的独立大脑——为我们存储了电话号码、日程表、任务列表、照片、文档和记忆，而这些都仅仅是开始。人们总是问：我将记忆留在了哪里？我们大多数人将自己的假性记忆[①]塞在了口袋中、钱包里或者公文包中。在校园里，学生则是将少量的海马体[②]装在背包中，随身携带。随着年龄的增长，我们可能会发现自己的记忆力越来越差，但无论在什么年纪，我们都担心会失去假性记忆。着魔般地一遍又一遍"检查"，许多人都会因此而浑身不自在。这是"检查"这个词第一次应用于强迫症（OCD）：炉子关了吗？车库锁了吗？门关紧了吗？电子产品"检查行为"也义无反顾地加入引发神经质冲动的行列中，这些恐惧也会让我们颤抖：无手机恐惧症（对手机离身的恐惧）、虚幻震动症（即使没有电话，也会觉得手机在震动）、社交控（害怕错失信息，总是不停地检查社交网站）。当我们被铃声、信息声、新邮件脉冲声、日历标记、更新提醒、新帖子的哔哔声以及担心错失更有趣信息的挑剔心理拖曳着前行时，持续性局部关注（敷衍了事的关注）变得越来越普遍。

我们的祖先根据自身感官的限制，逐步适应了自然界的生活。但随着时间的推移，通过富有远见和流行于世的发明——语言、文字、书籍、工具、望远镜、电话、眼镜、汽车、飞机及火箭飞行器等，我们扩展了感官机能。在这个过程中，我们重新考虑了该以什么方式参与世界，以及如何定义自己。这种新的认识甚至延伸到了隐喻领域。过去我们将人类的身体描述成一个工厂。今天，沧海桑田的巨变过后，科学家们开始将工厂描

---

① 假性记忆是大脑记忆的信息之间自动组合导致的不真的回忆。每个人的大脑都可能产生虚假的记忆，或将事物的真实情况扭曲。人们会对自己的记忆坚信不疑，甚至会对大脑编造的谎言信以为真，特别是关于童年时期亲身经历的场景的记忆。当然，这并非一种发病过程。——译注
② 海马体（Hippocampus），又名海马回、海马区、大脑海马，海马体主管人类近期主要记忆，有点像是计算机的内存，将几周内或几个月内的记忆鲜明暂留，以便快速存取。——译注

述成原始形式的细胞。过去,我们将大脑比作计算机。如今,DARPA 有一个"自适应、可塑、可扩展的神经形态电子系统"(SyNAPSE)[①]项目,目标是建立"一个与哺乳动物大脑的形式、功能类似的新型计算机"[②]。

我们身体内的细胞运动时,会伴随产生生物电流[③],当它们与环境网络及信号融为一体时,会编织成一个"看不见的网",这就是普适计算[④]。这个看不见的网虽严密,但并非自然界的网,而是"新自然"的一部分。它撒开在我们的"雷达"[⑤]之下,可以感知那些超自然的、实验的以及非人类的信息。人类世的人类是与技术融为一体的,但并不会被看作非人类。

不仅人类能变成半机械人,其他动物也能变为半机械动物。在内布拉斯加州的一个寒冷的夜晚,一只叫纳奇欧(Naki'o)的小狗倒在水坑边睡着了,醒来时四肢已遭受了严重的冻伤。它的情况越来越糟糕,于是,丹佛市一家专门制作动物假肢的公司——"动物整形"(Orthopets)——将纳奇欧变成了世界上第一只半机械狗。配备四个假肢的纳奇欧能与主人正常地奔跑嬉闹了——尽管此时它已经无法感知大地了,它也因此成为"动物整形"公司的"代言狗"。该公司同时也为一只失去前肢的吉娃娃装上了用于行走的两个轮子(这只吉娃娃是一个疗

---

① "SyNAPSE"是"Systems of Neuromorphic Adaptive Plastic Scalable Electronics"的缩写。
② 2008 年 11 月,DARPA 启动了 SyNAPSE 项目。该项目由 IBM 公司和 HRL 实验室主导,美国哥伦比亚大学、康奈尔大学、加州大学美熹德分校及威斯康星大学麦迪逊分校等参与。截至 2013 年 1 月,已投入资金 1.026 亿美元,计划于 2016 年左右完成。该项目的目标是建立一个在功能、大小和耗能上与哺乳动物大脑相匹配的电子微处理系统,包含了 100 亿个神经元、100 万亿个神经键等,耗能 1 千瓦,体积不大于 2 升。——译注
③ 生物体的神经活动和肌肉运动等都伴随着很微弱的电流和电位变化,这种电流叫生物电流,如皮肤电流和心脏电流等。——译注
④ 普适计算又称普存计算、普及计算,这一概念强调和环境融为一体的计算,而计算机本身则从人们的视线里消失。在普适计算的模式下,人们能够在任何时间、任何地点、以任何方式进行信息的获取与处理。——译注
⑤ 雷达是利用电磁波探测目标的电子设备。雷达发射电磁波对目标进行照射并接收其回波,由此获得目标至电磁波发射点的距离、距离变化率(径向速度)、方位、高度等信息。电子化的人类运转时会发出电磁波,人类就会成为一个类雷达。——译注

养院的明星狗）。其他半机械动物还包括：一只受伤的秃鹰——在阿拉斯加的一个垃圾填埋场被发现时它饿得快死了，人们给它装上了一个新的喙上部；一只身体残疾的海豚——它掉入一个螃蟹陷阱中失去了尾巴而无法正常前行，人们给它装上了人造假尾；一只绿海龟——它遭到了冲浪板的重击而受伤，人们给它装上了人造鳍状肢；一只天生畸形足的猩猩，人们给它装上了医疗支架。

很显然，这些身体附件都是假体①。但是，我们会以此联想到第一批作为工具或者假体的长矛吗？在远古时代，熊、老虎和其他猛兽用尖牙和爪子攻击人类，我们的祖先就将它们的牙齿、爪子剥离下来，制作成工具从远处去投掷、抵抗这些猛兽。这是多么新奇的想法啊！人类不仅使用石斧作为工具，而且使用的"假手"也比原始人类自己的手更强壮、更大、更锋利。世界上的第一件衣服也是"假体"，那是用身体器官——动物毛皮——制作而成的。居住在洞穴里的人类祖先穿着挂晒后用筋腱捆绑的兽皮取暖，但无论他们将衣物进行了多少次鞣革，衣物仍会残留下其他动植物的气味。所以，洞穴中不仅弥漫着浓烈的猎物香味和浓郁的人类体香，寝具的动植物气味也是令人难以忽视的。如今的我们已经很久不再需要原料如此冷血的衣物了，我们也不用体会那种裹在其他动物皮肤或者植物纤维里的强烈的诡异感了。

早期人类可能就为跛脚的人设计了拐杖，但历史上第一个使用假肢的人是战士毗湿普拉（Vishpla）女王，她的故事记载于古印度圣诗《梨俱吠陀》（*Rig Veda*）。毗湿普拉在战场上失去了一条腿，但她安装上铁制的假肢后仍然坚持战斗②。古希腊历史学家希罗多德（Herodotus）也

---

① 假体在医学上称修复体，是一种替代人体某个肢体、器官或组织的医疗器械，分为假肢和义体。假体是为弥补截肢者或肢体不完全缺损者而专门设计和制作装配的功能性人工假体，也称"义肢"。义体是如丰胸假体、隆鼻假体、假牙、玻璃眼球、人工肌腱、人工心瓣膜、人工关节等具体填充替代性的假体。在科幻作品中，义体不限于四肢、义乳、义鼻等技术，还包括强化外骨骼系统技术、仿生技术、生化器官技术、纳米机器人技术等。——译注

② 据历史记载，事件可能发生于公元前3500年到前1800年。——译注

记录了一个波斯士兵的故事。那个士兵落入陷阱后通过切断脚才得以逃离危险,后来他安装了一只铜木材质的假脚。在埃及开罗博物馆,有一个阿蒙霍特普二世(Amenhotep Ⅱ,公元前15世纪)统治时期的木乃伊,她右脚上的大脚趾是截肢后由一个异常华丽的木雕复制品绑系上去的。这个木乃伊被认为在生前是一名患有糖尿病的皇家妇人,这个精巧的脚趾是为她在世时和过世后更好地生活而设计制造的。

纵观整个历史,木制假肢和挂钩手非常常见,尽管这些古老的义肢一般是从木头、金属或者皮革那里取材,非常笨重且简陋。这些义肢的使用者变成了半树半动物的人。我们已经无从得知,这些使用者的亲属是否会认为他们是一个混合体,或者使用者自己是否会认为这些使用的异体与被替代的人类血肉在质感上是完全一致的。

现在,我们得以生活在一个义体普遍化的文化环境中,隐形眼镜、假牙、助听器、人工膝盖、人工臀部、指南针、照相机和无线数字大脑部件等义体无处不在。从尚无法出现在公平竞技场上的皮革木制脚趾,到现在已经能和奥林匹克顶级运动员同场竞技的半机械人,我们在这条路上取得了多么大的成就啊!然而,这公平吗?

残奥会金牌得主奥斯卡·皮斯托瑞斯(Oscar Pistorius)[①]花了四年时间在体育仲裁法院争取一个可以在常规奥运会上与健全运动员赛跑的机会。最终,法院对皮斯托瑞斯的"刀锋"进行了广泛测试,宣布"刀锋"并不会让皮斯托瑞斯比正常人获得更多优势,判决皮斯托瑞斯获胜。尽管刀锋很轻,但它也会造成限制——刀锋并不能产生出比皮斯托瑞斯触地的作用力更大的力。与之相反,人类的脚和脚踝就像"弹性发电机",总能猛击出额外的力,反弹出更大的速度。所以,就目前而言,直到发生技术变革

[①] 奥斯卡·皮斯托瑞斯(Oscar Pistorius)是南非残疾人运动员,是残疾人100米、200米和400米短跑世界纪录的保持者。人们称之为现实版"阿甘""刀锋战士""世界上跑得最快的无腿人""残奥会上的博尔特"。2012年7月,奥斯卡·皮斯托瑞斯参加伦敦奥运会,这也让皮斯托瑞斯成为奥运会历史上第一位双腿截肢的运动员。——译注

为止，健全的短跑运动员一般来说比"刀锋"战士们拥有更大的优势。

但是，是不是每一个有天赋的运动员都有些独特的生理优势呢？譬如有史以来荣誉最盛的奥林匹克游泳运动员迈克尔·菲尔普斯，他的躯干和胳膊相对他的身高而言异常地长。随着高科技"刀锋"的设计问世，此种争论也越来越白热化。不过，颇有讽刺意味的是，当皮斯托瑞斯在残奥会上被另一名短跑运动员超过时，他提请正式诉讼——指出比赛不公平，因为获胜者佩戴了更好的"刀锋"。

皮斯托瑞斯是第一个在常规奥运会上与健全人同场竞技的无腿人，他的故事很富有争议性，无论在过去还是在将来，他的名字都会在我们的视野中被广泛提及。他明显是一个半机械人，但机械部分已经完全在他的身体中扎根了。当他还是一个孩子的时候，就与他的假腿在精神上进行了融合，他的大脑将"刀锋"看成大腿的自然延伸，他的身体也变得越来越敏捷，越走越快。

皮斯托瑞斯并不是半机械人界唯一的名人。战争是技术进步之源。当在伊拉克和阿富汗战争中失去双腿的年轻人返回祖国，假肢领域也随之蓬勃发展起来，催生出高科技材料和看起来更类似人的机器人。DARPA运行着一个创新型的假肢项目，目标是设计一批能用思维控制的假肢，且能像人类自然的四肢那样精确、自在地移动，该医疗用具计划在未来几年内由美国食品药品管理局批准上市。

2012年11月6日，伊利诺伊州国会众议员选举结果于晚间揭晓，在2004年的伊拉克战斗中失去双腿的退伍军人谭美·达克沃斯（Tammy Duckworth）大步走向舞台，发表新当选为伊利诺伊州民主党国会众议员的获胜演说。她戴着最先进的假肢，该假肢由计算机控制的脚踝关节、计算机供电的膝盖和自动控制系统组成。

手持一只手杖的达克沃斯，走起来非常平稳，行动中的她看起来兴高采烈又舒适自在，这是可以理解的，也是非常令人印象深刻的，因为达克沃斯并不是天生就需要依靠假肢支撑她的盆骨和脊椎行走的人。当她还是一个婴儿时，就学会了依靠本能勇敢地踏上大地；大约13个月大的时候,她就拥有了走路所需的平衡感和力量感,婴儿肥也由肌肉所替代。

尽管最后(戴着假肢)走路已经变成了无意识的举动,但是这也需要我们具备能随时进入平衡状态和离开平衡状态的技能。这需要花费数不清的时间用于鼓励和练习,为了走得熟练也需要忍受无数次的跌倒。初学者就像走不稳的踩高跷行走者。为了在房间里或者街道上走出一条所谓的直线,你一只脚迈出一步,失去平衡、摇摇欲坠,在差点跌倒前努力稳住自己,迅速地重新调整平衡,然后在反方向再次跌倒,稳住自己……继续接二连三地跌倒。走路实际是一系列跌倒的矫正历程。终于,我们学会了熟练地走路,却没有留意到走路也是一项进化的"马戏节目"。随着时间的推移,臀部来回摆动,失去平衡又恢复平衡,就像一个可爱的摆钟钟摆,但行走者根本不会留意到这些。人类走路的节奏是自然的抑扬格(一个短的非重读音节之后是一个长的重读音节),这就是为什么如此多的诗人——从莎士比亚到华兹华斯——都用抑扬格写诗;也许他们是在散步时完成的诗歌。幸运的是,人体结构中盆骨和脊椎的设计让这种技能(闲庭信步而非作诗)相对容易。

然而,成年人重新学习走路意味着那些旧的平衡技巧是无用的,必须基于现如今的身形掌握新的平衡技巧,并且要充分意识到你会摔倒甚至会严重受伤。同时,残肢并不一定是对称的——达克沃斯的伤情就很复杂(右腿臀部以下截肢,左腿膝盖以下截肢)。皮斯托瑞斯的"刀锋"就非常不适合达克沃斯的生活方式,因为达克沃斯需要在飞机上、桌子旁、讲台上或者爬楼梯时同样感到舒适。达克沃斯的踝骨关节和双腿是依靠自动控制系统操作微处理器、加速器、陀螺仪和转矩角传感器等来运行的,这都是为了能充分模仿人类走路时脚踝部位上肌肉和肌腱的精细合作。

半机械人的时代确实已经来临:滑雪者和滑雪板玩家的护目镜提供了一个仪表盘——兼具显示数据、GPS、相机、速度计、高度计和蓝牙耳机的功能;另外,自行车骑行者骑行时会使用语音控制和凝视控制系统等。当你滑雪或者骑行时,上传照片到脸书(Facebook)上,数据总是在眼前晃来晃去,这样安全吗?可能不安全。但对于已然头晕目眩地沉浸在传感器和科技世界里的使用者而言,这总比低下头看智能手机或者回过头看斜坡要安全得多。《星际迷航》中预言的虚幻现实已经开始变得司空见惯。我们戴上一个虚拟现实头盔,同时刺激五觉[①],就会身处古罗马或者古埃及的街道,赏其美景、闻其味道和体其感觉——即使这一切并不是真的,却给人以身临其境之感。

我曾经遇到过戴着谷歌眼镜(Google Glass)运动的人,语音控制的微型屏幕安装在一个灵活的镜框上、悬浮在一只眼睛前,并将电子邮件和地图投射到虚拟视野中。无论谷歌眼镜是否追赶上了科技潮流,它都已经成功地进驻了世界各地的手术室。第一个佩戴谷歌眼镜做外科手术的医生,仅仅是想利用它拍下手术过程与同行分享。从那时起,外科医生做手术时都会积极地"咨询"谷歌眼镜——不用特意掉过头去看就能查看 X 射线以及其他医学数据。这样的"半机械人"医生就像在脑袋后面长了一双眼睛,且拥有了四只或者更多的手。在阿拉巴马大学伯明翰分校(UAB),布伦特·庞塞医生戴着一副谷歌眼镜主刀一例肩关节置换手术。谷歌眼镜的内置摄像头将手术场景传递给在亚特兰大的帕尼·丹杜卢里医生,富有经验的丹杜卢里医生在电脑显示屏上就能实时地观看到几百千米之外的整个手术过程。两位医生能随时讨论病情,丹杜卢里能进入庞塞在头戴显示器里看到的手术场景:庞塞咨询丹杜卢里,丹杜卢里实时地指导他——"鬼手"悬浮在病人身体上方,指出正确的解剖位置和方法,展示如何重新安置手术仪器。阿拉巴马大学伯明翰分校的神经外科医生巴顿·格思里实在忍受不了电话会议的局限性,发明了"增强现实技术的虚拟互动平台"(VIPAAR),该平台能在不同的情形下提供安全网络,适用于世界各地区域医院的外科医生教学、便民医疗指导、难复手术导正等,而且可以帮助指导南极基地或者太空基地的紧急手术。

谷歌眼镜让人看到栩栩如生的场景,但配备有多种电子"装饰品"

[①] 五种感觉——触觉,嗅觉,味觉,听觉,视觉。——译注

的谷歌眼镜仍然仅仅是一个饰品。当一天结束的时候,你取下谷歌眼镜,周围再次变得平凡无比。我们渴望不通过媒介就能轻松自然地扩大和管理我们的能力——无须手忙脚乱,就好像这样的神奇能力是我们与生俱来的。人类也为此规划好了发展蓝图。接下来的一步是将思维可控的隐形眼镜悬浮在眼睛里,就像悬浮在眼睛"海洋"里的高科技"大陆",这会让我们与世界更亲近。高科技隐形眼镜是毫无痕迹地黏附在眼睛上,还是会让眼睛亮闪闪的看起来像玩具娃娃的玻璃眼球呢?最后一步,我们也不知道什么时候会实现,就是将硅丝滑进神经元。然后,人类就会与计算机世界——看似消失不见却虚拟可见——完全融合。偶尔,我们会感到困惑吗?或者仅仅为最近的科技发展作出的贡献是对的还是错的而忧虑呢?

这可能是一个奇怪的悖论,然而这还是很有可能发生,甚至也许是不可避免的:我们会将更多物理上的和精神上的工作委托给机器人和计算机,我们会因此削弱各种技能——数学能力、记忆力和肌肉功能等,当然也会同时在其他方面进益。也许很快我们就能掌握在空间中处理多任务的能力,当我们佩戴着谷歌眼镜穿梭在市中心的街道上时,仅仅通过轻敲睫毛,就能在悬浮于空中的虚拟平台上像使用鼠标那样上下滚动信息和回复邮件。最终,大脑和身体都会对此习以为常。

我们总是精心创造出各种新技术以达到活得更好、活得更久的目的,而在过去几十年中取得的进展是最引人注目的。我们加快了机器发展的步伐,并将机器嫁接在我们的身体里,这是前所未有的;我们用层出不穷的科技奇迹来丰富我们的生活,从基因测试到器官移植,从卫星通信到基因工程,从脑部扫描到情绪增强剂,凡此种种,无一不是。这些新技术让我们的生活充满了愉快和刺激,它们如此大地影响了我们的生活,以至于人类学出现了一个新分支来研究此种现象。

安布尔·凯斯正在研究"半机械人类",这个领域的科学家们研究人类、机器人如何与客体交互,并因此对我们的生活、文化产生了怎样的影响——譬如手机如何影响人类关系、现在的我们是如何过着科技社交生活而抛弃了单纯的社交生活等。在传统的社交关系中,一个人是与朋友在一起消磨时间的,而对数字时代而言,这是"模拟"的社交生活。

凯斯解释说:"例如,我们将这些电子产品放在口袋里,它们突然开始'哭喊',我们就不得不将它们拿出来,安抚它们让其再次入眠,然后每天晚上我们都需要将它们插进墙孔中去'喂养'它们,对不对?历史上的任何一个时刻,我们都从未像照顾真人一样照顾这些奇怪的非人类装置。"

半机械人可能越来越多样,但更多的是嵌合体——来自两个或者多个生物的DNA(或者有时是身体器官)嵌入一个身体。神话中的人类可以随意地与动物交配、交换身体,证明了我们早期与自然界的亲密关系,确认了动物是人类"扩大式家族"的一部分。"奇美拉"(嵌合体)这个词语来源于希腊荷马史诗《伊利亚特》中的"畸形怪物"(monstrosity)一词,该词描写的是一个狮头、羊身、蛇尾的巨型喷火怪物,它毁坏土地,直至一名叫柏勒罗丰(Bellerophon)的英雄乘坐天马珀加索斯(Pegasus)飞越它猛烈的火焰,杀死了它。恶魔文化一直萦绕在早期文明之中,多个文明的神话传说中都出现了由狮子、蛇和老鹰等拼接而成的邪恶怪物,即龙、狮身人面像、格里芬和美杜莎[①]等。在希腊神话中,我们发现了萨提尔,他居住在森林里,是一个好色的山羊魔人;还发现了用香味和美妙歌喉引诱男人的鸟女塞壬。中国的神话传说中也存在变形巨龙和人类联姻的后裔。西伯利亚萨满巫师将他们的魔力归结为族里男人与天鹅的结合。美洲印第安人的传说则认为地球上第一个人类是半兽人。童话故事中,有许多人类新郎新娘与动物联姻。一般而言,奇美拉们(譬如美人鱼)存在于已知世界的边缘,只有勇敢的英雄和探险家才能抵达那里。尽管儿童读物中充斥着智慧超群、口若悬河、个性鲜明的动物,但在现实生活中,某个拥有动物身体的半兽人对大多数人来说是恶魔,令人恐惧,所以希腊传说中的诸神最喜欢用来惩罚人类的方式就是——将其变为半兽人。

虽然听起来像是奇闻逸事,但我们的周围确实生活着许多自然界

---

① 格里芬是希腊神话中一种鹰头狮身有翅的怪兽。美杜莎是希腊神话中的一个蛇发(头发都是蛇)女妖。——译注

中的嵌合体，包括那些不为人知却秘密携带尼安德特人或者丹尼索瓦人[①]基因的人类。我们总是无时无刻不在吸收、同化其他人的基因。我们每战胜一次疱疹或者流感，病毒都会携带一些我们的蛋白质，并将其释放在其他人的体内，而此人的免疫系统又将其暂留在体内用于将来抵抗病毒入侵的参考。艾滋病病毒和其他逆转录病毒尤其擅长将一个人的DNA碎片安装在另一个人的染色体上。两人体液交换时，甚至会对基因片段进行交换。我们的身体开始含有部分伴侣的免疫系统时，我们就变成了一个嵌合体。我们不仅能得到伴侣的皮下体液，甚至会"吸收"他（她）。就像免疫学家杰拉尔德·N. 卡拉汉（Gerald N. Callahan）所解释的那样："我们互相交换基因片段的频率也许比我们认为的要频繁得多。感染让我们的身体交流、记忆最终嵌合体化。在一段亲密关系的过程中，我们收集了很多其他人的基因碎片。直至有一天，世界上只剩下真正完全的嵌合体——部分男人、部分女人、部分某些人还有部分其他人的嵌合体。"

这一事实也证明，我们在不知不觉中变得越来越熟悉彼此了。如果你再也不想见的旧情人将DNA留在了你的体内，只要你还活着，你就难以忍受这个念头总是乐此不疲地萦绕在你的脑海中，这真是糟糕透了！所以最好打住不要想了。想想妈妈的DNA或者爱人的DNA像一幅小小的"画像"生活在你体内吧！

像双胞胎这样的人类自然界中的嵌合体给我们提供了一个视角，认识到一个充满了克隆人的世界将会是多么混乱，但是双胞胎的情形普遍存在，所以并不会被认为是怪异的。我的母亲临终前进行了常规骨髓移植，她的血液中也因此拥有了供体的细胞。但在那之前，她已经变成了一个嵌合体，因为怀孕的妈妈会自动保留胎儿的细胞。她的体内也保存

---

① 尼安德特人是一种在12万到3万年前冰河时期居住在欧洲及西亚的人种，于2.4万年前消失。丹尼索瓦人（Denisovans）是生活在上一个冰河时代的人类种群，既不是早期人类，也不是穴居人，属于一个全新的人类种群。——译注

有我父亲的细胞，我父亲也同样储存有她的细胞。但是，据我所知，父亲并不拥有猪瓣膜、猫内脏或者猴子性腺的细胞，尽管植入猴子性腺在他年轻的时候非常具有诱惑力且非常时髦。

在20世纪20年代，壮阳药伟哥尚未问世，渴望提高性功能的男人们纷纷向法国外科医生赛奇·甫洛诺夫（Serge Voronoff）①求助，他的做法是将猴子的睾丸切片植入男人的阴囊内。后来，甫洛诺夫又将猴子卵巢移植到女性体内——据说手术者还包括美国花腔女高音莉莉·庞斯（Lily Pons），她也是甫洛诺夫在意大利里维埃拉（Riviera）所建的猴子饲养农场的常客。神奇的是，人们并不担心他（她）们的睾丸或者卵巢会因植入猴子的性腺而出现故障。超过500次的性腺移植手术给甫洛诺夫带来了声誉和巨大的财富，但最终他仅仅是被公众抨击为巫师或者魔术师而已。

今天，猴子性腺移植热已经像鲁道夫·瓦伦蒂诺（Rudolph Valentino）②热一样过时了，但是，非人类生物的碎片越来越多地植入人类的身体中。我们习惯于心脏中含有牛瓣膜或者马瓣膜；我们养殖与人体组织更兼容的转基因猪，再从它们的肠子里提取血液稀释剂肝素，从它们的胰腺里提取胰岛素；我们利用猪膀胱里的细胞间质治疗遭受战争创伤的人，以"滋养"肌肉、实现组织再生。（因为细胞间质中的纤维组织不仅可以作为缓冲剂，而且含有丰富的生长因子。）然而，非常令人惊讶的是，我们不会因此而不经意地发出猪叫声、马嘶声或者羊的咩咩叫。

---

① 赛奇·甫洛诺夫，1866年出生在俄国，18岁时移民法国，师从诺贝尔奖获得者艾利希斯·卡瑞尔（Alexis Carrel）。他将黑猩猩的睾丸切片植入老年男子的阴囊内以给病人注入青春活力，将猩猩卵巢组织移植到女性体内以治疗更年期症状。甫洛诺夫于1951年逝世，一生中约为2000名病人移植了猩猩的性腺组织。——译注
② 鲁道夫·瓦伦蒂诺，生于意大利，意法混血，是默片时代最为风靡的大银幕情人。"二战"前，最轰动的明星之死就是瓦伦蒂诺殒逝。1926年他因为心脏瓣膜炎在纽约突然去世，时年31岁。结果整个纽约好像都变得歇斯底里，百老汇堪倍尔殡仪馆里人山人海，八万名男女涌向教堂跟他们的拉丁情人告别。瓦伦蒂诺之死，令不少女影迷肝肠寸断，还有几名年轻人为此自杀。——译注

19 岁的海军下士以赛亚斯·埃尔南德斯（Isaias Hernandez）在伊拉克服役时被路边炸弹撕裂了 70% 的大腿肌肉，医生诊断后决定对他进行截肢。他的大腿看起来像是肯德基餐厅吃了一半的鸡腿。"你知道吗，就像吃了一口鸡腿肉露出了骨头！"他的大腿迅速伤疤化，并引发持续性疼痛，医生给出的处方就是截肢、装假肢，这是他唯一的希望。

后来，为了治疗，他变成了一个嵌合体。2004 年，他志愿参与了一个临床研究试验，外科医生将一个像纸片一样薄的猪膀胱切片——一般称其为细胞外基质——植入到他破烂的大腿肌肉内，肌肉随即开始再生。今天，他不再疼痛，而是像其他人一样用新生的大腿走路、坐下、骑车、攀爬，享受正常生活。至此，他身体的一部分变成了猪。外科医生亲切地将此植入物称为"仙尘"（pixie dust）。

这里有个疑问，摄取（ingesting）和移植（implanting）之间有很大的区别吗？我们有时会吞下蛇液、蜘蛛毒液，或者其他有毒的动物唾液，以平复躁动不安的心，有时会吞下鸡心螺毒液以治疗疼痛。为了避孕，成千上万的妇女摄取了母马的尿液。我们使用的最重要的抗生素来源于真菌。动物皮肤、软骨、结缔组织和骨头可以调制成医药品的包衣、胶囊以及液体添加剂。如果我们将马瓣膜植入有病的心脏中、将猪组织植入我们的大腿中，我们能感到舒适；如果我们通过了养殖动物的基本法规，允许屠杀动物获取器官，用低等动物的碎片修复我们的身体，我们是不是还会有什么其他想法呢？从牛的身上截取一个多余的胃植入人体内，这样我们就能更快地消化食物以达到减重的目的吗？

其他动物的器官植入我们体内，并不会使我们烦扰，也许是因为在原子层面，我们众生都是由无生命的物质组成的。因此，墓地总是友情提示："尘归尘，土归土"。或许，我们将器官移植看成了动物驯养和土壤改良的终极形式——这很早就出现在我们的集体记忆之中，只是其适用性一点点地进行了扩展。所以，动物睡在我们的屋顶下，逐渐变成睡在我们的肋骨下，这并没让我们感到焦虑。"噢，再说一次，牛在我的骨头里。"也许在某个孤注一掷的时刻，我们会很开心能将亲属关系的概念进行扩展，也就是说，因为植入了羊的肾脏而将羊看作兄弟。

人造的嵌合体动物主要出现在实验室中——将人类的免疫系统、肾脏、皮肤或者肌肉组织等嫁接到饲养的老鼠或者其他动物身上——这也是人类研究疾病的常见方法。科学家们已经嫁接出了人类器官占40%的羊，也嫁接出了拥有部分人类大脑的猴子，还创造出了四分之一的大脑细胞属于人类的老鼠（幸运的是，老鼠依旧表现得像老鼠，但谁也不知道它们的思维中充斥着什么奇怪的谜团）。然而，日本科学家宣称，给他们一年的时间，仅仅通过将人类干细胞植入猪胚胎中，然后再将猪胚胎寄宿在一个健康猪的子宫内，他们就可以让猪的身上长出完美的人类心脏和肾脏。人类用上猪瓣膜，没啥问题。但若是猪用上人类器官呢？

"嵌合体胚胎"并不是技术问题而是伦理问题，这是我们时代的一个标志。嵌合体胚胎是可以实现的，但并不是被允许的。因为倘若如此，人类的定义将不再那么显而易见，所以各个国家不得不对此达成了一致意见。第一次，我们不禁扪心自问：到底还需要多长时间我们才愿意将这个世界、将我们自己工程化？当我们通过穿戴假肢加强自己，进行了一定程度的嵌合体化，我们仍感觉自己是人类；当我们通过轻弹眼睫毛或者控制思维实现了可控穿戴技术，我们仍感觉自己是人类。所以，这个问题就变成了一个程度问题。到底我们置换多少器官，我们才仍然是合法的有吸引力的人类呢？强化人（enhanced human）和怪兽（monstrous）之间的厌恶底线到底在哪里呢？

加拿大通过了辅助性人类生殖法（AHRA），该法案禁止创造嵌合体。位于加拿大新斯科舍省哈利法克斯的达尔豪斯大学的生命伦理学家弗朗索瓦丝·贝里斯（Françoise Baylis）帮助起草了加拿大在嵌合体问题上的指导方针。

"我们没有处理好与人类的关系，对待动物也是如此，"她表示，"那我们该如何对待这些新物种呢？"

在美国，国家科学院允许创造嵌合体，但是会对嵌合体的繁殖行为提出警告,因为繁殖出两个半兽人的嵌合体可能会导致一种怪异的可能性(而这几乎可以肯定是致命的)——人类胚胎生长在另一种动物体内。记得罗马的起源传说吗,罗莫路(Romulus)和勒莫(Remus)是被狼养大的?假设实际上是一个狼生出了一个人?或者说是一个羊生出了一个人?差不多10年以前,内华达大学的伊斯梅尔·赞加尼(Esmail Zanjani)宣称他将人类干细胞注入了怀孕羊的体内胚胎中,然后小羊羔的体内组织都充满了人类细胞,而且不仅仅是几个细胞而已,有些器官几乎一半的细胞是属于人类的。虽然只有器官细胞有人类特征,两条腿的羊也并没长出对生拇指①,但是,盯着这些小羊羔的照片看,我发现它们看起来怪异地像人类:长脸、凤梨头卷落在额头上、下斜的眼睛。那么,狗怎么识别"人兽羊"的气味呢?

科学家们依然没有弄清楚的是,如果将人类干细胞移植进动物体内,是否会改变它们内在的行为、属性和个性呢?生物伦理学家理所当然地认为,我们最不希望看到的是人性化的猴子或者人性化的其他动物,这会带来巨大的恐慌。老鼠的大脑容量不及我们人类的千分之一,它们发展出认知能力的危险系数不足为惧。但如果对于一个在进化树上与我们人类相近的生物——也就是说大猩猩或者倭黑猩猩——而言,融合可能会起作用,特别是如果DNA混合进了正处于人类进化早期阶段的物种呢!我很好奇,如果猩猩布迪拥有一半的人类大脑,它会如何去看待它的同类呢?

实验室嵌合体的发展也出现了一个道德悖论:人兽动物中的人类细胞越多,它们在人类疾病治疗的研究测试中就表现得越好。1876年,当工业革命正开展得如火如荼之时,一名英国小说家写下了这样的预言警示:"在两个世界之间陷入困境,人类也成了一个幽闭的囚犯。"

---

① 灵长类动物中的一些种类,相比于其他哺乳动物来说,前足(上肢)一个特点就是拇指可以(不同程度地)和其他四指对握,因此也称作对生拇指。对生拇指赋予高级灵长类一个显著的功能就是能够抓握物品。这被认为是人类能够发展智力和工具的一个重要因素。——译注

在 H. G. 威尔斯（H. G. Wells）的经典小说《莫罗博士的岛》（*The Island of Dr. Moreau*）中，失事船只的一名幸存者被路过的船只救起，幸存者讲述了一个引人入胜的恐怖故事。故事中，幸存者一直不停地逃离一个不知名的印度尼西亚小岛，岛上居住着一大群有人类意识的怪物，那是莫罗博士通过输血、移植、嫁接和其他匪夷所思的手段创造出来的人兽嵌合体。它们是猎狗猪、人兽豹、猿人、树懒人以及其他一些"兽人"，其中一些兽人已经在丛林中建立了自己的根据地，以莫罗为尊，演化出了道德规则。这部小说甫一问世，就震惊了维多利亚时期的英国，小说明显受到达尔文理论（人类从猿进化而来）、新技术发展所带来的不良后果的影响。活体解剖的风尚引发争议，优生学也是如此，但这都引发人类去思考科学实验的道德底线。威尔斯的小说质疑了所有这些问题，也探索了英国殖民主义、个人身份本质和堕落的酷刑，也许最重要的是预警了干预自然给人类带来的危害。在后来的岁月里，威尔斯将这部成功之作形容为"年轻人亵渎上帝的预演"。

尽管基因剪辑和生物工程出现不足百年，但是威尔斯已预见到了人类世时代在稍后会遇到的道德困境。假设，一个类人的嵌合体偶然地或者经过精心设计后出现了，而且比其他动物更加聪明，但不及人类。人类会期望它们有什么样的用途呢？它们会在我们的社会中找到什么样的栖息地呢？人类会将它们划分为低等种族吗？在何种程度上我们会认为一个类人的人造嵌合体是人类呢？它们应该拥有哪些不可剥夺的权利呢？

DNA 的秘密守门人

在多伦多动物园里,在消防水管建成的藤蔓中,苏门答腊猩猩布迪在勇敢地摇摆嬉戏。布迪既不是半机械人也不是人造嵌合体,人类也并没有对它进行 DNA 改造。它仅仅是一只快活的小猩猩,是来自大自然的使者。现在,我们却开始以全新的理念看待它的(和我们自己的)身体特性,这种新理念将人类和猩猩联系在一起,并且重新定义了我们这两个物种。这种理念是新的,与之相关的知识也是新的。但其余的和我们享有的进化树一样古老。

电影院里正在播放斯坦利·库布里克的电影《2001:太空漫游》(*2001: A Space Odyssey*),我前面的椅子上坐着一个栗色头发的女人。屏幕上,吃素食的猿人悠闲地拨弄着地上松散的骨头——粉身碎骨的羚羊骨头。慢慢地,它的脑海中出现了一个新想法。理查·施特劳斯《查拉图斯特拉如是说》的重击和弦也适时响起。猿人拿起一根骨头,举过头顶,打砸在剩余的骨架上,一遍又一遍地,在暴力的狂欢中打击、砸碎了那个骨架;与此同时,它的头脑中闪现出了美味貘的场景。这一切都使观众深刻地意识到:猎人诞生了!一天后,在施特劳斯大气磅礴的战争配乐中,猿人使用武器(羚羊骨头)杀死了敌对猿群的领袖,将戏剧推向了高潮。在电影里,库布里克带领我们领略了人类进化、人工智能、外星生命和科技盛况。剧情发展到了未来的航天领域,我们看到宇航员与有意识的、精神错乱的计算机抗争(宇航员掌控的工具要比羚羊骨头更加精细),宇航员的命运也发生了转变[1]。对于我们的祖先——山穴洞人(不管怎样,电影讲述的人类祖先是在洞穴里)——这个过程过于激进,他们无法将之与魔法区分开来。电影结束,演职人员的名单像星星的毯子一样滚动起来,观众席升起的灯光带领我们重返地球,那里有着更加史诗般的人类冒险故事和人类未来故事。

当那个栗色头发的女人起身离开时,一缕头发留在了她的座位上。利用这个小小的样本,人们就能详细地考察她的DNA,并知晓这缕头发是属于一个人类女人,还是一只爱尔兰猎犬或者说是一只狐狸,并能找到她的身份线索,诸如种族背景、眼睛颜色、罹患各种疾病的可能性甚至她的预期寿命等。人们可能认为她作为人类和一只老鼠或者一条蛔虫没有什么共同点,然而,它们的基因数量是相同的。她几乎与每一种生物都是密切相关的,那些行走的、爬行的、滑行的、飞行的,甚至是她讨厌的。她的遗传基因几乎和无脊椎动物一模一样,只除了一点点不同,但就是那一点点不同发展出了天壤之别。

人类基因组计划库里差不多有25000个蛋白编码基因,任何对此感兴趣的人都可以通过互联网获取研究资料。DNA研究者利用一根红头发就可以分析出DNA的梯度,在DNA的螺旋结构上"攀爬",发掘出各种各样的"价值点"[2]。但有一些DNA片段是最近才出现的,因为我们人类通过占用和改造环境,已经改变了植物、动物、单细胞微生物甚

---

[1] 电影中,计算机哈尔杀死了三名冬眠的宇航员,只余下宇航员鲍曼独活。鲍曼与哈尔抗争后将之断电、杀死。无法返回地球、等不到救援的鲍曼独自航行了数月,掉入了一个星际之门。主宰者仿制了一个地球上的旅馆套房,一切都是为了使他安心。鲍曼在上床休息后,他的记忆和意识被主宰者慢慢剥离,被塑成一种新的、不朽的个体,可以在太空中生存、旅行,即"星童"(Star Child)。——译注

[2] DNA由脱氧核糖和磷酸基通过酯键交替连接而成。主链有两条,处于螺旋的外侧,它们似"麻花状"绕一共同轴心以右手方向盘旋,相互平行而走向相反形成双螺旋构型。所谓双螺旋就是针对两条主链的形状而言的。带有遗传信息的DNA片段称为基因。——译注

我们人类自己的基因。DNA 能告知年龄，还能显示各种各样的基因变异，而这种变异要么是我们精心设计故意为之、要么是偶然造成的。那我们使用的污染物、我们发动的战争，真的能改变我们的 DNA、改造我们人类这个物种吗？

她（栗色头发的女人）认为答案是肯定的。因为她研习了大学课程《人类世研究》，并从中了解到接触喷气燃料、二噁英、农药避蚊胺、氯菊酯、塑料以及碳氢化合物等都会促使人类患癌[①]——不仅仅直接接触这些化合物的人会受到影响，而且他们的子孙后代也会深受其害。她还了解到孟加拉国恒河三角洲的饮用水遭受砷污染，导致那里的人们罹患皮肤癌，还有工作环境遭受镉、汞、铅等重金属污染的工作人员也正受此威胁。同时，一篇发表在《公共科学图书馆·综合》（*PLOS ONE*）[②]期刊上的同行评议认为：雾霾城市的居民寿命与动脉内壁增厚、心脏疾病发病率增高有关，她也因此搁置了在大三学年去北京交流学习的想法。《每日邮报》（*Mail Online*）上也刊发了头条新闻[③]："因为北京的雾霾实在太严重了，中国开始在巨型 LED 屏幕上转播日出。"文字下方是一段视频，仿若置身博物馆看太阳一般——厚厚的灰霾中，天安门广场的 LED 布告板上，一轮猩红的太阳正冉冉升起；戴口罩的上班族路过，留下黑色的剪影。她有晨跑的习惯，会比大多数人吸入更多的污染物；而且她身处人类时代中，开拓者们的锐意进取使得她的基因早已经过了改造。

因为好奇，她读了一些基因方面的书籍，进一步了解了她的血统和基因偏向性。对于一个红头发的人而言，为了得到真正的个人 DNA 图谱，需要提供的除了一小瓶血液，还有就是一小笔钱——100～1000 美

[①] Zdenko Herceg and Toshikazu Ushijima, eds., *Epigenetics and Cancer, Part B* (San Diego, CA: Academic Press, 2010).
[②] 《公共科学图书馆·综合》是生物学期刊，在同类期刊中排名第 12 位。——译注
[③] "China starts televising": James Nye, *Mail Online*, January 16, 2014.

元。像"基因导航"(Navigenics)和"23与我"(23andMe)①这样的公司非常乐于提供服务,让她一窥自己的未来。虽然人生故事仍在书写中,但对于遗传算命而言已足够清晰。她罹患黄性病变、秃顶的风险可能性略高于常人;她拥有较高的可能性发生与血癌病变有关的基因变异;也许她还可能发生与家族遗传病阿尔茨海默氏症有关的基因变异。如果她自己去解读基因公司提供的报告,可能无法很好地掌握那些信息。这个报告可能只是让客户徒增烦忧:客户可能罹患某种疾病却根本不会成真;客户可能罹患某种疾病却能治愈;或者只是预测客户有罹患譬如亨廷顿氏舞蹈症这样严重致残疾病的可能性。虽然这些测试本应该只是为了安抚客户,却因为其商业化通常被认为是"娱乐"检测,检测你是否拥有切诺基血统、非洲人血统或者凯尔特人血统,是否是尼安德特人的后代甚至是否是成吉思汗的后裔。比如我,很可能是成吉思汗的后代。

因为我有莲花白的肤色和像鱿鱼般的墨黑色头发,我妈妈总是说我一定拥有部分蒙古血统。每次我都会好奇地问:"你有什么没告诉我的吗?"我知道,在我出生很长一段时间后,她和我父亲曾经去过蒙古。但我不知道的是:世界上每200个男人,就有一个人多多少少与成吉思汗有关。

一个国际研究小组的遗传学家对蒙古帝国统治区的男人们开展了长达10年的研究,发现一个数量惊人的群体拥有相同的Y染色体——而Y染色体只能通过父传子、子传孙进行传播。在亚洲,拥有这个Y染色体的人数竟然有1600万之众,分布在近日本海的中国东北部地区,到中亚的乌兹别克斯坦和阿富汗。

---

① Navigenics公司是一家位于加州福斯特城的私营个人基因组学公司,使用基因测试来帮助人们确定一系列个人疾病的风险。23andMe是位于加州山景城的私营个人基因组学和生物技术公司,一个正常的人类细胞有23对染色体,该公司因此而得名,公司直接向个人消费者提供基因检测和解释。消费者将自己的唾液和99美元费用邮寄给23andMe公司,就会获得一份在线DNA报告,从而得知自己的祖先起源。因此,《时代》杂志将"2008年度发明奖"颁发给了23andMe公司。——译注

能对现在的人类基因产生如此深远的影响,最可能的人只能是成吉思汗,从中国到东欧,他抢劫掠夺了一个又一个城镇,杀死了那里所有的男人、奸淫了无数的女人,将他的种子一路播撒。尽管传说中成吉思汗妻妾成群、子女众多,但其实他无须如此就能保证子孙兴旺。他的儿子们从他那里继承了相同的 Y 染色体,子子孙孙代代相传,沿着长长曲曲的丝绸之路,通过无数正统的或者非正统的血脉蔓延开来。成吉思汗同样好战的大儿子术赤(Tushi)有 40 个婚生子(谁也不知道还有多少私生子),成吉思汗的孙子忽必烈也有 22 个孙子(就是这个忽必烈让马可·波罗的一生大放异彩)。

这个家族的基因呈指数般地扩散,散落在越来越大的区域内,而且这个进程在 20 世纪加快了速度。当汽车、火车和飞机作为交通工具推动各种各样的基因在全球范围内扩散,"求偶距离"也发生了延伸。过去的"求偶距离"只有 12 英里,那是男子骑马去约会爱人且一日来回能达到的最远距离。而如今,和几千英里之外甚至半个地球之外的男人或者女人生孩子已经非常常见。

成吉思汗并不是想按照他的模样建立一个世界,而是受他强烈的本能和野蛮的个性所驱使。谢天谢地,大多数人并不是天生就四处为非作歹的杀人狂。但是历史总是充斥着像成吉思汗这样的战争机器和混乱之源。他所经之处,基因库发生了很大的变化。我们只能推测:消灭别人的基因、"种植"自己的基因(我们称之为"种族清洗")一定是人类的本能,而且其他物种也同样如此,无论是蚂蚁还是大象。

典型的例子就是,流浪雄狮攻击、击退其他傲慢的雄性,并杀死它们的后代;这些获胜的雄性与雌性交配,保证它的基因得以繁衍延续。另外,蚁穴的蚂蚁一旦发现邻居不是亲戚,就会将对方屠杀掉(虽然不知道具体用了什么方法,但蚂蚁可以认出或者闻出从未见过的血缘上的远亲)。人类历史上无时无刻不上演着类似的戏码,但这并不说明这些行为是正义的。这些无意识的并非刻意的举动曾经是、现在仍是战争的遗产。

也有一次例外,第二次世界大战期间,希特勒和他的纳粹组织设计了一个在政治上和遗传上均大胆的纳粹化运动。该运动波及范围之广，其人力成本是众所周知的：先是屠杀数百万人，然后在欧洲各地建立生育农场，健壮的党卫军男人和金发碧眼的女人在那里繁衍出成千上万名婴儿，为希特勒的优等民族计划提供种子库。但鲜为人知的是，这个重新改造自然的计划并不只限于人类。纳粹生物学宣称最好的士兵要吃最好的食物，而最纯净的种子才能生长出最好的食物。所以，利用优生学——强调特定特质的育种方法，纳粹期望能入侵遗传进化的螺旋结构，用所谓的纯种雅利安粮食作物和家禽取代"不适合"的外国品种。

为此，纳粹建立了一个党卫军突击队，投入于植物收集工作，他们依令入侵全世界的植物园和植物研究机构，窃取优秀的植物样本。从波兰开始，纳粹计划用奴隶劳工抽干一个大约十万英里面积大小的湿地，以专门用于种植雅利安植物物种。排干沼泽很可能会降低地下水位、引发沙尘暴，还会破坏狼、天鹅、野猪以及其他沼泽物种的栖息地，但是纳粹掠夺者们鲜少会考虑这些后果。

在其他地方，纳粹计划种植橡树、桦树、山毛榉、紫杉和松树以使气候变得温和，让他们自己的燕麦和小麦物种更适宜生存。同时，他们放出豪言，要改造地形以适应纳粹的优等物种计划。这种改造计划不仅包括人、铁路、动物和土地，甚至还有农田的几何地形（倾角不能低于70°）以及乔木和灌木的排列形式（只能沿着南北轴线或者东西轴线排列）。如今，虽然我们谴责种族灭绝的暴行，但它的根源仍然顽强地存在着。不过我们会处理好这一切，因为我们内心深处有着根深蒂固的正义驱动力。想到纳粹曾经的基因控制"壮举"差点令成吉思汗的勋绩都相形见绌，就让人毛骨悚然。

未来发现的人类 DNA 会显现出某种家族谱系特点，就像成吉思汗是通过战争的胜利将 DNA 传递给后人，而其他人或许是通过地理、宗教、政治、对美丽的时尚感悟等方式进行传递，甚至我们当代的一些元素也可以作为传递载体，譬如大工厂、汽车、飞机、互联网、社交媒体、大城市拥挤的十字路口以及避孕和不孕不育治疗的普及等。

当我妈妈拿我的蒙古血统开玩笑时,她可能是对的,因为成吉思汗和他的部队曾经到达过俄罗斯。但我更愿意看到,沿着狭窄的血缘通道,追溯到我毛发蓬松的祖先曾居住的地方。他们凭着几分运气,血液中不安分的细胞,铸就了未来史话。

人类基因组计划有个伟大的目标,就是运用这些基因知识去寻找认识、治疗、治愈人类疾病的新方法。从这个意义上说,在克里克、沃森和富兰克林解码出 DNA 双螺旋结构 50 年后,我们才最终意识到,我们人类作为一个物种是以群像形式出现的。探索 DNA 本身——大自然如何创造人类——已是如此艰难,但还有比之更不可能的事,那就是解码 DNA。到目前为止,这是我们最伟大的发现之旅,我们仍然在螺旋结构的"峡谷"上孜孜以求。

在瑞典最北部的北博滕省,闪烁的北极绿光朦朦胧胧地从地平线螺旋上升,就像被施了魔法的围巾。夏季,粮食在陶瓷般的阳光下成熟;冬季,月影萦绕在冰制的大理石上。在这里,人烟稀少,人类的数量尚不及驯鹿的数量。尽管如今的居民能搭乘汽车出行,但在过去,他们要到达加默尔斯塔德教堂①祷告,只能依靠双腿或者马力。教堂建于 15 世纪,位于一片历史悠久的聚居地上,几百年来人们在那里缓解孤独、重建希望。

然而,到达加默尔斯塔德教堂只是走过了朝圣之旅的一半。因为祷告后稍作休息,他们还需长途跋涉地回家。作为祷告后的休憩之所,每个家庭都在教堂附近建有小木屋——红色的小木屋勾勒出白色的窗户和大门,屋顶则由草铺设而成。精致的蕾丝窗帘包裹着冰霜缠绕的窗户,结实的百叶窗将凛冽的暴风雪抵挡在外。门上装饰着金字塔图案,那是由古代的异教徒传播而来的,因其鲜明的对称性而获得广泛认可,而且

---

① 加默尔斯塔德教堂位于瑞典北博滕省吕勒奥附近的一个小镇。这座中世纪教堂是北极地区最古老、最有名气的教堂,几百年来围绕这座教堂兴建了 424 座木制小屋并由此形成了村落——加默尔斯塔德教堂村。1996 年加默尔斯塔德教堂村被联合国教科文组织列入世界自然遗产名录。——译注

也被重新解释为献祭之火点燃的基督教祭坛。

在这样一个偏远的边境,人迹罕至,人口密度只有每平方英里六人,居民们精心制作各种必需品,从马具到钉子,凡此种种,都能自给自足。邻里间互帮互助,互为姻亲。但是如果粮食歉收——其发生概率是触目惊心的,救助则太遥远。即使是在工业革命高度发达之时,蒸汽火车铿铿锵锵地通过了许多边境之地,人们仍未冒险将铁轨延伸至极北地带。总之,当地人仍说着一口其他瑞典人不懂的方言。

加默尔斯塔德教堂村位列世界文化遗产名录,包括加默尔斯塔德教堂和环绕在其周围的红色小木屋集群,以及坐落在镇中心有6000年历史的石器时代遗址。如今到达这里的朝圣者是游客,紧随其后的则是遗传学家。将医学革命中心设置于此是不可能的,然而这里仍然可能解码出人类健康和长寿的奥秘。

在19世纪,北博滕的气候变化无常,人们尚无法预测作物产量,粮食收成易出现反常现象,有些年份粮食歉收,有些年份却粮食大丰收。例如,在1800年、1812年、1821年、1836年和1856年这五个饥荒年,粮食完全歉收(包括土豆这样的主食和做粥食用的谷物都难逃厄运),家禽成批死亡,婴儿体重严重不足,大人都罹患营养不良、忍受着重度饥饿,瘦骨嶙峋,人们要么处于死亡边缘,要么已经死亡,即使活着也对未来充满了绝望。在1801年、1822年、1828年、1844年和1863年这五个年份,却是另一番景象,气候温和,粮食源源不断地从土壤中喷涌而出,农民大丰收,经济繁荣,许多人享受着暴饮暴食的乐趣。

时间来到20世纪80年代,在与北博滕隔北海(North Sea)相望的伦敦,著名的医学杂志《柳叶刀》(*The Lancet*)发表了一项最新研究,认可了"子宫时间"(womb-time)的重要性,认为在妊娠期具有不良饮食习惯的孕妇所孕育的婴儿罹患心脏病、糖尿病、肥胖症等相关疾病的风险更高。这是对孕育期父母的一个警告,更是对医学界的一个启示。

根据达尔文进化论对自然选择的相关论述,人生而带来的"基因蓝图"已经进化了逾千年。所有的父母都会被教导人生经验,因为这些经验无法遗传,当然经验也改变不了孩子的化学属性。然而,在 18 世纪,虽然对达尔文进化论的异议会被认为是一种妄想而被嘲笑、被抹除,自然学家让·巴普蒂斯特·拉马克(Jean-Baptiste Lamarck,"生物学"这一术语的创造者)还是提出了一个新理论,认为父母可以将已获得的特征遗传给子孙后代。他当时举了一个在日后世人都耳熟能详的例子:长颈鹿每天都要伸长脖子到树顶上摘食新鲜美味的树叶,这一行动最终拔长了它们的脖子,它的后代也因此继承了它的长脖子并会模仿父母伸长脖子的行为,这些特征会随着代代遗传而逐渐加强。拉马克聪明、眼光独到,在生物学和植物学上提出了许多正确的理论——甚至包括"自然进化会产生新物种"这种危险的理论,但是拉马克在有关长颈鹿脖子及其遗传特征的理论上判断错误。根据他的逻辑,如果一个铁匠在长年累月的铁具捶打中锻炼出了硬砧般的肌肉,他的后人就能遗传到同样结实的肌肉。如果确实如此,想一想这个世界会变成什么样子——每个物种中都会出现错配的种群、某些令人羡慕的能力会代代遗传,还真是有趣。人们根本无须再为了某项技能而勤加锻炼,因为钢琴家父亲会将蜘蛛状灵巧的双手遗传给孩子,骑行者母亲也会将块状的肱四头肌遗传给孩子。

达尔文的进化论告诉我们,DNA 中的基因数千年以来都只表现了缓慢的粒状变异,任何一个个体在其一生中都无法抹去或者重写自己的基因。变异基因来来去去,如果某个变异基因对人类生存无益或者有害,它将不再"逗留"而走入历史。但总的来看,如果动物变异出了尖锐的特征,这个特征是有益的,创造出了更好的机会让其活得更久并有了充足的时间进行繁殖,那么,该变异特征会"赋予"它的后代,后代继续将这种制胜的特征代代相传——当然整个过程如逆水行舟般不进则退。最后,这种赶巧的遗传机制使得世界上只剩下那些能最好地适应各自栖息地的动物。

这是一个广为接受的理论,也已经通过数不清的实验得以证实,这点似乎毋庸置疑。但是如果这并非唯一的理论呢？尽管达尔文使得拉马克黯然失色，但拉马克至少在态度上看起来是没有问题的，这个事实震惊了科学界。一种思考模式倘若没有及时地化为真理，那么它就会迅速地发生变化。你突然拉下思维上的"开伞钮"，你的意识"急剧下坠"，一种新的思维模式像头脑风暴般地出现在你的脑海中，"自由落体"的你减缓了速度，转化为悬浮，世界再次变得清晰可见，但是这一次是一种崭新的视角。我们将这种跳伞般的灵光乍现定义为"创造性洞察力"。

斯德哥尔摩卡罗林斯卡学院（Karolinska Institute）的拉尔斯·奥洛夫·本内（Lars Olov Bygren）读了上文所提的《柳叶刀》的文章之后，开始对19世纪的北博滕儿童感兴趣——因为他们要么有很多吃的，要么一点吃的都没有，而且北博滕似乎为遗传学研究提供了一个完美的隔离地带。当然，该地区的儿童多多少少也会受到母体孕育期营养的影响，但是他们的父母在早些时候经历的暴饮暴食或者饥荒是否也会影响孩子的健康呢？这是一个大胆的问题，更不用说这种探讨公然不顾正流行的达尔文理论。直到他最终找到了99个于1905年出生的奥佛克里克斯（Överkalix）孩子，并依赖丰富的历史数据将他们作为研究主体，这个问题才不再折磨他。但为什么本内会选择这种悬崖峭壁式的、禁忌如影随形的问题呢？

本内解释说："因为我在北极圈十公里以北的一个小森林里长大。"

本内身材纤长，留着灰白色头发，戴着圆框眼镜。他穿梭在教堂墓地的墓碑间，满腹思索，这里埋葬着部分100年前死于饥荒的年轻人。阳光斜射在墓碑间的青草上，蓝铃花和雏菊自然地生长在石头缝隙中，偶有从商店购置来的花哨俗气的花朵点缀在墓碑前。墓碑上多是常见的名字，譬如拉尔森、佩尔森等（它们相当于英语中的史密斯和琼斯）；本内小时候的玩伴可能就有墓主人的亲戚。

"我们有一个说法，"他笑着说，"挖一挖你的家族。"过了一会，本内接着说："我们就真的拥有了丰富的资料。"即使是收成不佳时，资料也是丰富的。"家族里发生的每一件事都是有记录的。"

从 16 世纪以来，神职人员对出生和死亡（及其原因）、土地所有权、农作物价格和收成等都进行了苛刻的分类记录。得益于他们的一丝不苟，本内可以对父母或者祖父母年幼时的粮食消费量进行估量。所以，当他沿着时间脉络苦苦寻找能作为研究对象的孤立家族时，奥佛克里克斯提供了一个绝佳的自然实验场所。

人们常说：如果你因外伤留下了隐疾；如果你喜欢吃垃圾食品；如果屋外春光正好，木兰花的粉红色花瓣像火焰鸟的羽毛一样在微风中摇曳，你却成日成夜地玩电子产品，那么你可能会生病，但这都不会影响你未来孩子的 DNA。孩子可能会遗传你的卷头发、灰色眼睛、细瓷般的皮肤、有音乐天赋的（像音叉一样可靠的）耳朵，甚至遗传罹患某种疾病（譬如亨廷顿氏舞蹈症）的缺陷基因，但是他们不会继承你遇到的事故或者你犯下的罪行。你糟糕的生活方式不会损害他们的 DNA，你所完成的壮举、你曾深刻领会到的启示、你曾规避的危险，都不会遗传给他们。从这个意义上来说，他们天生是一张白纸，会书写出自己的故事、作出自己的选择。当然，他们不会得肥胖症，不会患糖尿病，或者仅仅因为祖父或者祖母在饥荒过后暴饮暴食就年纪轻轻地死去。那不是进化所遵循的法则，进化没有那么迅速，不会那么快就完成。难道真的是这样吗？

本内的发现与众不同。他和英国伦敦大学学院的遗传学家马库斯·彭布雷（Marcus Pembrey）开展了一系列令人大跌眼镜的开创性研究，从以下标题可见一斑："你会损害你的 DNA""你曾是祖父母的食物""培养很重要""父辈的罪孽"（在《出埃及记》中，上帝说"参观父辈在子辈和孙辈身上犯下的罪孽"）等。

我们这个世界来了一批婴儿移民，他们来自没有陆地的远古世界，他们拖曳着古 DNA 的螺旋云，准备在新世界生存，却看起来无力面对突变的环境。然而，将可能的危险告诫给子孙后代是可行的。环境中譬如饥荒这样的极端变化会在新生儿的卵子或者精子上打上"标记"。几十年后，当这批新生儿有了自己的孩子，新的特征就会显现。新特征来源于孩子孕育之前父母承受的特定压力，而不是因为此特征对人类物种有益。

本内研究奥佛克里克斯地区的孩子时惊奇地发现，若男孩年少时（9～12岁）粮食大丰收，那他长大后易患糖尿病和心脏病，并且子孙更短命。而且这还不是一个微不足道的数据——儿子和孙子的平均寿命均少了32岁！相反，若男孩年少时粮食歉收，他又幸存下来、长大成人、生儿育女，他的儿子将更健康——与同龄人相比，患糖尿病或者心脏病的概率低了四倍、平均寿命多了32岁。稍后的研究表明，相似的研究结果也适用于女孩，尽管女孩的研究年龄更小，因为女孩生而带有卵子①，而男孩在青春期前才产生精子。在成长期，成熟的卵子和精子尤其易受环境的影响。"标记"会影响基因是打开还是关闭②——就像计算机的二进制码③一样。一方面，卵子和精子将遗传信息传递给下一代，这实际上也许是一种自救行为；另一方面，人一旦在生物上为一个完全不同的环境做好准备，各种问题就会喷涌而出，疾病会纷至沓来。

"研究结果……"本内说，"就像北博滕褶皱④里丰富的铁矿石那样'坚固'（可靠）。但生物学机制尚不清楚。"

虽然这个研究结果很令人震惊，但是有明显的证据表明：确实只花

---

① 女孩在胚胎时期约3～6孕周时即已形成卵巢的雏形。出生前，卵巢中已有数百万个卵母细胞形成，经过儿童期、青春期，到成年也就只剩10万多个卵母细胞了。卵母细胞包裹在原始卵泡中，在性激素的影响下，每月只有一个原始卵泡成熟，成熟的卵子再从卵巢排出到腹腔。一般来讲，女性一生成熟的卵子为300～400个，其余的卵母细胞便自生自灭了。左右两个卵巢通常是轮流排卵，少数情况下能同时排出两个或两个以上的卵子。——译注
② 基因的功能是通过转录、翻译形成蛋白质，从而控制生物性状。但是在不同的细胞中，基因存在选择性表达，即有些基因能转录、翻译形成蛋白质，有些不能，因而处于关闭状态。例如，人的胰腺细胞中的胰岛素基因可以表达形成胰岛素，而其他的细胞中胰岛素基因则处于关闭状态。——译注
③ 二进制是由1和0两个数字组成的，它可以表示两种状态，即开和关。所有输入电脑的任何信息最终都要转化为二进制。——译注
④ 岩层在形成时，一般是水平的。岩层在构造运动作用下，因受力而发生弯曲，一个弯曲称褶曲，如果发生的是一系列波状的弯曲变形，就叫褶皱。——译注

一代人的时间就能产生不可磨灭的生物学变化。当年暴食的孩子在基因中启动了生物"雪崩",让他们未来的孙子注定比同龄人更易患病也更短命。这就好像孙子遗传了一个缺陷基因。

这一小步"进化"是如何发生的、为什么会发生,一直都是表观遗传学(epigenetics)的焦点问题。表观遗传学是一门新的学科,该学科讨论的是人类世学科的"故纸堆"里关于先天、后天的辩题。表观遗传学也给准爸爸准妈妈们增添了更重的负担。很显然,现在开始操心孙子辈的健康问题并未为时过早。

表观遗传的结果是令人吃惊的。直到不久以前,大家还公认遗传是DNA讲述的一个故事,且只存在于基因之中。但表观遗传学告诉我们,人类在重大后天因素的影响下会如何一步步"进化"。其生理学表现是:蛋白质像蟒蛇一样盘绕在DNA上"标记"DNA,挤压一些基因、松开一些基因,在这个过程中打开基因或者关闭基因,或者保持开启状态但将声音调高或者将声音调低至耳语状态[①]。

人类基因组进化了数百万年,但表观基因组可以迅速发生改变,例如,通过简单地添加一个小甲基(由三个氢原子、一个碳原子组成)或者一个乙酰基(由两个碳原子、三个氢原子和一个氧原子组成)就能实现。"甲基化"能将一个基因关闭,"乙酰基化"能将一个基因打开。另外,理论上,自然界会自动为新环境准备能适应的后代,所以环境压力能翻转基因开关。饮食、压力、产前营养都会创造出特别强大的"标记"。这些"标记"会如何影响人体内的基因呢?可能产生正面作用也有可能产生负面作用。也就是说,最终可能会害死这个人,但也有可能会延长他的寿命。总的来说,锻炼和营养充足会留下有益的"标记",

---

[①] "声音调高或者调低",是基因功能演化的一种形象表达。将DNA看作一种声调语言,使用相同的辅音和元音,但口语中有不同的声调变化。声调的性质主要取决于音高,即声音高低;音高变化的不同引起声调的不同,就像普通话里"山西"(shānxī)和"陕西"(shǎnxī)的区别。而由相同DNA分化而成的心脏、胰腺和脑细胞却具有不同的功能。"声音调高或者调低",基因的作用和意义就会发生改变。——译注

吸烟和高压则会留下有害的。

大自然是节俭的，回收利用是其基本法则。因此，"标记"改变的不是 DNA，而是 DNA 的使用方法，就像抡大锤钉图钉或者凿墙洞的区别。假设 DNA 是一种声调语言，使用相同的辅音和元音，但口语中有不同的声调变化。在汉语中——世界上使用最广泛的语言——你如何发"m□n"的音，决定了你是想表达"慢"还是想表达"欺骗"之意①。心脏、胰腺和脑细胞都产生自相同的 DNA，然而它们具有不同的功能。随着基因的关闭或者开启、"声音"调高或者调低，基因的意义和作用也在发生改变。这就是为什么人类拥有与植物相比更少的基因、与大猩猩相比几乎差不多的基因，彼此却完全不同。上帝给生命发了一样的基因剧本，但生命以不同的形式吟咏，我们自己的细胞会因此转化为皮肤、骨头、嘴唇、肝脏和血液等。表观遗传学就是告诉人们这种"声调魔法"是如何运转的。

彭布雷的假说是：在工业时代，环境急剧变化，社会急速变革，且变化的速度是前所未有的，虽然基因进化努力跟上，但仍无法适应其急剧性。我们的基因在仅仅几代人的时间里几乎没有进化，然而，某些"表观遗传标记"黏附的基因却发生了变化。所以，你的曾祖母怀孕时接触的杀虫剂或者碳氢化合物，在几十年后，会提高你罹患卵巢疾病的风险，你可能继而将风险转嫁给你的孙辈。在过去几十年间，女性患卵巢癌的风险提高了 10% 以上，对此，注重环境因素的表观遗传学提供了一个可行的解释。

在这个世界上，人类只要存在就会和其他人、周围环境发生联系。这个"对话"——由众多基因永不停歇演出的生命探戈，相比笨拙"嘎吱"的"表观遗传学"值得一个更好的名字。但当医生问询病人及其父母的环境接触史时，太多医生将这个词挂在嘴边了。

"我们可能身处最大的生物变革期，"艾尔伯特·爱因斯坦医学院神经

---

① 在汉语拼音体系中，m□n 的音调决定了其意味，发去声为 màn，即"慢"之意；发第二声（阳平）即为 mán，为"瞒"之意。——编注

科主席马可·梅勒(Mark Mehler)说,"它永远地改变了我们对遗传学、环境学及其交互作用的理解,也改变了我们对疾病成因的理解。这是另一个层次的生物学,也是我们第一次真正地去解释生物生命的复杂性。"

"人类基因组计划本应该是开启了一个精准医疗的新时代,"梅勒在美国神经学学会 2011 年年会上宣称,"但相反,它提醒我们存在另一个更复杂的需要研究的基因组。"

尽管双胞胎共享一模一样的 DNA,但他们的表观遗传也从来不是完全匹配的。例如,如果其中一人患有精神分裂症,她的双胞胎姊妹患病的概率只有 50%,而不是人们以为的 100%。因此,双胞胎是表观遗传学中的重要研究对象。其他重要的研究对象还包括大屠杀[①]幸存者的孩子、没有被关押但也没有得到足够安抚的罗马尼亚孤儿以及即使有安抚但看护疏忽大意或者慌手慌脚的孤儿。从精神科表观遗传学的角度,我们认识到,母亲的情绪对胎儿的命运影响甚大。包裹和渗透进胎儿的化学物质决定着胎儿将来的健康、情绪和寿命。

2004 年,麦吉尔大学研究母体行为的迈克尔·米尼(Michael Meaney)在期刊《自然神经科学》(Nature Neuroscience)上发表了他的研究成果:老鼠妈妈经常舔舐幼崽(有 14~20 只研究对象)且在头一周细心照料它们,老鼠幼崽会表现出宁静温和的性格特点;老鼠妈妈不怎么舔舐或者完全忽视的老鼠幼崽则表现出明显的焦虑。幼崽长大后成为老鼠妈妈,其照料方式则完全照搬自自己的妈妈。

"对于我们而言,制胜之法是识别被舔舐行为改变的路径,"米尼说,"我们在基因上发现了一小片区域,会对孕产妇保健产生反应并指导大脑细胞的变化。"

[①] 在英语和德语中,"二战"时纳粹德国对犹太人的种族清洗均用名词"Holocaust"表达,这个词来自希腊语,意思是用火牺牲。德国在这次种族清洗活动中屠杀了近 600 万犹太人,世界上三分之一的犹太人牺牲。波兰、荷兰、罗马尼亚、德国、奥地利、希腊、乌克兰、白俄罗斯、俄罗斯和捷克斯洛伐克等欧洲各国的犹太人均遭此厄运。——译注

米尼现在的工作是研究人类儿童的发育。他发现，高压状态下的孕妇会分泌大量的糖皮质激素，该激素会减轻胎儿出生时的体重、减小婴儿海马体（记忆库）大小以及削弱新生儿应对压力的能力。然而，米尼也率先提出，许多体重过轻的婴儿也长得很好，这表明产后护理肯定能够扭转孕期的不良影响。因此，环境和后天培养也非常重要，且无须多久就能效果显著。在对沙漠蝗虫的栖息地进行观察时发现，蝗虫天性害羞，且总在夜间活动；但如果蝗虫人口膨胀，拥挤不堪的蝗虫就会变身昼日交际小能手了。还有，在对鸟类的研究中发现，如果鸟妈妈生活在"社交需求环境"中且处于较高地位，其雄性激素水平就会攀升，导致鸟蛋中的雄性激素含量增加，从而孵化出更逞凶好斗的小鸟。

随着社会医学渐渐开始关注穷人的健康状况，越来越多的人类和动物研究将环境与子辈、孙辈的健康联系在一起，富裕的环境、贫穷的环境均会对人的健康产生影响。对1944—1945年的荷兰冬季大饥荒进行研究时发现，饥荒中孕育的胎儿长大后可能会罹患精神分裂症和抑郁症。英国的一项研究发现，孕妇产前营养不良将导致婴儿成年后患心脏病的风险提高三倍。

在其他研究中发现，经历过飓风或者热带风暴的孕妇更可能生出患自闭症的孩子。即使成年女性作出了所有健康的选择，在怀孕期间也保持心情愉快，对孩子也十分宠爱，她的孩子仍需承受其祖母在大萧条时期忍受的压力，即使那已时间久远且被忽视良久。孩子还要承受其祖父在越南当新兵时承受的压力，即使那时孩子的妈妈都尚未被孕育。祖父母的早餐吃过什么也很重要。父亲是否服用过伟哥也很重要，因为这种药物能让老男人繁衍后代。如今越来越多的大龄父亲将衰老基因遗传给后代，对未来的后代会有什么影响呢？

一个意想不到的发现是，出于某种原因，大龄父亲的子女拥有更长的染色体端粒（端粒是位于染色体末端的"帽子"结构，就像鞋带末端防磨损的绳花），而端粒是基因上控制寿命长短的片段。所以，大龄父亲的子女可能拥有更长的寿命。另一方面，大龄父亲一直因为将会导致自闭症和精神分裂症等可怕疾病的变异基因遗传给子女而广受诟病；同时，父亲的饮食也至关重要，如果他是个吃货，他的女儿可能更易罹患糖尿病。

即使对 DNA 的编码方式进行解码和更改，且这些不良影响都不会发生，还是会遗传给子孙后代。表观遗传学是基因组的"第二条裤腿"，即遗传的另一套"编织"方式。而且尽管修改一个人的基因组是困难的，但改变表观基因组相对容易得多。"DNA 标记"虽然影响深远，但不是永久性的。所以，这个领域具有无限的可能性。

"基因根本不可能独立于环境而起作用，"米尼说，"所以，我们生活的每个方面都是环境信号和基因组'对话'的常函数。而且，最重要的是，亲代抚育对孩子的影响更大。我们也才刚刚开始研究其实际意义。"

毋庸置疑的是，你母亲在儿童时受到的伤害可能影响你的健康、你孩子的健康，但即使你们都长大成人了，这也是可以改变的。在麦吉尔研究组中，研究人员通过使用表观遗传药物打开或者关闭基因能扰乱老鼠第二代对寒冷的反应。

表观遗传学的最大前景是简单地拨动基因开关，让某些基因醒来或者加班、让某些基因放松或者小睡以开启治愈癌症、双相情感障碍、精神分裂症、老年痴呆症、糖尿病和自闭症等疾病的巨大可能性。我们真的能催眠我们的基因吗？我们真的能催眠我们的基因，以改掉某些坏习惯吗？真的能在计划生育前节约无辜的受精卵吗？科学家一致认为答案是肯定的。科学家们已经在开发譬如阿扎胞苷（azacitidine，某些血液疾病患者用药）这样的药物，阿扎胞苷能让劣质基因沉寂、激发治愈基因。许多诸如肌萎缩侧索硬化症（ALS）和自闭症这样的疾病，似乎是表观遗传的，现在这些疾病也处于可控范围内了。科学家们正积极地将三种不同类型的表观遗传药物疗法应用在精神分裂症、双相情感障碍和其他主要精神疾病上。美国食品与药物管理局（FDA）已经批准了几种表观遗传药物，在 2008 年，美国国家卫生研究院（NIH）宣布表观遗传学是生物学的"中心话题"，而且拨款 1.9 亿美元用于研究"表观遗传学在何时以何种方式控制基因"。完成于 2003 年的人类基因组计划是人类智慧奇迹的结晶，绘制出了人类 25000 个基因的图谱。表观基因组则要复杂得多，有报警功能的"标记"数以百万计。所以，正在进行中的人类表观基因组计划绘制出一个完整的表观基因组，还需花费一段时间。

现在的好消息是，这些问题都有可行的解决方案（即使并不简单）：禁止能引发表观遗传大破坏的环境毒素的使用；努力缓解饥荒、减少贫困和修复战争创伤；帮助人们认识自身行为的长远影响以及后天培养在家庭、社会和环境中扮演的至关重要的角色。基因可能还记得它们当年在父母或者祖父母的细胞中是如何运转的，但幸运的是，它们基于运用的经验也了解了什么才是健康的行为——就像它们知道肌肉对健康有益一样。所以，你一生中的经历也会作为遗产留给你的孩子，这是至关重要的一部分。倘若你的成年经历是积极的，则会修复你的基因；同样惊人的是，你为朋友、爱人和其他人的小孩所做的后天工作也会有持续的表观遗传影响力。这种设想一旦被证实，不同年代人之间的关系就会发生改变，因为到那时，两人即使跨代也会突然拥有很多共同之处；并且，人类 DNA 上层层叠叠的"纹理"也会越发清晰可见。在 DNA 的"幻影看门人"层面上，我们可以和任何人相连接。

表观遗传学还涉及道德、社会学和政治学上的难题。表观遗传学告诉我们：我们不能浪费精力和资源，人道主义计划看起来也许是没必要的；教育程度低、暴力、饥饿和贫困会留下缺陷基因，传给一代又一代，最终会影响整个社会的健康和幸福。在战争中或者战争后饱受战争创伤的士兵和平民会将表观遗传的痕迹留给未来的子孙，并对他们造成伤害，即使在和平时期也会增加社会隐患；自然灾害的影响也是一样的，我们也看到了许多为时已晚的例子。那么，倘若人类成功干预此类表观遗传，会导致什么结果呢？对于我们人类这个物种而言，基因工程可能看起来像一个可怕的威胁，我们需要谨慎地监督和控制由此产生的生命形态。但是表观遗传的影响和我们作出的政治上的和环境上的选择，都是会引发变化的强大引擎，当然，我们一般能发现这些变化且及时地作出调整。

遇见造物主——疯狂的分子

让我们的视线再次回到电影院里那个神秘的栗色头发女孩,仅仅依靠她的一缕头发或者一点血液样本,我们能获知什么信息呢?我们能获知她的 DNA 图谱。DNA 图谱类似超市条形码——这是我们里程碑式的成就,但 DNA 图谱仅仅能反映她生平的一小部分概况。倘若我们要更全面地了解她的健康和遗传特性,就需要将她体内的微生物也列入考量。她的体内,除开她这个人类生物体之外,还充斥着熙熙攘攘的微生物生命。数以亿万计的微生物虽然不为人知,却与她这个人类宿主密不可分。这些单细胞单核的微生物裸露着身体到处游离,有些更是变本加厉,根本不把她这个宿主的利益放在心上。

今早她称重的时候,可能扣除了衣服鞋子的一两磅重量,但她或许压根儿没考虑过扣除微生物的重量,缝隙①和内脏处的微生物大约有 3 磅重呢!因为微生物是需要从原子尺度去考量的,而且微生物一点都不安分守己,它们四处游离——跳离宿主的脚(脚相对微生物而言像是一片半岛那么大)、凌乱地爬上宿主的手肘,它们还无法计数。

微生物是地球上数量最多的生物形态,它们无处不在:罔顾宿主意

---

① 医学上,缝隙连接通道是将相邻细胞的细胞质进行连接的细胞内通道。人体细胞间广泛存在缝隙连接通道,这种特别的结构,允许小分子水溶性物质和离子在两个细胞间流通,产生了"细胞间直接通信和细胞间能量、营养物质及代谢终产物的重新分配"。缝隙连接系统有类似"中医经络系统"的功能。——译注

愿在宿主体内开疆拓土、在动物的腹腔内营造出微弱的硫黄气味和咕噜声（腹鸣）、在口腔中留下腐朽的余味（像公车站三明治的味道）以及在鱼腥味和臭鞋味中"寻欢作乐"。微生物也是这个地球上的劳力，它们涤荡出可呼吸的空气、促进陆地上和海洋里的光合作用以及分解有机物残体、循环回收营养元素。在工业上，微生物也大有可为。我们利用微生物发酵乳制品，生产纸、药品、燃料、疫苗、布料、茶叶、天然气和贵金属等；除此之外，微生物还被用于清理泄漏的石油。我们让它们像牛一样为我们工作。然而，就像大部分的宇宙质量（94%）来自"暗物质"，地球上数量最多的微生物也是肉眼不可见的。但即使肉眼看不到，它们仍是这个肉眼可见世界里的"里维埃拉"①——让人蜂拥而至想一探究竟。

令世人瞩目的是，我们不仅能重新命名我们的时代，而且我们即将重新定义我们这个人类物种——将我们人类定义成一个完全不同的、从未设想过的动物物种。几十年来，我们一直认为 DNA 就是人类生命的全部。然而，现在我们发现每一个人类都是由数百万亿个微生物和几十万亿个人类细胞②组成的生物混合体。我们走路的时候竟然不会摇晃也不会破碎，这实在太令人惊讶了！而且，在微观层面，我们时常从人类、动植物身上或者尘埃里获取新的微生物。

10 年前，人类的形象是一种孤独的生物，但仅仅在过去的 10 年间，人类就变成了一个由数以百万计的生命体组成的互利共赢协作体。尽管地球上——从南美洲的火地岛（Tierra del Fuego）到北极洲的夸阿纳（Quaanaaq）③——广泛存在着各类不同的族群，且彼此差异巨大，但他们都可以归类为"群居动物"——靠自己不能独自存活而需集体群居

---

① "里维埃拉"用来描述任何一条阳光明媚、地形多样且受游客欢迎的海岸线。——译注
② 一般认为人类细胞数量共 40 万亿～60 万亿个，微生物数量大约是人类细胞的十倍。——译注
③ 火地岛位于南美洲的最南端，隔麦哲伦海峡（最窄处仅 3.3 公里）同南美大陆相望，面积约 48700 平方千米，原为印第安人奥那族等的居住地。夸阿纳是世界上最北端的偏远社区，生活着土著群体因纽特人。——译注

的生物。地球上广泛生存着蚂蚁、蜜蜂、白蚁、珊瑚、黏菌和裸鼹鼠这类群居生物，它们群居在一起，采用了个体联营的生活方式同心协力建设美好家园。得益于网络和社交媒体的普及，我们意识到我们每个人的身体内都热热闹闹地如同集市，也了解到我们人类之间是多么地紧密相连。大千世界，你中有我，我中有你。我们每个人类都是走动的超个体①，而且是独一无二的；混杂多种物种的超个体人类生活在一个巨大的超个体行星上，行星周围是无数的星系；星系中零零散散地分布着符合盖亚假说②的行星，这些行星上的生命形式可能也渗透进了数不清的"寄生虫"。

仅仅在过去的 10 年间，我们就绘制出了人类 DNA 的图谱以及微生物 DNA 的图谱，这是人类时代的一个奇迹。在追寻生命本质的过程中，我们发现人类作为一种生命形态所展现的真实图景——半渗透性的躯体内盘绕着一大群微生物和人类细胞，比我们想象的要混乱得多，也被我们大多数人忽视良久。2000 年，曾荣获诺贝尔奖的生物学家乔舒亚·莱德伯格③创造了"微生物菌群"（microbiome）这个词，并将其定义为"人体内服务型微生物的集群"。围绕人类基因组计划一直存在一些喧嚣的争议，对此，他直言："我们一定要研究我们人体内的和我们皮肤表面的微生物，并将它们看作人体的一部分。"

如果人类基因组计划在人类发现之旅上是里程碑式的壮举，那么人

---

① 超个体是具备单个有机体的许多特征，但又在生物组织的层级结构中比有机体高一级的一个群体。超个体的基本成分不是细胞和组织，而是相互之间紧密合作的动物，例如一个蚁群或蜂群，它本身就体现出与单个有机体近似的特征。——译注
② 盖亚（Gaia）假说由英国独立科学家詹姆斯·E.洛夫洛克（James E. Lovelock）于 1972 年首次提出，并经多次完善改进。这个假说认为地球就像一个超级有机体，生物演化与环境变化是耦合的过程，生物通过反馈对气候和环境进行调控，造就适合自身生存的环境。盖亚假说强调地球系统是一个有机整体，生命是全球尺度的现象，地球上没有孤立的生命。——译注
③ 乔舒亚·莱德伯格（Joshua Lederberg，1925—2008），美国分子生物学家，主要研究方向为遗传学、人工智能和太空探索。因发现细菌遗传物质及基因重组现象而获得 1958 年诺贝尔生理学或医学奖。——译注

类微生物组计划①则是基因制图史上的光荣时刻。美国国家卫生研究院（NIH）主任弗朗西斯·柯林斯（Francis Collins）认为人类微生物组计划可与"15世纪探险家发现新大陆"相媲美，这是一个巨大的胜利，将"以前所未有的速度加速传染病的研究"。

5年来，80所大学和科学实验室组成的联盟，取样、分析、审核了超过1000种与我们人类共生的微生物，并因此绘制出了"微生物菌群"——一个健康的成年人身上所具有的正常的微生物构成。目前，探索仍在继续，将在2016年取得第一批研究成果。

研究人员发现，我们每个人的体内都有数百万亿个微生物细胞——是人体细胞数量的10倍。深入研究并对比微生物基因后，他们意识到，人体从细菌那里获取了300万个基因——是人类基因数目的360倍。地球上存在的100多个大型细菌菌落中，有4个专门在人体内经营。这些细菌菌落与人体共生了那么久，人类的命运早已经和它们融合在一起，变得密不可分了。

这听起来很奇怪：大多数对人类生存有利的基因并不是来自摸索进化了几百万年的卵细胞和精子，也不是来自人类细胞，而是来自我们体内的"旅行者"——细菌、病毒、原生生物、真菌以及其他低等生物，它们依附我们人体——体内或者体表——进食、谋划、集结、生育、斗争，而且其数量远甚其他物种。所以，独自看电影的粟色头发女孩驱动的不是固态的躯壳，而是行走的生态系统，她本人可能会因为非法集会被逮捕，而细菌则无此顾虑。

研究人员也发现，我们所有人都携带能引发疾病的病原体和微生物。但是在健康的人体内，病原体不会攻击宿主，它们只是简单地和人类宿主以及其他如马戏团一般在人体内翻滚咆哮的微生物共存。所以，

---

① 人类微生物组计划是人类基因组计划的延伸，于2007年启动，它研究的重点是通过元基因组（微生物组）学的方法研究人体内（表）的微生物菌群结构变化与人体健康的关系。——译注

人类下一个需要攻克的谜团是——到底是什么原因导致人类死亡？这会改进我们对微生物和疾病的看法。

自从17世纪荷兰科学家安东尼·范·列文虎克（Antonie van Leeuwenhoek）利用自制的显微镜观察唾液以来，我们认识细菌将近350年[①]。列文虎克打磨制成的镜头发现了人类口腔中爬行、伸展、挣扎的单细胞生物体。他用多层镜头观察它们（列文虎克是一个狂热的显微镜爱好者，他自制的显微镜就超过500个），并将这些单细胞生物体命名为微生物（animalcules）。

19世纪，路易·巴斯德（Louis Pasteur）提出：对于人体而言，有益的微生物是至关重要的，失去它们将引发疾病。100年前，人类发现了尺寸更微小的病毒。那时，虽然我们已经开始驾驶汽车和飞机，虽然我们已经得知自己整天是在不同颜色的、游离的、有迹可寻的微生物群中呼吸、游泳和玩耍，但我们还不具备研究微生物的工具。一些微生物会搭乘沙尘飞度海洋；一些微生物会推挤进凝结核[②]，在云层化作雨或者雪降落。空气远非真空，空气就像土壤，也有斑驳轻颤的生命在悸动，所以，空气更像一个空中生态系统而不是云层传送带。

我们需要改变对大气的想象，大气不是荒凉的以太[③]，而是一个虽然大部分不可见但鲜活的生态系统。当我们透过透明辽阔的大气望向远方的小径或者天上的滚滚白云时，一览无遗，无任何遮挡，视野里看起

---

① 1676年，列文虎克在人类口腔中发现了尺寸较大的、新月形的微生物，并于1683年在文献中进行了描述。发现早期，人们将其认定为原生生物，从而命名为Selenomastix。直到19世纪科学家们才将其命名为"月形单胞菌"（Selenomonas，俗名Selenomonads）。——译注
② 凝结核是指物质由气态转化为液态或固态的凝结过程中，或由液态转化为固态的凝结过程中，起凝结核心作用的气溶胶质粒。地球气象现象中的各种降水现象的性质和规模大小都与凝结核的有无、凝结核是否充沛息息相关。——译注
③ "以太"一词是英文Ether或Aether的音译。古希腊人以其泛指青天或上层大气。在亚里士多德看来，物质元素除了水、火、气、土之外，还有一种居于天空上层的以太。在科学史上，它起初带有一种神秘色彩。后来人们逐渐增加其内涵，使它成为某些历史时期物理学家赖以思考的假想物质。——译注

来都是空洞的,然而其实是我们的眼睛略过了其中最小的"住户",这里确实存在一个洋溢着生命脉动的生态群落。天空是另一种形式的海洋,尽管我们有时会说"海洋般的大气",但我们想象的是贫瘠的气流,我们不会意识到它们其实是多么生机盎然。

当华盛顿大学的大卫·史密斯(David Smith)及其工作团队对从亚洲到俄勒冈州横越太平洋的两个大沙尘进行采样时,他们很惊奇地发现了成千上万种不同种类的微生物,以及其他气溶胶、尘埃颗粒和污染物。这些沙尘悬浮在地球上空,千奇百态,内里生机盎然。

在这个新的人类世中,人类的身体不再是一个悬于自然与环境孤立的客体,不再像力图避开障碍穿行世界的气球,而是与环境持续对话的有机体——只是生与死的对话如此细微,我们根本察觉不到。我们也真正地认识到人类在微观层面上是"拼嵌而成":人类分子碎片的起源能追溯到原始海洋中简单的单细胞"水滴","水滴"吞噬其他"水滴"进行生命交换以形成"成群结队"的大分子细胞;在数百万年的时间里,生命就以这种方式缓慢地、无序地进化着——融合某些性状、丢失某些性状。无论人类如何进化,也许我们的细胞仍然保留着早期海洋生命那"虚幻"的使命感——身体要作为"殖民地"与其他生物体共享,在这一点上,我们人类更像是变形虫或者黏菌而不是哺乳动物。我们开始去接受吉卜赛人的生命观:热带雨林、极地、海洋、草原和荒漠中生活着各种不同的生物,它们围绕着我们喧嚣不停(譬如,在黑暗的丛林中偷偷摸摸、伺机而动、互相突袭);山丘和河口、沼泽和寒冷的边远地带、排水沟和河流也给它们提供吵闹、欢宴的舞台。

因为叶绿体和人类细胞内的线粒体都起源于原始细菌细胞[①],所以,相比其他生物,人类自己的细胞内驻扎着更焦躁不安的细菌。细菌在人类

---

① 关于线粒体的起源,有一种说法是内共生假说,即线粒体来源于被原始的前真核生物吞噬的好氧性细菌,这种细菌和前真核生物共生,在长期的共生过程中演化成了线粒体。——译注

身上白吃白喝了这么久，它们已经丧失了独自存活的能力。同时，因为人类无法自行"哼唱"出处理代谢的"旋律"，而需要细菌的帮忙，人类身体不得不打开毛孔欢迎细菌进驻。作为杂食动物的人类，能忍受冰冻的森林和明亮炽热的赤陶大地，却缺乏部分消化食物所需的酶，所以，人类需要微生物的援手。这令我十分讶异——我们天生不足，狼吞虎咽后却无力自行消化，缺乏如此至关重要的生存技巧而须依靠细菌的"恩典"而活。

几十亿年前，原始生命开始在海洋地球上蓬勃发展，瞬息万变、成串成堆的单细胞细菌发现团队合作能够互利共赢，开始互相结盟。而那些更大胆的单细胞细菌则迈出了更勇敢的步伐——它们互相吞噬凝结在一起。只有通过这样的阶段，紫丁香、海洋鬣蜥、袋熊和人类才得以进化出现。随着多细胞有机体越来越复杂，被圈养的细菌逐渐适应新环境并不断发展，直至它们成为复杂细胞生物体内至关重要的"齿轮"。

进化生物学家现在的共识是，我们人类根本无法将"我们的"身体与寄居在我们体内的微生物分离开来，因为人体内的微生物在几百万年的时间里以微妙的方式篡改着人类作为一个物种的自然属性，以前所未有的力度影响着我们的健康和幸福。研究表明，微生物深刻地影响着我们的情绪、寿命、个性和后代。它们不仅影响我们的身体状态，还影响我们的外貌。当我们尽力地去感受完整的自己，会有很奇怪的发现：尽管大多数"我们"不可见，但世界上确有一个"人"，我们给"他"洗澡穿衣、管理着"他"的内心独白。人类星球为不可见的微生物提供了丰富多样的栖息地。

直到最近，科学界才确认，我们体内的微生物在多大程度上影响了我们的进化，这里的"我们"指的是"全部的 *mespucha*"，"mespucha"术语表达的是生物学上的"共生功能体"，来源于意第绪语①。"共生功

---

① 意第绪语是中东欧犹太人及其在各国的后裔说的一种从高地德语派生的语言。高地德语是南部德国、奥地利、瑞士的德语方言。高地指阿尔卑斯山和临近的德国南部山区。——译注

能体"不仅包括人体内的微生物个体,还包括所有它们在微观上的亲戚。一些微生物劫持我们的自由意志,改变我们的行为,甚至成为"游戏的制定者"。这个新的见解来自一项黄蜂研究。根据定义,同一个物种的成员才能交配、繁衍后代。但研究人员在研究几种宝石黄蜂(肠道内含有 96 种细菌)时,发现微生物能决定不同黄蜂物种之间的交配是否会成功。当两种不同物种的黄蜂交配时,它们的后代会全部死亡;但当研究人员改变了黄蜂体内的微生物,不同的黄蜂物种就能顺利地繁殖和生产杂交后代了。以前,我们都说这样的生育问题是基因导致的,但现在我们认为这其实可能是微生物所导致的。一群隐藏的"微生物诱变剂"[1]能迫使进化改道。

再一次回到昆虫世界。最近的果蝇实验显示:微生物可能通过另一种方式掌控宿主,而且细菌可能在我们的进化中发挥着至关重要的作用。特拉维夫大学分子微生物和生物技术系的伊兰娜·奇尔波－罗森伯格(Ilana Zilber-Rosenberg)和她的研究团队试图弄清楚微生物到底是如何控制贪欲者的性生活的。他们认为微生物也以相似的方式在控制着果蝇的旺盛性欲,并以果蝇作为实验对象,发现果蝇肠道内的细菌确实影响其对伴侣的选择。

培育在糖浆或者淀粉上的果蝇更喜欢和吃相同食物的果蝇交配。但当果蝇服用杀虫剂——杀虫剂能杀死肠道内的微生物,果蝇将不再挑剔,并与任何有意愿的异性果蝇交配。在果蝇的世界,有魅力的雄性知道如何跳出吸引异性的"舞步",但同时它们也有迷人的气味——果蝇体内的微生物会改良其费洛蒙[2]。无论是对于果蝇还是对于人类而言,爱情丘比特的气味是共生微生物为它们的大型宿主酿造的费洛蒙。气味

---

[1] 诱变剂是指那些能诱发基因突变的物理、化学或者生物因子。——译注
[2] 费洛蒙是指一种由动物体分泌出来且具有挥发性的化学物质,它可使同种动物在不同个体之间,通过嗅觉的作用而传递信息,产生行为或生理上的变化。简单来说,费洛蒙是一种交换信息的化学物质,不同于体内激素多是借由血液来传送至作用细胞或组织,费洛蒙则是借由释放至个体以外,在限定范围内影响其他生物体。——译注

在人类的求偶过程中——尤其是男性寻找伴侣时——占据支配地位。尽管男性很少挑剔伴侣的自然体味,女性却诸多不满并发展出了一句老生常谈的话:"没法气味相投。"

将修改过螺旋结构的微生物植入雌性果蝇体内,能改变其后代的基因,长此以往,一代又一代后,其后代甚至能褪去翅膀或者呈现出已退化的翅膀。奇尔波-罗森伯格指出,自然选择的对象不是单一植物或者动物,而是一种包含环境的生物,即宿主生物和微生物菌群——包括所有的寄生虫、细菌、真菌、病毒以及其他寄生虫。

果蝇之所以能成为具有吸引力的测试对象,是因为我们人类和果蝇拥有类似的交配行为,譬如,晚餐约会。最快钓到女人的方法是什么?忘掉丘比特之箭吧。根据妈妈的智慧,温馨的晚餐、芳香的美食、朦胧的氛围是哄骗女朋友到手的最佳途径。妈妈总是对的(天知道女人怎么知道的),男人就像果蝇一样(又有谁说他们有时候不是呢)。对于雌性果蝇而言,晚餐约会是最后的"匆促"交配时间。这里的"匆促"就是字面意思,因为果蝇只有25天的寿命,根本没有时间羞答答。生命短暂,死神很快就来临,这是果蝇的宿命。为了养活一大群新生的家族成员,果蝇需要便捷的食物供给。所以,雌性果蝇青睐吃相同食物的雄性配偶。不过,尽管一生如此短暂,但雌性果蝇仍然非常挑剔且操控欲强,雄性果蝇要有正确的心态。

在果蝇的求偶期,如果雌性果蝇认为雄性果蝇体内微生物分泌的香味是对的,那么雄性果蝇就会伸展开一个曼陀林①式的翅膀,为雌性果蝇演奏"小夜曲",接着雄性果蝇口齿交融地爱抚雌性果蝇(就像人类性交的前戏那样),雌性果蝇达到高潮,整个交媾过程持续20分钟左右。

甜蜜芳香的气味能让果蝇变得多情,也能让人类产生反应,因此,

---

① 曼陀林(mandolin)是琉特琴(lute)的变体。琉特琴主要指中世纪到巴洛克时期在欧洲使用的一类古乐器的总称,是文艺复兴时期欧洲最风靡的家庭独奏乐器。——译注

药剂师们将此归类为香水。就像昆虫扇动翅膀"吟唱"出求偶信号，许多中世纪的游吟诗人也使用曼陀林弹奏小夜曲，取悦女士，与之共进晚餐、颠鸾倒凤。还记得《弃儿汤姆·琼斯的历史》（*Tom Jones*）① 一书中，主人公琼斯攀爬在荡妇丰满但不再年轻的躯体上沉沦情欲，这一场景就发生在酒馆里吗？有趣的是，如果一只雌性果蝇秘密地成为一只"孤独"的变异体（更确切地说，一只突变的变异品种，即如果其他果蝇都是小珠子眼睛，拥有棕色眼睛的正常果蝇就是变异），那么这只雌性果蝇就是"不遵守规则"。人们将此称为"罕见的雄性优势"②。

　　果蝇在世人眼中的美也是来自于微生物对果蝇眼睛焦点的调整。我是否提到过一些果蝇具有魅惑的眼睛？我并不是指果蝇眼睛上那几十个"镶嵌面"，虽然这启发了人类发明嘻哈太阳镜；我指的是果蝇具有漂亮迷幻的眼睛颜色——实验室研究人员就喜欢赋予果蝇不同的眼睛颜色以更好地研究变异基因。作为康奈尔大学的研究生，我经常拜访生物实验室，欣赏尖毛果蝇、深茄色－黑色腹部的果蝇，但我最痴迷的是拥有棱镜般艳丽眼睛的果蝇——它们的眼睛非常漂亮，杏黄色、青色、砖红色、黄色甚至代尔夫特蓝色③。就像一名曾经的实验室助理被迷惑了灵魂，我的脑海总是萦绕着小小的果蝇眼睛，果蝇的拉丁文

---

① 《弃儿汤姆·琼斯的历史》是英国作家亨利·菲尔丁于1749年出版的第三部小说。弃儿汤姆·琼斯虽然侠义勇敢、乐于助人、心地善良，但极其荒唐轻佻。在男女关系上，琼斯十分轻率，不能控制自己的情欲和行为。——译注
② 决定果蝇眼睛颜色的基因在 X 染色体上，是一个非等位基因（只由单个基因控制）。果蝇的眼睛以红眼为显性性状，白眼为隐性性状。如果一个雄果蝇（XY）X 染色体上的红眼基因发生了破坏性的突变，那么它就不能表现出红色眼睛而是白色（或者橙色、棕色等）；如果是雌果蝇（XX），若两个 X 染色体上的红眼基因都发生了突变，就表现为白眼（或者橙色、棕色等），只有一个 X 染色体上的红眼基因发生突变，则仍为红色。所以，这是"罕见的雄性优势"。此处"不遵守规则"的雌性果蝇指的是两个 X 染色体上的红眼基因都发生了突变。——译注
③ 该颜色取自"代尔夫特蓝陶"——荷兰能工巧匠自300多年前对中国青花瓷的模仿，如今已经成为荷兰国宝。——译注

名字也总是旋律般突至：*Drosophila melanogaster*（可诗意地译为"黑腹饮露者"）。因为果蝇在天气闷热（27.8℃）的情况下繁衍旺盛，即使纽约的冬天冷得令人麻木、胡子和手套凝结成块、人行道可做平底雪橇滑道、学生不停地呼出白气，康奈尔大学的实验室也能为学生提供温暖的实验场所。

生物学家最期望的是窥视人类自然属性中黑暗的角落，果蝇拥有一切便利的研究条件：它们很容易饲养，在出生8~12小时后就去寻找配偶，一天就可以产100颗卵；而且果蝇拥有70%的人类疾病基因——特别是与帕金森氏症和阿尔茨海默氏症这样的神经退行性疾病相关的疾病基因。然而，果蝇也是狡猾的。在果园或实验室中，一只雌性果蝇与一只雄性果蝇交配，倘若这是雌性果蝇生前最后一次交配繁殖，那么它将产下比之前总和都要多得多的后代。雌性果蝇是基于雄性果蝇的求偶天赋和气味，经过大量的尝试后最终选择了这只雄性。大多数动物——从松鼠到蜘蛛——都是如此：雄性追求雌性、雌性作出选择。即使是最低等的果蝇，都可以在伴侣选择上挑剔无比。

果蝇、知更鸟和黑猩猩族群在求偶的过程中会习惯性地向求偶对象奉献食物——这体现在人类身上就是晚餐约会。在这个过程中，动物体内的微生物也能进行一次美味的野餐。只是在我们沙文主义、吾非动物思维的影响下，这些人类和其他动物的共同点都被隐瞒了。但这会造成什么伤害呢？每年夏天，成群结队的日本甲虫会进行一个类似的饮食计划：在陆地上，它们将玫瑰叶子啃食得千疮百孔；在陆地下，它们钻深将植物萌芽扫荡一空。每当此时，园丁就会发现，这种彩虹色的甲虫会成对成群地栖息在最美味的鲜花上，一边进食一边交配。当然，古希腊人和罗马人就是因为喜欢平躺着一边进食一边观看比赛而创造了"狂欢"（orgy）这个词，"狂欢"——充满了音乐、食物、交谈、酒精和性的宴会——能让参与者从心理到感官都充满了愉悦。就像智者所说："鸟儿这么做，蜜蜂这么做，即使有教养的跳蚤也这么做。"狂欢并不会带来任何伤害，倘若引发微生物共享（譬如性），却能使人冲动、癫狂甚至死亡。

另一个影响人类健康的元凶是虽司空见惯实则影响很大的寄生虫。老鼠、猫以及其他哺乳动物也饱受寄生虫的折磨,近期科研人员已开始对此进行深入研究。刚地弓形虫(Toxoplasma gondii)这种特别有害的寄生虫就是沿着自然界的边缘——人类和野生动物混杂而居的边界——传播的,并随着全球人口数量的增长而不断膨胀。食用未煮熟的袋鼠肉就会感染上刚地弓形虫。最近,欧洲批准了人类可食用袋鼠肉,虽然在法国袋鼠肉很少见,但可以预见的是弓形虫感染案例会大暴发。由于猩猩主要吃素食,布迪可能不会感染弓形虫,但动物园里的非人类灵长类动物食用了感染弓形虫的羊肉后也会成为弓形虫携带者。或许最令人惊讶的是,病菌会通过人造气候变化扩展其势力范围。随着东北欧的冬天更温暖、更潮湿,更多的病菌能幸存繁衍,也有更多的宿主物种能生存。事实上,刚地弓形虫也许是气候变化的隐形伙伴。

什么会让老鼠觉得猫具有吸引力呢?是鬼鬼祟祟的快滑舞步吗?是指挥棒一般的胡须吗?是新月形的瞳孔吗?是让老鼠钉在原地的凝视吗?只有鲁莽的老鼠才会去讨好一只猫。然而,感染弓形虫的老鼠会如此,它们在行为上戏剧性地变得十分诡异,看见猫就会激发性欲。因为弓形虫只能在猫的肠道中繁殖,所以弓形虫从老鼠身上转移到猫身上就需要依靠杰出的策略;尽管弓形虫缺乏脑力,但它还是想出了一个办法:劫持老鼠的性欲。老鼠会在闻到猫味时感到害怕,弓形虫"诱骗"的老鼠也不例外,但它们同时也会在猫的"致命诱惑"中兴奋起来。所以,老鼠面对猫这种复杂得难以应付的对象时,会简短地颤抖,然后就消失不见了——被猫饱餐一顿。但原生动物界[①]的弓形虫依然沿着它神

[①] 原生动物(protozoan)是一类缺少真正细胞壁、细胞通常无色、具有运动能力并进行吞噬营养的单细胞真核生物。它们个体微小,大多数都需要显微镜才能看见。它仅仅具有一个细胞就可以完成全部生理活动,最直接的是草履虫。除本门动物外的其他所有动物全部统称为后生动物;这是动物界最原始的一门,由单细胞所组成,故有时也称它们为单细胞动物。——译注

奇的生存轨迹活跃着。正如人类性行为或者黑色电影①表现的那样，即便事先存有忧虑或恐惧，仍会飞蛾扑火般地奔赴欲望之所。

猫再次出击，捕食受感染的老鼠，奇怪的"催眠大师"（弓形虫，会诱骗宿主）则会借此良机繁衍旺盛。只有猫能将弓形虫的历程更跨进一步，但其他动物有时也会在不知情的情况下摄入弓形虫卵，因而成为宿主②而致命。感染弓形虫的女性比未感染者的自杀率更高。有些研究认为精神分裂症与弓形虫有关。孕妇接触弓形虫会影响胎儿，导致胎儿产前死亡或者产后罹患精神疾病。根据牛津大学研究人员的报告，孕妇感染弓形虫将使得胎儿长大后罹患多动症且智商偏低。这就是为什么孕妇被警告不要去清理猫砂、整理猫窝。基于某种原因，感染弓形虫的孕妇生产男孩的概率是女孩的两倍多。

但是这些老鼠与猫二元关系的新发现只是一个开端，人类因此开启了充满讽刺和阴谋的"奥威尔传奇时代"③。在世界范围内，科学家们提出了许多让人瞠目结舌甚至毛骨悚然的问题。动物经常被用于研究测试人类药物，如果弓形虫能奴役老鼠的思维，是否也会改变人类的本性呢？如果攀岩和换工作并非你的本意，而是外星生命的恶作剧在你头脑中形成的鬼影呢？弓形虫是路怒症的罪魁祸首吗？弓形虫让总统候选人的联络人变得轻率会导致什么结果？弓形虫让国家元首作出鲁莽的决定会怎么样？单一某只寄生虫就能改变人类历史的进程吗？

所以，如果突发奇想不再只是心血来潮，会怎么样？就好像我们人

---

① 黑色电影（法语：Film noir）是电影界用语，多指好莱坞侦探片，特别是强调善恶划分不明确的题材。黑色主要用来描述该类晦暗、悲观且愤世嫉俗的风格。这类电影通常将背景放在犯罪舞弊丛生的底层社会，亦正亦邪的角色被过去羁绊、对未来欠缺安全感。——译注
② 原文中使用的是"终宿主"（end hosts）一词，但弓形虫的终宿主（成虫或有性生殖阶段寄生的宿主）只有猫。作者本意可能指的是其他动物会因摄入弓形虫卵成为弓形虫宿主而致死，但弓形虫无法在除猫以外的其他宿主体内繁殖，用"终宿主"一词不太适合。——译注
③ 乔治·奥威尔，英国著名小说家、记者和社会评论家。他的代表作《一九八四》刻画了一个令人感到窒息和恐怖的，以追逐权力为最终目标的假想的极权主义社会。——译注

类看似有自由的意志,其实却存在一个微不足道的傀儡师(可能是寄生虫)操纵着几十亿人?在很长的一段时间内,这只是哲学家和神学家争论的战场,后来,学者也开始讨论,神经学家也加入了战局,现在大量的寄生虫学家也参与了进来。

当布拉格查尔斯大学的雅罗斯拉夫·弗莱格(Jaroslav Flegr)研究人感染弓形虫的案例时,他发现了清晰的趋势和令人惊讶的性别差异。女性感染弓形虫后会花费更多的钱在衣服和化妆品上,且更轻浮滥交。男性感染后无视规则、好勇斗狠、热爱冒险,且容易妒忌。无论是男性还是女性感染后,因冲动或者反应迟缓涉及交通事故的概率均增加了两倍。

老鼠有癖好和品位。人类肯定也有,而且还有情感和梦想。但思想倾向其实并不重要。所有的恒温哺乳动物都会对激动、期望和奖励——特别是有冲击力的快感——作出反应。科学家认为,哺乳动物作出许多奇怪的行为变化,是因为弓形虫攻击了其大脑的多巴胺①系统。依照斯坦福大学神经学家罗伯特·萨波斯基(Robert Sapolsky)的解释:"弓形虫基因组里有哺乳动物产生多巴胺的基因,因此会改变感染者体内的多巴胺水平。这听起来很不可思议——一个卑微的微生物竟然是高等动物体内多巴胺奖励机制的一个变数。"弓形虫攻击多巴胺系统时,会重新布局以利于其后代繁衍,即使这意味着宿主会因此死亡。另外,可卡因和其他兴奋剂也使用了相同的多巴胺系统。

"这种原生动物寄生虫比 25 000 名神经学家更了解神经生物学中的焦虑与恐惧,"萨波斯基补充说,"而且这并不罕见。看看狂犬病病毒,它对攻击性的认识比神经学家更充沛……它知道如何让你去咬人,从而将唾液中的狂犬病病菌传播给下一个人。"这是无智的单细胞生物所挥使的基因武器,非凡且强大。

---

① 多巴胺是一种神经递质,主要负责亢奋和欢愉信息的传递,因而被认为是大脑的"奖赏中心",人们对一些事物"上瘾"也主要源于它的作用。——译注

海洋哺乳动物和鸟类会通过水流和气流传播寄生虫。我们有多少人即使无意愿也变成了寄生虫的宿主呢？根据疾病控制和预防中心的报告，美国境内检测出弓形虫呈阳性的健康成年人占10%～11%，而真实数据（大多数人没有参与测试）估计达25%。科学家估计，在爱猫人士遍布的英国，半数人口感染了弓形虫；在以半熟肉食作主食的法国和德国，这个数据达80%～90%；而在人人喜爱吃半熟肉食的国家，几乎所有人都会无意识地被感染，被弓形虫"操控"，孩子也难逃厄运。

根据悉尼科技大学传染病研究员尼基·博尔特（Nicky Boulter）的研究，共有800万澳大利亚人感染弓形虫，而且"受感染的男性智商低、教育水平低、注意力持续时间短"。他们也更喜欢打破规则、更爱冒险、更独立、更反社会、多疑、妒忌心重、性格阴郁，而且缺乏异性吸引力。

"另一方面，受感染的女性更外向友好、更滥交，与未感染者相比更有异性吸引力。简而言之，弓形虫能使男人像街头野猫、女人像性感小猫。"

怎样才能让人认同一个观点呢？广告宣传，组织压力，经济收益，或者说领导的魅力？如果一个真正的恶棍、投机分子喜欢干扰你的思维，会怎么样？一些研究人员推测，地球上三分之一至一半的人类大脑感染了弓形虫。而弓形虫只是寄宿在人体内的众多微生物中的一种。有些寄生虫能误导人类，那有没有可能文化差异只是在于我们感染这种寄生虫的程度有所差别呢？美国地质调查局的寄生虫生态学家凯文·拉弗蒂（Kevin Lafferty）也认可这种文化特性上的生物理念，他认为：至少"自我意识、金钱观念、物质财富、工作和规则"可能反映了人体血液中的寄生虫数量。

如果你正竖起眉毛死盯着你的虎斑猫，其实没必要如此惊慌。因为即使是看不见的独裁者也能被废黜——感染弓形虫后，用抗生素治疗效果极佳。不管怎样，相比家庭剧、药物、电视、大学、天气、爱、表观遗传学和其他因素在人类行为中的影响，弓形虫的影响会更大吗？实际情况是，弓形虫可能只是众多影响因子中的一种。毕竟，我们每天都饱受多种事件和因素的影响，它们也正通过不可估量的方式一步步地改变着我们。并非所有的猫主人或者鞑靼牛排[①]食用者体内都潜伏着弓形虫。只有与某些其他微生物共存时，弓形虫才引发环形变化[②]。但你如何从微生物的"舞步"中看出"舞者"的身份呢？

  花园里所有的植物和动物体内都有其独有的微生物"居民"——既有险恶用心者，也有共生合作者。现在的科学家们尚且需要一些时间去适应这个重大的理念革新，但未来的科学家们将从年少时就开始了解微生物并对其加以利用。在卫生医学领域，人们将重点关注人体生态系统——在人体内，所有的人类细胞、真菌、细菌、原生动物和古生菌共存共生，虽然凌乱但会互相配合。

  在我小时候，科学家们仅仅是在实验室的小培养皿中培养微生物，且均是令人厌恶的微生物。但在最近十年的时间里，我们开始关注大型拼嵌体[③]，我们甚至开始考虑用微生物去精确地改善地球环境：在野生动物益生菌的帮助下解决濒危种的健康问题，利用细菌驱逐入侵物种、净化被污染的地下水，用贪吃油脂的微生物清除泄漏石油以及使用微生物帮助未施肥的土壤更快地长出更强壮的作物，以便养活更多的人口。

  仅就人类基因组计划内的基因来说，如果研究人员能识别出大多数人类携带的核心微生物，那就会更容易探究出是哪些微生物促成了具体的哪些人类疾病。这提供了一个抗击疾病的新阵地，一个比修改染色体更容易操纵的方向，比移植器官（心脏或者肝脏等）更安全的干预方法。

---

① 鞑靼牛排是匈牙利和德国部分地区的一种传统菜肴。其实就是生的牛肉馅饼。——译注
② 80%的弓形虫集中于感染者的大脑，并在强化CT后呈环形或结节状增强（占90%以上病例，可能与血管增生有关）。——译注
③ 前文认为，人类在微观上是由原始海洋细胞"拼嵌而成"，当然，其他动物植物也是如此。——译注

最新的研究表明，一种单一的病原体不足以诱发疾病，疾病都是由多种不同微生物结盟引发的。斯坦福大学的传染病专家大卫·雷尔曼（David Relman）说："真正的致病因素是'同盟'。"这催生了一种理解疾病的新方向——"医疗生态"，即认为"微生物同盟"是人类健康的关键。在过去，我们认为所有的细菌都是十恶不赦的，是看不见的恶魔，我们必须全力阻击细菌的传播。自第二次世界大战结束以来，人类发明了抗生素，这个超现代的清洁产品帮助人类横扫细菌。但最近，埃默里大学的神经学家查尔斯·雷森（Charles Raison）和他的工作团队在《精神病学档案》（*Archives of General Psychiatry*）期刊上发表了最新研究成果，他们认为越来越多的证据证明：我们这个充满了消毒、超净、抛光铬的现代世界是抑郁症（尤其是年轻群体）高发的关键原因之所在。从远古时候开始，我们人类就与许多微生物建立了联系，它们在我们的肠道、皮肤、食物和土壤中扮演了重要的角色，但这些在现代世界都丢失了；因为缺失了这些微生物，我们也就再也无从得知哪些是能抵御炎症的有益菌。雷森说："从远古时代起，良性微生物——有时我们称它们为'老朋友'——就教会了免疫系统如何容忍其他有害的微生物，这个过程本来应该能减少许多现代疾病——从癌症到抑郁症——的炎症反应。"他提出了一个问题："我们是否该基于标准、有目的地再接触良性环境微生物呢？"

婴儿出生时是一张白纸，却不是完全无菌的。至少，胎儿在污垢和碎屑围成的母体环境中就选择了部分有益菌；婴儿由产道挤压出世时，包裹着他的也有妈妈体内的有益菌——包括消化奶水所必需的约氏乳酸杆菌（*lactobacillus johnsonii*，一般认为是肠道细菌而非阴道细菌）。我本人是喝配方奶粉长大的，但是母乳喂养的婴儿拥有更强壮的免疫系统。因为一般而言，母乳是婴儿的最佳营养源，母乳中包含了超过 700 种异常活跃、增益健康的细菌。研究人员正考虑将母乳捣碎加进婴儿配方奶粉，以预防哮喘、过敏以及如糖尿病、湿疹和多发性硬化症这样的自身免疫性疾病。

因此，医生越来越接受精准医疗的理念，即基于每个病人个体已获得的基因群——体现在人类基因组、表观基因组和微生物基因组上——量身设计治疗方案。医生也不会再乱开抗生素处方（即使抗生素可能真的有用），而是释放充足的有益菌来排挤病原体。以前，我们认为细菌都是有害的，总是"保护"儿童免受细菌的影响，然而有些大胆无畏且数量庞大的细菌却是儿童的救星。

倘若病人的肠道菌落被抗生素扫清，那么该病人将成为艰难梭状芽孢杆菌（*Clostridium difficile*）的猎物，这是一种狡猾的、投机取巧的有害菌，能导致病人患上严重的腹泻、身体衰弱。一旦宿主被艰难梭状芽孢杆菌入侵，就很难驱逐它们、恢复有益菌。一个似乎有用的治疗方法就是利用健康人的粪便对病人进行粪便移植（这个场景不容细想），即将充满了有益肠道菌的灌肠剂重新灌入患者肠道内，物竞天择适者生存，病原体不堪一击，有益菌获胜，从而占领肠道。

凯西·拉蒙思（Kathy Lammens）是一名全职妈妈，她有4个孩子，当她发现9岁女儿的结肠病可能导致结肠瘘袋时，她开始寻求替代疗法。做了许多研究后，她决定自己在家里动手做粪便移植，连续五天一个周期。第一次粪便移植24小时后，女儿所有的症状都得到了改善。现在，凯西成了一名忠诚的粪便移植信徒，在YouTube上挂出了自助粪便移植指导视频[①]。

一项研究显示，患自闭症的老鼠与没患自闭症的老鼠体内含有不同的肠道微生物，而且微生物会将能致使行为改变的分子渗透进身体和大脑。但是研究人员发现，给老鼠注射一定剂量的有益菌脆弱拟杆菌（*Bacteroides fragilis*）能缓解自闭症症状，接下来科研人员会将此应用于人类临床试验。另一项研究表明，如果心脏病人蛋白质补充不足，有益肠道菌迟缓埃格特菌（*Eggerthella lenta*）会窃取对病人十分重要的心脏兴奋剂——地高辛（digoxin）。

---

① 自助粪便移植请查阅网址：https://www.youtube.com/watch?v=xLIndT7fuGo。

在看不见的微观世界里,因为全球变暖,更多的微型"海盗"(微生物)得以翻山越海、播撒不幸。非洲和南美洲的蚊子能飞至更北的地方,传播登革热、疟疾、西尼罗河病毒①和黄热病,越来越多从未接触过这些病菌的人群也加入了感染者的行列。使用杀虫剂喷洒衣物和寝具都无济于事,所以,每年都有数以亿计的人群感染。密歇根大学微生物学家奚志勇②采用了一种新颖的方法解决此问题,即重建微生物菌群。蚊子十分钟爱沃尔巴克氏细菌③,却在携带登革热和疟疾病原体后完全失去了沃尔巴克氏细菌,于是,他试着给蚊子注射了同一个遗传菌种的沃尔巴克氏菌,果然,蚊子第二代及其后代都不再携带登革热病菌,这种性状得以遗传下去。

一种卑微的微生物可能在某个人类的人际交往和事业发展中扮演重要的角色——想一想都会觉得这是一件十分有趣的事。诚然,这提醒我们没有哪种生命是简单或者无聊的。再想想,到底要用多少根"线"编织出一个稍纵即逝的想法,用多少想法编织出一种渴望?这也提醒我们:无论尺寸几何,地球生物都凶猛且美丽,地球生物都具有难以想象的复杂性;地球生物虽然惊人地脆弱,但也强韧耐久,充满自我延续的能量("生命")。所以,大自然并不需要人类绞尽脑汁地编造出改变世界的策略。

当我看向院子里时,我为大自然的细节魅力所征服:木兰树上绒软的蓓芽在春风中慢慢膨胀;草坪上的冰雪融化,留下数百只草毛囊;长

---

① 西尼罗病毒最初是 1937 年从乌干达西尼罗地区一名发热的妇女血液中分离出来而被发现的,因此得名为西尼罗病毒。以后在以色列、法国、南非、阿尔及利亚、罗马尼亚、捷克、刚果、俄罗斯、美国都有过西尼罗河病毒感染的暴发,患者表现为脑炎。该病毒呈现了清晰的由热带至温带的传播趋势。——译注
② 奚志勇,中山大学—密歇根州立大学热带病虫媒控制联合研究中心主任、美国密歇根州立大学微生物和分子遗传学系终身教授。——译注
③ 研究表明,沃尔巴克氏菌可阻止登革热病毒在蚊子体内复制增殖,并能通过人工手段实现与蚊子的共生,进而让蚊子失去传播登革热的可能。——译注

弧形的野生树莓藤上覆盖着淡紫色的粉状冬季罩。但我同时也惊叹于与万事万物"同谋"的万事万物（微生物）。现在，我看着自己的手，查看生命线、长半岛状的手指、手指尖端上小小的螺旋图。我将它看成了一个整体，这是一只手；但同时我也知道，我看到的"手"只有十分之一是人体细胞，剩余的都是微生物细胞。

说到底，宿主及宿主身上的寄生虫都是丰富多样的。表面上看，宿主体内的微生物都在到处游离、制造臭气，但世界上没有一模一样的宿主内微生物菌群。当我们吃饼干时，饼干屑会掉落；当我们在更衣室里洗澡时，洗澡水会飞溅；当我们热情地接吻时，唾液会交换，我们会因此改变体内的微生物种类及其分配比例，然后我们也会迅速地适应。所以，有些疾病可能真的是遗传的，但带来疾病基因的却是细菌。你想想看，对于进化的一些主要节点而言，譬如人类发明语言或者具有探险意识，只要一个男人 Y 染色体上的一个基因改变就已足够。通过一代又一代人的积累，就会在整个文化氛围中创造出一种倾向或者趋势，而这又完全取决于狂热微生物的快速游离。

也许，这也会提醒我们真实的个人在细节上是多么丰富多彩、充满了拼嵌的偶然性，也令人迷惑。一个朋友微笑着朝我们走过来，这个人有点古怪却很可爱，我们认识他，我们预想他会来，我们一起和这个人打招呼。然而，实际上，每一个"我"都不是孤立的，而是一个"我们"——数不清的细胞和微生物在勉勉强强地彼此黏附、维持平衡状态。其中一些是不可见的，它们——原生动物、病毒、细菌以及其他流浪微生物——种类繁多而且可能会成为"诱变剂"。但我知道地球上的生命总是比我们想象的要更陌生、更精细，所有看得见的生命形态和看不见的生命形态都同样充满了活力和神秘色彩。

你的人生故事是从哪里开始的呢？世界从什么时候开始塑造你的个性、铸造你的命运呢？出生的时候，还是被孕育的时候？在受孕的那一刻，你母亲和父亲的 DNA 融合在一起，难道就是在此时，凭借一副古老的基因卡①就随机将母亲或者父亲的性状分配给了你？或者更早，在你父母约会之前？或者比你的父母遭受家庭教育、肥皂剧、环境压力和人生抉择的考验时期还要早？我们的基因组只是我们传奇故事的一部分，表观基因组是另一部分，像鸟儿一样在人类身体屋檐下唱歌的微生物是第三部分。这三部分一起极大地丰富了我们体内的未知领域。人体在运行的过程中，有时会像头条新闻那样喧哗，但更多的时候是像在玻璃上滑动的蚕丝一样无声无息。而我们如何与我们的自然属性相关联，却不停地发生着微妙的变化。

---

① 基因卡（GeneCards）是指基于已知的或者预测的人类基因提供基因组、蛋白质组、转录组、遗传和功能信息的人类基因数据库，该数据库由以色列魏茨曼科学研究所的人类基因组中心开发和维护。这个数据库的主要目的在于可以提供目前基因方面生物医学信息（包括人类基因、编码蛋白以及相关疾病）的快速搜索。这里使用的是"基因卡"的引申意义，即自然所具有的所有"基因卡"信息。——译注

结论：悸动的心，人类世思维（再论）

  40 年前，美国宇航局（NASA）拍摄了第一张地球全景图——"蓝色大理石"照片，让我们大开眼界，第一次认识了整个地球的形象。40 年后，NASA 拍摄了"黑色大理石"照片，再次令世人震惊，却是以不同的方式：它清晰地反映了人类在地球上的足迹。我们是地球上有史以来最与众不同的动物种类，我们建造了一个全新的地质时代。尽管我们在日常生活中需要尽力对付的曲折比任何生物都要多，但我们总能苟全性命、改造自己、改造世界。相比勇敢无畏的人类祖先，我们现在居住在一个脑电波密集的星球上。地球上的人类不仅正处于壮丽的信息时代，也正经历着有独创性的可持续性革命、制造业上的高级 3D 技术革命、激动人心的身体认知革命、不可思议的纳米技术革命、感官附件上的工业革命以及仿生科技革命，也面临着动物大规模灭绝的危机，也正对气候变化的种种迹象感到担忧。这就是我们如今身处的"新常态"。

  我们对自己的了解非常全面，我们知道如何改造人类、改造其他生物甚至改造地球，这也令我们十分兴奋。当然，人类时代不仅仅如此而已。在这个时代，我们第一次认真观察这个星球上交错舞动的生态系统，包括陆地生态系统、天空生态系统、海洋生态系统、社会生态系统甚至人体生态系统。在这个时代，我们认识了人类的造物主——疯狂的分子。

由于人类在神经科学、遗传学和生物学上的研究成果颇丰，我们对现代人（Homo sapiens sapiens）的生活和时代也有了更深的了解和认识。但随着"我代"让位于"我们代"，我们在现实社交中越来越无法放轻松，也越来越意识到现实对我们的束缚。

我们人类有许多无法轻松言明的共同点：在无边无际的宇宙中，有一个巨大的星系，星系里有一个小星球，星球上有一个小小的生态位①，生态位里存放着人类的遗传密码；原始生命时期，地球上只有思维淡薄且模糊的生物，它们抓住稍纵即逝的进化机遇，经过缓慢的、不明确的、神秘的进化历程，最终进化成了人类；人类处于食物链的顶端，享受着从未被正确认知的奢侈生活，人类对激情和恐惧也都有着相当的认知能力。尽管我们有非凡的发明能力、敏锐的感官和专业的技能，我们却仍感觉无聊——这很令人震惊却是事实，于是我们将短暂的生命投入让自己看起来更有趣的活动中。在这个我们共同生活的世界里，我们的感官异常地流光溢彩：从上个时刻到下个时刻，清风吹拂干裂的嘴唇，我们就会忘记苦差事；每日都有人表现那些小而不起眼的美德——父母仁慈，爱人勇敢；我们喜欢那些拥有美德的电影明星、体育明星和政客，喜欢登上月球的尼尔·阿姆斯特朗（Neil Armstrong），喜欢晚年定居佛罗里达致力于用麒麟草制造出橡胶的托马斯·爱迪生（Thomas Edison）。我们共同生活在一个躁动不安、充满活力、永远令人惊叹的宇宙之中，不论你是出生在火地岛还是出生在斯瓦尔巴特群岛，都必须遵守复杂的宇宙法则。

虽然我们不是每个人都知道自己的胰腺位于身体的哪个部位，且大多数日子里都被世俗事务困扰，但我们每一个个体都是阳光锻造出来的化学囊，都能以自己的方式审视彼此。当我们在派对上或者在大街上相遇时，会觉得彼此十分陌生。当我们一起孤独地身处一个电梯之内时，

---

① 生态位（ecological niche）是指生态系统中的一个种群在时间、空间上所占据的位置及其与相关种群之间的功能关系。——译注

当我们遇到了举止不当的人时，总是不能直视对方的眼睛。

是时候让我们认识到自己的性格特征了——当然不是作为个体的性格，而是作为一个物种的性格。我曾听说一件事：一位女士住进了一家酒店，她进入自己的房间，认定自己不喜欢灯顶上的小尖灯饰，打电话给前台，要求酒店更换。这也许听起来过于吹毛求疵，但我们人类这个物种确实具备"修补和干预的性格特征"，而且这是我们性格中很重要的一点。另外，我们也不能离开环境而独活。所以，让我们坦率地承认我们是地球上的干扰物种吧！我们总是焦躁不安、容易无聊并且喜欢将每一样东西都变成可消遣的对象，变成流行的时尚，变成供享乐的玩具。我们人类，笨拙，不成熟，容易分心，容易草率，而且我们讨厌反省自己。虽然并非本意，但我们几乎涉足了世界上所有的自然之境，阀门在溢漏、家具在磨损、旧玩具在撒播、垃圾在堆积，普遍存在的泄漏和污染使我们的地球家园陷入了困境。

我想我们能作出补救、改善此种境地！首先，我们需要在政府层面制定系统性政策，用可再生能源替换化石燃料；接着，在基层组织和全国范围内推广普及绿色建筑；最后，个人也应该做力所能及的事——回收垃圾、循环利用物质以及上班时以步代车。

在工业时代，我们兴奋地发现我们能以我们想到的任何一种方式掌控任何一处自然界。在人类世时代，热爱冒险的人类总是坚持不懈地解决各种疑难问题，我们能设计出器械帮助最脆弱的人适应生活、能设计出长远的解决方案减缓全球变暖。面临气候变化的困境，我们召集聪明人、想出了许多另类的解决方案。我们讨论如何适应环境，并将视线投放到了古代人类的身上，因为人类祖先曾凭借强大的环境适应能力在几千年的时间里从赤道呈扇形扩散至极地。

我们能让未开化的婴孩存活，带着纯真、玩兴和好奇感成长为有责任感、有爱心的成年人。但当我们从不同的角度去认识自己，就会发现——作为一个年轻的物种，我们因为英勇卓越同时受到了祝福和诅咒。我们不应该继续忽视或者掠夺大自然，而是应该改良自然界中的人类居所。

大自然是人类的母亲,但是母亲日渐衰老、逐渐依赖我们。作为孩子的我们则变得愈加自立,因此我们想要重新定义与大自然母亲的关系。我们仍然需要她,仍然要依附她,仍然在她的桌子上寻找食物,仍然在她飘逸的裙子里寻找避风港湾。我们也许不崇拜大自然母亲,但我们爱着她、尊重她,着迷于她的神秘,为疏远她而焦虑,害怕她的恶劣情绪,失去她我们根本无法存活。随着我们越来越敏锐地意识到真实的大自然是多么地脆弱,我们开始去认识她的极限,并意识到她是多么地慷慨,我们也正试着成长为爱护她这个看护者的角色。

基于化石记录才是合法"金钉子",我完全同意将我们这个时代重新命名为"人类世",因为它强调了我们对这个世界的巨大影响。我们是做梦的铁匠,我们是奇迹的制造者。我们这个物种拥有遍布全球的能力和惊人的天赋,我们成为一个奇迹。这是一个必须承认并可以歌颂的壮举,这让我们骄傲,让我们讶异。"人类世"这个名字也让我们意识到我们活动在一条长长的地质时间尺度上。我希望这个意识能促进我们仔细地思考历史、思考未来、思考我们在地球上度过的流年,思考我们能留给子孙后代的遗产(充满新鲜水和新鲜空气的储藏室),以及思考我们期望如何被世人铭记。也许我们还需要思考我们想要成为什么样的人、我们想要生活在什么样的世界里以及我们想要如何设计人造星球?

可以肯定的是,我们作为个体的肖像会保存一段时间——保存在书中、在网络上、在视频里。但是我们作为一个物种,遥远未来的人类只能依靠地球本身的化石记录来认识我们。化石会讲述一个冻结在时间带里的故事。关于我们,它会说些什么呢?

我们走在自己的岔路口上,处于一个巨大的转型期,我们的周围是人类时代的奇迹和不确定性,背后是万古的地质历史,前面是迷雾笼罩的未来。

虽然这个想法很令人惊讶,但我们此时确实控制着我们能留给子孙后代的东西。我们不是被动的，我们不是无助的。我们是地球的推动器，我们能成为地球的修复者和地球的守护者。我们仍有时间，有才智，我们还有很多选择。就像我开始说的那样：我们犯了诸多错误，但我们的想象力是不可估量的。

从宇宙大爆炸到万事万物诞生、发展，从看不见的遥远宏观到看不见的细微微观，每个人每天都应该至少停下来一次去赞美人类和大自然的鬼斧神工，去歌颂辣味浓汤炖肉、下午茶和饼干，去歌颂摇摆不定的记忆力、冷淡或幸福的情绪和夏日里的小小担忧，去歌颂科学家们致力于探索真相，去歌颂老父亲的声音雄壮得可以拉雪橇，去歌颂春季以每天13英里的速度向北平移这样常见的奇迹，去歌颂冰雪堡垒，去歌颂后翼上长假眼睛的飞蛾，去歌颂弹跳能力出众的麻雀，去歌颂红脸章鱼，去歌颂升起的满月，去歌颂遥远夜空上的太阳，去歌颂红雀在春日里吹奏的求偶剧。地球上每一个裂缝中都存在着生命，它们围绕基本的生命主题不断演化，演化成脚趾有黏性的树蛙、背上有卵袋的囊蛙、颜色鲜艳的毒蛙、通过摆动脚趾掠食的青蛙、通过窥望捕食的青蛙，等等，等等。

早期智人时代（Archaic）：人类拥有一个"我们对它们"的心态——自然即是敌人，并且认为人类不属于动物王国（人类会主动出击，动物只会被动承受）。

人类世（Anthropocene）：大自然包围我们、渗透我们，还把我们列为自然的一部分。在人类生命的最后阶段，大自然把我们当旧玩具一样打乱拆卸、放逐到"地下室"。那时，曾经作为生灵的我们将恢复到无生命的元素，但我们仍然是且永远将是大自然的一部分。

致 谢

非常感谢出现在这本书中的那些善良的人，他们非常仁慈地邀请我参与到他们的工作和生活中，他们是：赫德·利普森（Hod Lipson），安妮（Ann），布莱恩·克拉克（Bryan Clarke），劳伦斯·博纳萨（Lawrence Bonassar），布伦·史密斯（Bren Smith），特里·乔丹（Terry Jordan）和马特·贝里奇（Matt Berridge），等等。感谢我的经纪人苏珊娜·格鲁克（Suzanne Gluck），感谢我的编辑阿兰·萨勒诺·梅森（Alane Salierno Mason），感谢他们的鼓励和指导。我非常感谢《猎户座》（*Orion*）和《纽约时报周日评论》（*New York Times Sunday Review*）的编辑们，他们邀请我写了许多不同的主题。我衷心地感谢那些支持和参与我的读书会的朋友们（佩吉、安娜、珍妮、夏洛特和乔伊斯）；感谢达瓦、惠特尼、菲利普、奥利佛、史蒂夫、克里斯、拉马尔、丽贝卡、大卫、丹和卡洛琳；感谢第一个读手稿的凯特；感谢我的助理利兹，她辛劳地帮我排版，不停地放大、缩小，直至眼神呆滞都不松懈；感谢写小说的最年长的袋鼠保罗。

(编注：本书第一、二章由伍秋玉翻译，第三、四章由澄影翻译，第五章和致谢部分由王丹翻译。)

延伸阅读

Allen, Robert, ed. *Bulletproof Feathers: How Science Uses Nature's Secrets to Design Cutting-Edge Technology*. Chicago: University of Chicago Press, 2010.

Allenby, Braden. *Reconstructing Earth: Technology and Environment in the Age of Humans*. Washington, DC: Island Press, 2005.

Allenby, Braden R., and Daniel Sarewitz. *The Techno-Human Condition*. Cambridge, MA: MIT Press, 2011.

Alley, Richard B. *Earth: The Operators' Manual*. New York: W. W. Norton, 2011.

Anderson, Walter Truett. *All Connected Now: Life in the First Global Civilization*. Boulder, CO: Westview Press, 2004.

———. *Evolution Isn't What It Used to Be: The Augmented Animal and the Whole Wired World*. New York: W. H. Freeman, 1996.

Anthes, Emily. *Frankenstein's Cat: Cuddling Up to Biotech's Brave New Beasts*. London: Oneworld, 2013.

Balmford, Andrew. *Wild Hope: On the Front Lines of Conservation Success*. Chicago: University of Chicago Press, 2012.

Bates, Marston. *Man in Nature*. 2nd ed. Englewood Cliffs, NJ: Prentice-Hall, 1964.

Bauerlein, Mark, ed. *The Digital Divide: Arguments for and against Facebook, Google, Texting, and the Age of Social Networking*. New York: Tarcher/Putnam, 2011.

Benyus, Janine. *Biomimicry: Innovation Inspired by Nature*. New York: William Morrow, 2002.

Berry, Thomas. *The Dream of the Earth*. San Francisco: Sierra Club Books, 1990.

Blanc, Patrick. *The Vertical Garden: From Nature to the City*. Revised and updated ed. Trans. Gregory Bruhn. New York: W. W. Norton, 2011.

Brand, Stewart. *Whole Earth Discipline: Why Dense Cities, Nuclear Power, Transgenic Crops, Restored Wildlands, and Geoengineering Are Necessary.* New York: Penguin, 2009.

Brockman, John, ed. *Culture: Leading Scientists Explore Societies, Art, Power, and Technology.* New York: Harper Perennial, 2011.

———. Introduction by W. Daniel Hillis. *Is the Internet Changing the Way You Think? The Net's Impact on Our Minds and Future.* New York: Harper Perennial, 2011.

Brooks, Rodney A. *Flesh and Machines: How Robots Will Change Us.* New York: Pantheon, 2002.

Bunce, Michael. *The Countryside Ideal: Anglo-American Images of Landscape.* New York: Routledge, 1994.

Carey, Nessa. *The Epigenetics Revolution: How Modern Biology is Rewriting Our Understanding of Genetics, Disease and Inheritance.* London: Icon Books, 2011.

Carr, Nicholas. *The Shallows: What the Internet is Doing to Our Brains.* New York: W. W. Norton, 2011.

Chaline, Eric. *Fifty Machines That Changed the Course of History.* Buffalo, NY: Firefly, 2012.

Chamovitz, Daniel. *What a Plant Knows: A Field Guide to the Senses.* New York: Farrar, Straus and Giroux, 2012.

Church, George, and Ed Regis. *Regenesis: How Synthetic Biology Will Reinvent Nature and Ourselves.* New York: Basic Books, 2012.

Cipolla, Carlo M. *Before the Industrial Revolution: European Society and Economy, 1000–1700.* 3rd ed. New York: W. W. Norton, 1994.

Clark, Andy. *Natural-Born Cyborgs: Minds, Technologies, and the Future of Human Intelligence.* New York: Oxford University Press, 2003.

Clegg, Brian. *Inflight Science: A Guide to the World from Your Airplane Window.* London: Icon Books, 2011.

Cochran, Gregory, and Henry Harpending. *The 10,000 Year Explosion: How Civilization Accelerated Human Evolution.* New York: Basic Books, 2010.

Cockrall-King, Jennifer. *Food and the City: Urban Agriculture and the New Food Revolution.* Amherst, NY: Prometheus Books, 2012.

Cooper, Jilly. *Animals in War: Valiant Horses, Courageous Dogs, and Other Unsung*

Animal Heroes. 1983; rpt. Guilford, CT: Lyons Press, 2002.

Cronon, William, ed. *Uncommon Ground: Toward Reinventing Nature*. New York: W. W. Norton, 1995.

Crosby, Alfred W. *Children of the Sun: A History of Humanity's Unappeasable Appetite for Energy*. New York: W. W. Norton, 2006.

Dake, James. *Field Guide to the Cayuga Lake Region*. Ithaca, NY: Paleontological Research Institution, 2009.

Despommier, Dickson. *The Vertical Farm: Feeding the World in the 21st Century*. Foreword by Majora Carter. New York: Picador, 2011.

Diamond, Jared. *Collapse: How Societies Choose to Fail or Succeed*. New ed. with afterword. New York: Penguin, 2011.

——— . *The World until Yesterday: What Can We Learn from Traditional Societies?* New York: Viking, 2013.

Dinerstein, Eric. *The Kingdom of Rarities*. Washington, DC: Island Press, 2013.

Dollens, Dennis. *Digital-Botanic Architecture*. Santa Fe, NM: Lumen, 2005.

Drexler, K. Eric. *Radical Abundance: How a Revolution in Nanotechnology Will Change Civilization*. New York: PublicAffairs, 2013.

Dukes, Paul. *Minutes to Midnight: History and the Anthropocene Era from 1763*. New York: Anthem Press, 2011.

Dunn, Rob R. *The Wild Life of Our Bodies: Predators, Parasites, and Partners That Shape Who We Are Today*. New York: Harper, 2011.

Earle, Sylvia A. *The World Is Blue: How Our Fate and the Ocean's Are One*. Washington, DC: National Geographic Society, 2009.

Edwards, Andres R. *The Sustainability Revolution: Portrait of a Paradigm Shift*. Gabriola Island, BC: New Society Publishers, 2005.

Fagan, Brian. *The Little Ice Age: How Climate Made History, 1300–1850*. New York: Basic Books, 2000.

Flannery, Tim. *Here on Earth: A Natural History of the Planet*. New York: Atlantic Monthly Press, 2011.

———. *Now or Never: Why We Must Act Now to End Climate Change and Create a Sustainable Future*. New York: Atlantic Monthly Press, 2009.

———. *The Weather Makers: How Man Is Changing the Climate and What It Means for Life on Earth*. New York: Grove, 2006.

Forbes, Peter. *The Gecko's Foot: Bio-inspiration—Engineering New Materials from Nature*. New York: W. W. Norton, 2006.

Francis, Richard C. *Epigenetics: The Ultimate Mystery of Inheritance*. New York: W. W. Norton, 2011.

Fraser, Caroline. *Rewilding the World: Dispatches from the Conservation Revolution*. New York: Picador, 2010.

Friedel, Robert. *A Culture of Improvement: Technology and the Western Millennium*. Cambridge, MA: MIT Press, 2010.

Fukuyama, Francis. *Our Posthuman Future: Consequences of the Biotechnology Revolution*. New York: Picador, 2002.

Gissen, David. *Subnature: Architecture's Other Environments*. New York: Princeton Architectural Press, 2009.

———, ed. *Big & Green: Toward Sustainable Architecture in the 21st Century*. New York: Princeton Architectural Press, 2002.

Gore, Al. *The Future: Six Drivers of Global Change*. New York: Random House, 2013.

Gorgolewski, Mark, June Komisar, and Joe Nasr. *Carrot City: Creating Places for Urban Agriculture*. New York: Monacelli Press, 2011.

Haeg, Fritz. *Edible Estates: Attack on the Front Lawn*. 2nd ed. New York: Metropolis Books, 2010.

Hamilton, Clive. *Earthmasters: The Dawn of the Age of Climate Engineering*. New Haven, CT: Yale University Press, 2013.

Hannibal, Mary Ellen. *The Spine of the Continent*. Guilford, CT: Lyons Press, 2012.

Hansen, James. *Storms of My Grandchildren: The Truth about the Coming Climate Catastrophe and Our Last Chance to Save Humanity*. New York: Bloomsbury, 2009.

Harman, Jay. *The Shark's Paintbrush: Biomimicry and How Nature Is Inspiring Innovation*. Ashland, OR: White Cloud Press, 2013.

Hauter, Wenonah. *Foodopoly: The Battle over the Future of Food and Farming in America*. New York: New Press, 2012.

Hayden, Dolores. *Building Suburbia: Green Fields and Urban Growth, 1820–2000*. New York: Vintage, 2004.

———. *The Grand Domestic Revolution*. Cambridge, MA: MIT Press, 1982.

Humes, Edward. *Eco Barons: The Dreamers, Schemers, and Millionaires Who Are Saving Our Planet*. New York: Ecco, 2009.

Hutchins, Ross E. *Nature Invented It First*. New York: Dodd, Mead, 1980.

Jablonka, Eva, and Marion J. Lamb. *Evolution in Four Dimensions: Genetic,*

    Epigenetic, Behavioral, and Symbolic Variation in the History of Life. Cambridge, MA: MIT Press, 2006.

Jackson, John Brinckerhoff. *Discovering the Vernacular Landscape.* New Haven, CT: Yale University Press, 1984.

James, Sarah, and Torbjörn Lahti. *The Natural Step for Communities: How Cities and Towns Can Change to Sustainable Practices.* Gabriola Island, BC: New Society Publishers, 2004.

Jellicoe, Geoffrey, and Susan Jellicoe. *The Landscape of Man: Shaping the Environment from Prehistory to the Present Day.* 3rd expanded and updated ed. New York: Thames and Hudson, 1995.

Kahn, Peter H., Jr., and Patricia H. Hasbach, eds. *Ecopsychology: Science, Totems, and the Technological Species.* Cambridge, MA: MIT Press, 2012.

Kazez, Jean. *Animalkind: What We Owe to Animals.* Chichester, UK: WileyBlackwell, 2010.

Keeney, L. Douglas. *Lights of Mankind: The Earth at Night as Seen from Space.* Guilford, CT: Lyons Press, 2012.

Kintisch, Eli. *Hack the Planet: Science's Best Hope—or Worst Nightmare—for Averting Climate Catastrophe.* Hoboken, NJ: Wiley, 2010.

Klein, Caroline, et al., eds. *Regenerative Infrastructures: Freshkills Park, NYC—Land Art Generator Initiative.* New York: Prestel, 2013.

Klyza, Christopher, ed. *Wilderness Comes Home: Rewilding the Northeast.* Hanover, NH: Middlebury College Press, 2001.

Kolbert, Elizabeth. *Field Notes from a Catastrophe: Man, Nature, and Climate Change.* New York: Bloomsbury, 2006.

Kranzberg, Melvin, and Carroll W. Pursell, Jr., eds. *Technology in Western Civilization*, vol. 1, *The Emergence of Modern Industrial Society, Earliest Times to 1900.* New York: Oxford University Press, 1967.

Kurzweil, Ray. *The Age of Spiritual Machines: When Computers Exceed Human Intelligence.* New York: Penguin, 1999.

Langmuir, Charles H., and Wally Broeker. *How to Build a Habitable Planet: The Story of Earth from the Big Bang to Humankind.* Rev. ed. Princeton, NJ: Princeton University Press, 2012.

Lindsay, Ronald. *Future Bioethics: Overcoming Taboos, Myths, and Dogmas.* Amherst, NY: Prometheus Books, 2008.

Lipson, Hod, and Melba Kurman. *Fabricated: The New World of 3D Printing.*

Indianapolis, IN: Wiley, 2013.

Lomberg, Bjørn. *The Skeptical Environmentalist: Measuring the Real State of the World.* Cambridge: Cambridge University Press, 2001.

Louv, Richard. *Last Child in the Woods: Saving Our Children from Nature-Deficit Disorder.* Chapel Hill, NC: Algonquin Books, 2005.

———. *The Nature Principle: Reconnecting with Life in a Virtual Age.* Chapel Hill, NC: Algonquin Books, 2012.

MacKay, David J. C. *Sustainable Energy—without the Hot Air.* Cambridge, UK: UIT Cambridge, 2009.

Macy, Joanna, and Chris Johnstone. *Active Hope: How to Face the Mess We're In without Going Crazy.* Novato, CA: New World Library, 2012.

Marris, Emma. *Rambunctious Garden: Saving Nature in a Post-Wild World.* New York: Bloomsbury, 2011.

Marsa, Linda. *Fevered: Why a Hotter Planet Will Hurt Our Health—and How We Can Save Ourselves.* New York: Rodale, 2013.

Marx, Leo. *The Machine in the Garden: Technology and the Pastoral Ideal in America.* New York: Oxford University Press, 1964.

Mayer-Schönberger, Viktor, and Kenneth Cukier. *Big Data: A Revolution That Will Transform How We Live, Work, and Think.* New York: Houghton Mifflin Harcourt, 2013.

McDonough, William, and Michael Braungart. *Cradle to Cradle: Remaking the Way We Make Things.* New York: North Point Press, 2002.

———. *The Upcycle: Beyond Sustainability—Designing for Abundance.* New York: North Point Press, 2013.

McGilchrist, Iain. *The Master and His Emissary: The Divided Brain and the Making of the Western World.* New Haven, CT: Yale University Press, 2010.

McKibben, Bill. *Earth: Making a Life on a Tough New Planet.* New York: St. Martin's Press, 2011.

———. *The End of Nature.* New York: Random House, 2006.

McLuhan, T. C. *The Way of the Earth: Encounters with Nature in Ancient and Contemporary Thought.* New York: Touchstone, 1994.

McNeill, J. R. *Something New under the Sun: An Environmental History of the Twentieth-Century World.* New York: W. W. Norton, 2001.

Moalem, Sharon, with Jonathan Prince. *Survival of the Sickest: A Medical Maverick Discovers Why We Need Disease.* New York: HarperCollins, 2006.

Mooallem, Jon. *Wild Ones: A Sometimes Dismaying, Weirdly Reassuring Story about Looking at People Looking at Animals in America.* New York: Penguin, 2013.

More, Max, and Natasha Vita-More, eds. *The Transhumanist Reader: Classical and Contemporary Essays on the Science, Technology, and Philosophy of the Human Future.* Chichester, UK: Wiley-Blackwell, 2013.

Morrow, Bradford, and Benjamin Hale, eds. *A Menagerie: Conjunctions*, vol. 61. Annandale-on-Hudson, NY: Bard College, Fall 2013.

Musil, Robert K. *Hope for a Heated Planet: How Americans Are Fighting Global Warming and Building a Better Future.* New Brunswick, NJ: Rutgers University Press, 2009.

Natterson-Horowitz, Barbara, and Kathryn Bowers. *Zoobiquity: What Animals Can Teach Us about Health and the Science of Healing.* New York: Alfred A. Knopf, 2012.

Nye, David E. *American Technological Sublime.* Cambridge, MA: MIT Press, 1994.

Pauli, Lori. *Manufactured Landscapes: The Photographs of Edward Burtynsky.* New Haven, CT: Yale University Press and National Gallery of Canada, 2003.

Peterson, Brenda. *The Sweet Breathing of Plants: Women Writing on the Green World.* New York: North Point Press, 2002.

Pipher, Mary. *The Green Boat: Reviving Ourselves in Our Capsized Culture.* New York: Riverhead, 2013.

Pistorius, Oscar. *Blade Runner.* Rev. ed. London: Virgin, 2012.

Ridley, Matt. *The Rational Optimist: How Prosperity Evolves.* New York: Harper, 2011.

Rifkin, Jeremy. *The Biotech Century: Harnessing the Gene and Remaking the World.* New York: Tarcher/Putnam, 1999.

——— . *The Third Industrial Revolution: How Lateral Power Is Transforming Energy, the Economy, and the World.* New York: Palgrave Macmillan, 2011.

Rolston, Holmes. *A New Environmental Ethics: The Next Millennium for Life on Earth.* New York: Routledge, 2012.

Rosenzweig, Michael. *Win-Win Ecology: How the Earth's Species Can Survive in the Midst of Human Enterprise.* New York: Oxford University Press, 2003.

Sartore, Joel. *Rare: Portraits of America's Endangered Species.* Washington, DC: National Geographic, 2010.

Savulescu, Julian, and Nick Bostrom, eds. *Human Enhancement.* Oxford: Oxford

University Press, 2009.

Schmidt, Eric, and Jared Cohen. *The New Digital Age: Reshaping the Future of People, Nations and Business.* New York: Alfred A. Knopf, 2013.

Seaman, Donna. *In Our Nature: Stories of Wilderness.* Athens, GA: University of Georgia Press, 2002.

Sessions, George, ed. *Deep Ecology for the 21st Century: Readings on the Philosophy and Practice of the New Environmentalism.* Boston: Shambhala, 1995.

Shelley, Mary. *Frankenstein.* 1818; New York: Lancer, 1968.

Siegel, Daniel. *Pocket Guide to Interpersonal Neurobiology: An Integrative Handbook of the Mind.* New York: W. W. Norton, 2012.

Stager, Curt. *Deep Future: The Next 100,000 Years of Life on Earth.* New York: Thomas Dunne, 2012.

Steffen, Alex, ed. Introduction by Bill McKibben. *Worldchanging: A User's Guide for the 21st Century.* Revised and updated ed. New York: Abrams, 2011.

Stevenson, Mark. *An Optimist's Tour of the Future: One Curious Man Sets Out to Answer "What's Next?"* New York: Penguin, 2011.

Stock, Gregory. *Redesigning Humans: Choosing Our Genes, Changing Our Future.* New York: Mariner, 2003.

Thomas, Keith. *Man and the Natural World: Changing Attitudes in England, 1500–1800.* New York: Oxford University Press, 1996.

Thomas, William, ed. *Man's Role in Changing the Face of the Earth: An International Symposium under the Co-chairmanship of Carl O. Sauer, Marston Bates, and Lewis Mumford.* Chicago: University of Chicago Press, 1956.

Thurschwell, Pamela. *Literature, Technology and Magical Thinking, 1880–1920.* Cambridge, UK: Cambridge University Press, 2001.

Tobias, Michael, ed. *Deep Ecology.* Rev. ed. San Marcos, CA: Avant, 1988.

Todd, Kim. *Tinkering with Eden: A Natural History of Exotics in America.* New York: W. W. Norton, 2001.

Trefil, James. *Human Nature: A Blueprint for Managing the Earth—by People, for People.* New York: Henry Holt, 2004.

Turner, Chris. *The Geography of Hope: A Tour of the World We Need.* Toronto: Vintage, 2008.

van Uffelen, Chris. *Façade Greenery: Contemporary Landscaping.* Salenstein, Switzerland: Braun, 2011.

Vogel, Steven. *Cats' Paws and Catapults: Mechanical Worlds of Nature and People.* New York: W. W. Norton, 1998.

Wapner, Paul. *Living through the End of Nature: The Future of American Environmentalism.* Cambridge, MA: MIT Press, 2010.

Wellcome Collection. *A Guide for the Incurably Curious.* Text by Marek Kohn. London: Wellcome Collection, 2012.

———. *Superhuman: Exploring Human Enhancement from 600 BCE to 2050.* Ed. Emily Sargent. London: Wellcome Collection, 2012.

Wells, H. G. *The Island of Dr. Moreau.* 1896. Introduction by Alan Lightman. New York: Bantam Dell, 2005.

White, Lynn, Jr. *Medieval Technology and Social Change.* London: Oxford University Press, 1962.

Williams, Mark, et al., eds. *The Anthropocene: A New Epoch of Geological Time?* Theme issue, *Philosophical Transactions of the Royal Society* 369, no. 1938 (March 13, 2011): 833–1112.

Williams, Terry Tempest. *When Women Were Birds: Fifty-Four Variations on Voice.* New York: Picador, 2013.

Wilson, E. O. *The Creation.* New York: W. W. Norton, 2006.

Wood, Elizabeth A. *Science from Your Airplane Window.* New York: Dover Publications, 1975.

Zalasiewicz, Jan. *The Earth after Us: What Legacy Will Humans Leave in the Rocks?* New York: Oxford University Press, 2009.

———, and Mark Williams. *The Goldilocks Planet: The Four Billion Year Story of Earth's Climate.* New York: Oxford University Press, 2012.

Zuk, Marlene. *Riddled with Life: Friendly Worms, Ladybug Sex, and the Parasites that Make Us Who We Are.* New York: Harcourt, 2007.

新知文库

01 《证据：历史上最具争议的法医学案例》[美]科林·埃文斯 著　毕小青 译
02 《香料传奇：一部由诱惑衍生的历史》[澳]杰克·特纳 著　周子平 译
03 《查理曼大帝的桌布：一部开胃的宴会史》[英]尼科拉·弗莱彻 著　李响 译
04 《改变西方世界的26个字母》[英]约翰·曼 著　江正文 译
05 《破解古埃及：一场激烈的智力竞争》[英]莱斯利·亚京斯 著　黄中宪 译
06 《狗智慧：它们在想什么》[加]斯坦利·科伦 著　江天帆、马云霁 译
07 《狗故事：人类历史上狗的爪印》[加]斯坦利·科伦 著　江天帆 译
08 《血液的故事》[美]比尔·海斯 著　郎可华 译
09 《君主制的历史》[美]布伦达·拉尔夫·刘易斯 著　荣予、方力维 译
10 《人类基因的历史地图》[美]史蒂夫·奥尔森 著　霍达文 译
11 《隐疾：名人与人格障碍》[德]博尔温·班德洛 著　麦湛雄 译
12 《逼近的瘟疫》[美]劳里·加勒特 著　杨岐鸣、杨宁 译
13 《颜色的故事》[英]维多利亚·芬利 著　姚芸竹 译
14 《我不是杀人犯》[法]弗雷德里克·肖索依 著　孟晖 译
15 《说谎：揭穿商业、政治与婚姻中的骗局》[美]保罗·埃克曼 著　邓伯宸 译　徐国强 校
16 《蛛丝马迹：犯罪现场专家讲述的故事》[美]康妮·弗莱彻 著　毕小青 译
17 《战争的果实：军事冲突如何加速科技创新》[美]迈克尔·怀特 著　卢欣渝 译
18 《口述：最早发现北美洲的中国移民》[加]保罗·夏亚松 著　暴永宁 译
19 《私密的神话：梦之解析》[英]安东尼·史蒂文斯 著　薛绚 译
20 《生物武器：从国家赞助的研制计划到当代生物恐怖活动》[美]珍妮·吉耶曼 著　周子平 译
21 《疯狂实验史》[瑞士]雷托·U.施奈德 著　许阳 译
22 《智商测试：一段闪光的历史，一个失色的点子》[美]斯蒂芬·默多克 著　卢欣渝 译
23 《第三帝国的艺术博物馆：希特勒与"林茨特别任务"》[德]哈恩斯—克里斯蒂安·罗尔 著　孙书柱、刘英兰 译
24 《茶：嗜好、开拓与帝国》[英]罗伊·莫克塞姆 著　毕小青 译
25 《路西法效应：好人是如何变成恶魔的》[美]菲利普·津巴多 著　孙佩妏、陈雅馨 译
26 《阿司匹林传奇》[英]迪尔米德·杰弗里斯 著　暴永宁 译

27 《美味欺诈：食品造假与打假的历史》[英]比·威尔逊 著　周继岚 译
28 《英国人的言行潜规则》[英]凯特·福克斯 著　姚芸竹 译
29 《战争的文化》[美]马丁·范克勒韦尔德 著　李阳 译
30 《大背叛：科学中的欺诈》[美]霍勒斯·弗里兰·贾德森 著　张铁梅、徐国强 译
31 《多重宇宙：一个世界太少了？》)[德]托比阿斯·胡阿特、马克斯·劳讷 著　车云 译
32 《现代医学的偶然发现》[美]默顿·迈耶斯 著　周子平 译
33 《咖啡机中的间谍：个人隐私的终结》[英]奥哈拉、沙德博尔特 著　毕小青 译
34 《洞穴奇案》[美]彼得·萨伯 著　陈福勇、张世泰 译
35 《权力的餐桌：从古希腊宴会到爱丽舍宫》[法]让—马克·阿尔贝 著　刘可有、刘惠杰 译
36 《致命元素：毒药的历史》[英]约翰·埃姆斯利 著　毕小青 译
37 《神祇、陵墓与学者：考古学传奇》[德]C. W. 策拉姆 著　张芸、孟薇 译
38 《谋杀手段：用刑侦科学破解致命罪案》[德]马克·贝内克 著　李响 译
39 《为什么不杀光？种族大屠杀的反思》[法]丹尼尔·希罗、克拉克·麦考利 著　薛绚 译
40 《伊索尔德的魔汤：春药的文化史》[德]克劳迪娅·米勒—埃贝林、克里斯蒂安·拉奇 著　王泰智、沈惠珠 译
41 《错引耶稣：〈圣经〉传抄、更改的内幕》[美]巴特·埃尔曼 著　黄恩邻 译
42 《百变小红帽：一则童话中的性、道德及演变》[美]凯瑟琳·奥兰丝汀 著　杨淑智 译
43 《穆斯林发现欧洲：天下大国的视野转换》[美]伯纳德·刘易斯 著　李中文 译
44 《烟火撩人：香烟的历史》[法]迪迪埃·努里松 著　陈睿、李欣 译
45 《菜单中的秘密：爱丽舍宫的飨宴》[日]西川惠 著　尤可欣 译
46 《气候创造历史》[瑞士]许靖华 著　甘锡安 译
47 《特权：哈佛与统治阶层的教育》[美]罗斯·格雷戈里·多塞特 著　珍栎 译
48 《死亡晚餐派对：真实医学探案故事集》[美]乔纳森·埃德罗 著　江孟蓉 译
49 《重返人类演化现场》[美]奇普·沃尔特 著　蔡承志 译
50 《破窗效应：失序世界的关键影响力》[美]乔治·凯林、凯瑟琳·科尔斯 著　陈智文 译
51 《违童之愿：冷战时期美国儿童医学实验秘史》[美]艾伦·M.霍恩布鲁姆、朱迪斯·L.纽曼、格雷戈里·J.多贝尔 著　丁立松 译
52 《活着有多久：关于死亡的科学和哲学》[加]理查德·贝利沃、丹尼斯·金格拉斯 著　白紫阳 译
53 《疯狂实验史Ⅱ》[瑞士]雷托·U.施奈德 著　郭鑫、姚敏多 译
54 《猿形毕露：从猩猩看人类的权力、暴力、爱与性》[美]弗朗斯·德瓦尔 著　陈信宏 译
55 《正常的另一面：美貌、信任与养育的生物学》[美]乔丹·斯莫勒 著　郑嬿 译

56	《奇妙的尘埃》[美] 汉娜·霍姆斯 著　陈芝仪 译
57	《卡路里与束身衣：跨越两千年的节食史》[英] 路易丝·福克斯克罗夫特 著　王以勤 译
58	《哈希的故事：世界上最具暴利的毒品业内幕》[英] 温斯利·克拉克森 著　珍栎 译
59	《黑色盛宴：嗜血动物的奇异生活》[美] 比尔·舒特 著　帕特里曼·J.温 绘图　赵越 译
60	《城市的故事》[美] 约翰·里德 著　郝笑丛 译
61	《树荫的温柔：亘古人类激情之源》[法] 阿兰·科尔班 著　苜蓿 译
62	《水果猎人：关于自然、冒险、商业与痴迷的故事》[加] 亚当·李斯·格尔纳 著　于是 译
63	《囚徒、情人与间谍：古今隐形墨水的故事》[美] 克里斯蒂·马克拉奇斯 著　张哲、师小涵 译
64	《欧洲王室另类史》[美] 迈克尔·法夸尔 著　康怡 译
65	《致命药瘾：让人沉迷的食品和药物》[美] 辛西娅·库恩等 著　林慧珍、关莹 译
66	《拉丁文帝国》[法] 弗朗索瓦·瓦克 著　陈绮文 译
67	《欲望之石：权力、谎言与爱情交织的钻石梦》[美] 汤姆·佐尔纳 著　麦慧芬 译
68	《女人的起源》[英] 伊莲·摩根 著　刘筠 译
69	《蒙娜丽莎传奇：新发现破解终极谜团》[美] 让—皮埃尔·伊斯鲍茨、克里斯托弗·希斯·布朗 著　陈薇薇 译
70	《无人读过的书：哥白尼〈天体运行论〉追寻记》[美] 欧文·金格里奇 著　王今、徐国强 译
71	《人类时代：被我们改变的世界》[美] 黛安娜·阿克曼 著　伍秋玉、澄影、王丹 译

新知文库近期预告（顺序容或微调）

- 《大气：万物的起源》[英]加布里埃尔·沃克 著　蔡承志 译
- 《碳时代：文明与毁灭》[美]埃里克·罗斯顿 著　吴妍仪 译
- 《通往世界的尽头：跨西伯利亚大铁路的故事》[英]克里斯蒂安·沃尔玛 著　李阳 译
- 《纸影寻踪：旷世发明的传奇之旅》[英]亚历山大·门罗 著　史先涛 译
- 《黑丝路：从里海到伦敦的石油溯源之旅》[英]詹姆斯·马里奥特、米卡·米尼奥—帕卢埃洛 著　黄煜文 译
- 《一念之差：关于风险的故事和数字》[英]迈克尔·布拉斯兰德、戴维·施皮格哈尔特 著　威治 译
- 《生命的关键决定：从医生做主到患者赋权》[美]彼得·于贝尔 著　张琼懿 译
- 《笑的科学：解开笑与幽默感背后的大脑谜团》[美]斯科特·威姆斯 著　刘书维 译
- 《小心坏科学：医药广告没有告诉你的事》[英]本·戈尔达克 著　刘建周 译
- 《南极洲：一片神秘大陆的真实写照》[英]加布里埃尔·沃克 著　蒋功艳 译
- 《上穷碧落：热气球的故事》[英]理查德·霍姆斯 著　暴永宁 译
- 《牛顿与伪币制造者：科学巨人不为人知的侦探工作》[美]托马斯·利文森 著　周子平 译
- 《共病时代：动物疾病与人类健康的惊人联系》[美]芭芭拉·纳特森—霍洛威茨、凯瑟琳·鲍尔斯 著　陈筱婉 译　吴声海 审订
- 《谁是德古拉？：布莱姆·斯托克的血色踪迹》[美]吉姆·斯坦梅尔 著　刘芳 译
- 《竞技与欺诈：运动药物背后的科学》[美]克里斯·库珀 著　孙翔、李阳 译